管理信息系统的理论与应用

（第三版）

李　东　著

北京大学出版社
PEKING UNIVERSITY PRESS

图书在版编目(CIP)数据

管理信息系统的理论与应用(第三版)/李东著. —北京:北京大学出版社,2007.9

ISBN 978-7-301-03825-3

Ⅰ. 管… Ⅱ. 李… Ⅲ. 管理信息系统 Ⅳ. C931.6

中国版本图书馆 CIP 数据核字(98)第 18537 号

书　　　名:管理信息系统的理论与应用(第三版)

著作责任者:李　东　著

责 任 编 辑:段晓青

标 准 书 号:ISBN 978-7-301-03825-3/C・0151

出 版 发 行:北京大学出版社

地　　　址:北京市海淀区成府路 205 号　100871

网　　　址:http://cbs.pku.edu.cn　　电子信箱:zpup@pup.pku.edu.cn

电　　　话:邮购部 62752015　发行部 62750672　出版部 62754962　编辑部 62765014

印　刷　者:北京虎彩文化传播有限公司

经　销　者:新华书店

730 毫米×980 毫米　16 开本　21.75 印张　380 千字

1998 年 8 月第 1 版

2007 年 9 月第 3 版　2019 年 5 月第 7 次印刷

定　　　价:38.00 元

第三版前言

随着人类进入信息社会，信息技术的飞速发展对现代企业的管理和运营产生了巨大的影响，这使得信息技术与企业管理已经紧密结合起来，形成了一个快速发展的理论领域。近年来，翻译或影印的外国 MIS 教材在国内越来越多了，这些教材一般内容比较新颖，但也普遍存在着内容和案例不适合中国学生学习要求的问题。在这种情况下，加速对我国管理信息系统教材的创新，合理地组织和说明重要的信息系统理论研究成果，将国内外企业具有典型意义的实际案例运用到教学中去，就成为信息系统学术领域的重要任务，这也是撰写本书的主要目的之一。

在近半个世纪的发展历程中，对信息系统的理论和应用研究已逐渐形成了一个独立的知识体系。过去我国的一些管理信息系统教材主要是介绍系统开发的技术性知识，而我在撰写本书时试图改变这种传统的风格，汲取优秀的中外 MIS 教科书的成功之处，深入浅出地说明 MIS 的基本概念、技术和应用，深入讨论各种典型信息系统的工作原理。本书虽然牵涉到许多信息技术概念，但并未将这些技术的细节作为论述的重点，而是通过对信息系统理论和应用中最重要的知识领域的整体性描述，给读者提供一个有关信息系统的概念、技术和方法的知识框架。

在国家教育部"九五"和"十一五"重点教材基金的支持下，本书第一版和第二版分别在 1998 年和 2000 年问世。本书出版后得到了广泛的使用，使我感到本书在整体结构设计和内容编排等方面还是比较成功的，给各种具有不同需求的学习者提供了一个全面的信息系统理论框架，因而得到了读者的首肯。这也给我继续本书第三版的写作以很大鼓舞。

在本书写作过程中，得到海内外许多大学、有关部门和企业的信息系统专家们的鼎力支持。在出版过程中，一直得到北京大学出版社段晓青老师的大力协助，她细致严格的审阅保证了本书的质量。

鉴于信息技术的飞速进步以及我国企业管理水平的提高，企业信息化的迅速发展已经是不可逆转的历史发展趋势。我衷心期望本书能成为那些投身到企业信息化大潮中的人们的武器，在某种程度上加速我国企业信息化的进程。

同时，我也期望本书能够伴随时代的进步而再次更新。

由于作者的见识和水平所限，本书中肯定会有疏漏偏颇之处。作者非常重视读者的各种意见和反馈。期望各位读者不吝赐教，请将意见和反馈等函至北京大学光华管理学院，或电子邮件 lidong@gsm. pku. edu. cn。

李　东

2006 年 10 月于阳春光华家园

目　录

第1章 概 论

本章学习目标

(1) 信息社会中企业管理的主要特征

(2) 管理信息系统的发展历史和主要的类型

(3) 管理信息系统研究领域的概况

(4) 管理信息系统知识结构和学习对象

管理信息系统正在潜移默化地融入我们的生活。从银行的自动提款机到商店的收银机,我们到处都可以看到信息处理的机器。随着整个社会的网络化、信息化,企业的各种业务活动逐渐与信息技术紧密结合起来,企业管理者每天都要和信息打交道。越来越多的企业管理者正面临着一个新的时代所带来的竞争压力:技术的快速进步和变化带来了企业竞争方式的变化,同时也给企业管理者带来了新的机会和动力,他们感到了学习管理信息系统知识的迫切性和必要性。他们要通过运用信息技术来提高效率、降低成本,他们面临着是否应当投入资金来建设和更新企业信息系统的决策问题。但是如果不能系统地学习有关信息系统的知识,这些问题往往不能得到一个明确的讨论结果。

管理信息系统并非一门纯技术性的课程,它更多地探索的是管理学各领域如何和信息技术相结合的问题,从而给企业管理者们提供一种新的问题观察的视角和解决问题的途径。可以说管理信息系统就是一门如何运用信息技术来进行管理的学问。我们将在本书中系统地讨论有关管理信息系统的一些重要的观点和理论。作为本书的概论部分,本章将从宏观的角度开始,首先讨论信息社会的若干特征,以及在信息社会中的企业运营方式以及信息技术在企业中的作用,然后介绍管理信息系统的概念和理论、它的发展历史以及关联研究领域等,从而使读者能够在全局上把握住该学科领域的位置所在。

1.1 信息社会的企业管理

从社会生产的基本形态来看，人类社会数百万年的发展进程经历了原始社会、农业社会和工业社会三种形态。原始社会的生产方式是以狩猎为主，在农业社会形成之前已有数十万年的历史。农业社会产生了新的生产方式，人们以土地为基本生产资料，农业社会持续了数千年。到了 18 世纪，欧洲工业革命的兴起使得传统的社会生产形态再次发生变化，机器和能源取代了农业社会中的农具和土地，大规模的、集中的、有组织的生产方式代替了家庭的、分散的、个体的农业生产方式。这一生产形态持续发展了三百余年。

在 20 世纪 40 年代出现的电子计算机使得人们习惯的这种生产形态又发生了变化。尽管现在物质资源和机械、能源等依然是社会的基本生产资料，但是另一种无形的生产资料——信息，却已经成为现代企业必不可少的基本资源。在 20 世纪 60 年代，一些高瞻远瞩的哲人学者就已从社会发展错综复杂的万千世象中看出了一场正在发生巨变的征兆，他们预言：随着信息的生产、处理、传递、存储等新技术的诞生和迅速发展，整个社会的生产方式将发生变化——传统的以物质为中心的生产方式将向以信息为中心的生产方式转变。美国著名未来学家阿尔温·托夫勒在他的名著《第 3 次浪潮》中指出："人类正面临着向前大跃进的年代。它面临着极其深刻的社会动乱和不断地创新和改组。尽管我们还没有清楚地认识它，但我们正在从头开始建设一个卓越的新文明。"①

在工业革命时期已经出现了电话、电报等信息技术，使得信息可以远距离地传递。但是在工业社会，对信息的存储、加工、处理、查询、交换等，一直只能低效率地手工作业。计算机出现以后，这种现象发生了根本的变化。美国 20 世纪的劳动人口统计年鉴的数据表明：整个 20 世纪美国的农业人口一直在减少。20 世纪 60 年代以前美国的近 80％的劳动者在传统产业（工业、农业和流通业）工作。自从计算机问世后，从事生产制造的人口就逐年减少。美国经济学家马克卢普发现：从 1900 年到 1959 年，美国办公室工作者的增长率为 1002％，专业技术工作者的增长率为 448％，而劳动力总数的增长率仅为 137％。1980 年，美国学者发现，在 1960 年到 1980 年这 20 年间，知识工作者

① 阿尔温·托夫勒著. 第 3 次浪潮. 上海：三联书店，1982.

占就业总劳动力的比例增加了 14%，相对收入增加了 6 倍[①]。这种变化说明信息技术的迅速发展会导致劳动人口和职业结构的很大变化。1976 年，美国白领人口首次超过了蓝领人口，以后在人数上的差别越来越明显(见图 1.1)。在过去的半个世纪中，由于产品技术含量的提高和业务的复杂化，对知识工作者的需求不断增加，美国社会中更多的劳动人口转向从事信息处理工作、知识性工作和管理工作。

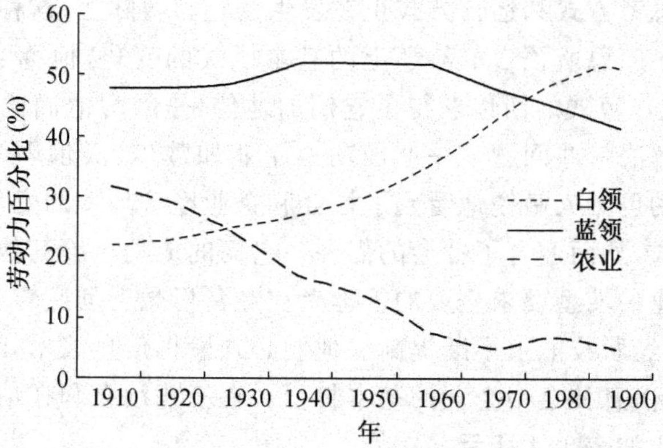

图 1.1　20 世纪 80 年代中美国劳动力的变化情况

20 世纪 90 年代以后，互联网开始用于商业活动并在全世界范围内迅速普及。跨越全球的计算机网络成为一种新的生产要素，对于经济活动的全球化起到了推波助澜的作用。互联网将全世界的各种组织连接在一起，从而突破了几千年来人们习以为常的时空障碍，在更大范围内将企业与企业、企业与销售商场、企业与政府管理机构以及消费者等都连结起来，构成了一个不可想象的巨大的虚拟信息空间。这个无处不在的虚拟世界给全世界带来了一个崭新的竞争环境，传统企业纷纷转型，它们必须在一种新的运营方式下发展，这就产生了一个新的企业生态系统，计算机学界的商业性与社会学领域中的绝对权威詹姆斯·马丁称之为“计算机化的企业生态系统”[②]。美国哈佛大学教授阿普盖特这样论述：“今天，每一个企业都在两个世界中竞争：一个是管理者可以看得到、摸得着的实体世界；另一个则是由信息所构成的虚拟世界。不想参与互联

① 詹姆斯·科塔达主编. 知识工作者的兴起. 北京：新华出版社，1999.

② 詹姆斯·马丁著. 生存之路——计算机技术引发的全新经营革命. 北京：清华大学出版社，1997.

网、电子商务竞争的公司可能因为竞争对手引进了新技术而被迫参与竞争。”①在这样的新环境下,一个企业如何跻身于成功之列,在很大程度上取决于它的高层管理者对于环境的认识和对于未来的预见。

信息系统学术界的普遍看法是:随着信息技术的发展及其对社会各个角落的渗透,信息已经成为企业的重要资源,而信息技术就成为企业获取和运用这种资源,以及在信息社会环境中生存和竞争的必要前提。信息技术的影响使得企业的基本思考方式和运营方式正在发生变化。实际上,这种变化类似科学哲学家托马斯·库恩所预言的科学上的基本模式的变化,他称之为“科学基本范式”②,库恩说:“范式之所以获得了它们的地位,是因为他们比他们的竞争对手能更成功地解决一些问题。”一些成功的企业如戴尔、沃尔玛等之所以成功,正是因为它们的创始人敏锐地看到了社会和企业经济环境的变化,创造性地运用新的经营方式,从而迎合了社会的需要。它们的成功也给其他企业带来了很大的影响。企业的转型要求企业的管理者在经营思想上彻底转变,在经营方式上持续改进,在经营技能上不断提高。他们必须懂得信息技术如何与企业管理相结合,以及在信息社会中企业的基本特征。在工业社会和在信息社会的企业管理的特征对比如表 1.1 所示。

表 1.1　信息社会中企业管理的某些特征

	工业社会	信息社会
管理目标	大量生产,降低单件产品成本以获取利益	通过产品中的信息、技术和知识获取利益
管理对象	人,财,物等生产资源	以信息资源为核心管理其他生产资源
管理思想	标准、制度、服从	创新、改革、权力下放
组织特征	金字塔,等级制度,分工	扁平化,敏捷系统,协作
驱动方式	生产者驱动	市场需求驱动
管理者和工人的关系	单向的,命令与执行的关系	双向的、互动关系

① 阿普盖特等著. 公司信息系统管理. 李东译. 大连:东北财经大学出版社,2000.

② 托马斯·库恩著. 科学革命的结构. 北京:北京大学出版社,2003.

1.2　历史的回顾

1.2.1　MIS——从理想到现实

管理信息系统出现的历史甚至可以追溯到计算机出现之前的岁月。工业社会诞生以来，人们就一直在尝试信息处理的自动化：19 世纪末时，IBM 公司曾经发明了一种穿孔卡片机，每分钟可以处理 200 张卡片。以后英国的巴贝基等人曾尝试过研制机械式计算机。

当 1946 年计算机诞生以后，人们首先注意到它在数据处理方面的巨大潜力，开始使用计算机来帮助人们进行企业中的数据处理。随着企业生产自动化水平的不断提高，产品的生产量和物质的流通量与日俱增，管理工作越来越复杂，企业的数据处理量也随之增加。这样，管理信息系统的早期形态——电子数据处理（Electronic Data Processing，EDP）便出现了。20 世纪 50 年代末，在计算机发明 10 年后，美国的计算机有三分之二都是用于电子数据处理的，它们主要在银行、保险公司、石油公司、铁路、航空公司、政府机关等大型企、事业组织中发挥作用。电子数据处理开始是在企业的某些部门中或个别业务中应用，继而又普及到整个企业，称为整合的数据处理（Integrated Data Processing）。

尽管当时数据处理还属于计算机科学的应用领域，但信息技术对于企业管理的影响却已经引起了管理学界的注意。20 世纪 60 年代时，美国明尼苏达大学管理学院率先设置了管理信息系统学科，并开始培养工商管理硕士（MBA）。该大学的 MIS 学科创始人戴维斯（G. B. Davis）在 20 世纪 70 年代写出了第一本管理信息系统教材。在实践应用方面，IBM 公司在 20 世纪 70 年代开发出了一个“面向通信的产品和信息控制系统”（Communication Oriented Production and Information Control Systems，COPICS）。COPICS 系统包括产品设计和生产数据管理子系统、用户订货子系统、预测子系统、主生产计划子系统、成本及会计子系统、库存管理子系统以及生产计划子系统等十多个子系统，它不仅能向管理者们报告生产状态信息，而且将计算机技术与企业各种管理活动紧密结合起来，使得整个企业形成了一个高度信息化的组织。这可以说是对管理信息系统许多概念的一个具体的体现。

管理信息系统的定义

戴维斯等人在20世纪80年代曾提出一个MIS定义:“管理信息系统是一个用来提供各种作业、管理和决策信息的、集成化的人-机系统,它包括计算机的硬件、软件、手工规程以及用于分析的模型等。”

劳登(Kenneth C. Laudon)等人在20世纪90年代提出的定义是这样的:“管理信息系统是一个基于计算机的信息系统(Computer Based Information System, CBIS),它通过收集、处理、存储和扩散信息,来支持组织的管理、决策、合作、控制、分析活动,并使之可视化。”

以上这些定义都曾经得到了广泛的引用。

1.2.2 管理信息系统的演变

在信息系统得到广泛应用的同时,其内在的问题一面也暴露出来。以COPICS为例,企业级的管理信息系统通常为满足企业各种业务的要求,就必须具有齐全的功能,但这类系统改变起来却很困难。企业管理者常常需要根据经营环境的变化对经营方式进行调整,但是信息系统却无法及时适应这种调整,传统的数据处理系统仅适用于稳定的日常业务数据处理。学者们将这种数据处理称为“定型的业务处理”。数据处理系统对于管理者提供的信息过于机械化,尽管可以提供全面的报表,但从大量的报表内容中却难以快速找出决策的依据。以至于在一段时间内,一位学者说的“管理信息系统好似海市蜃楼(MIS is a mirage)”的评价广为流传。

1970年,美国学者斯科特·莫顿(Scott Morton)提出了“管理决策系统”的概念,以后奥特尔(Alter),斯帕莱格(Sprague, R. H.),米勒(Miller)等人都进行了更深入的研究,并确定了决策支持系统(Decision Support Systems, DSS)的体系结构。决策支持系统注重于向决策者提供信息支持,具有丰富的数据处理和模型操作功能,同时可以通过友好的用户界面和决策者进行有效的对话。与一般的数据处理系统相比,DSS更适合具有特定需求的管理人员使用,面向某些管理部门特定的决策分析活动。如解决市场预测和推销结果分析等。20世纪80年代还出现了面向组织中高管人员决策活动的高层主管信息系统(Executive Information Systems, EIS或Executive Support Systems, ESS)。这种系统具有友好的界面，能够快速获取组织内部的概略性的、对决策有影响的信息，诸如对当前组织所存在问题进行描述的数据，提示高层管理人员应注意的倾向性事项，对影响组织成功的关键因素进行评估的数据，以及对下属组织或人员的绩效进行评估的数据等。另外，EIS 还比较注重向高层管理人员提供信息和通信功能，还包括对组织中会议、日程安排的功能等。

20 世纪 80 年代末和 90 年代初，随着微机性能价格比的持续提高和微机局域网的普及，使得采用微机局域网的信息系统迅速扩散，代替了传统的企业管理活动中使用的大型主机结构。信息系统渗透到企业的各个部门，改变企业传统的工作方式，对企业的战略规划和长期发展产生了影响。在此期间提出了战略性信息系统(Strategic Information Systems, SIS)的概念。怀斯曼(Wiseman)等人指出：信息系统的作用不光是进行企业内部的数据处理，它更重要的作用在于能够改变组织的竞争战略①。信息系统对企业战略的改变可以从企业内、外两方面来看。从内部角度来看，信息系统的作用主要在于提高企业的效率，改变企业的传统做法中的不足，如提高企业中各车间的工作效率；从外部来看，信息系统的作用主要是寻找商业机会和市场，通过寻找这样的信息来获取竞争优势。因此，一个引进信息系统的企业实际上是通过信息技术来增强它的竞争能力。例如：可以使用信息技术向用户提供新的服务，或者通过计算机网络与供应商建立紧密的联系，这些做法都是为了改变企业在经营环境中的地位。

随着对管理信息系统的研究以及实践探索的不断深化，各种新的管理信息系统模式陆续出现，这些新的信息系统模式同时也加速了信息技术与管理实践的结合。办公自动化(Office Automation, OA)系统提高了办公室信息处理的质量和效率。在制造业企业中最早出现的物料需求计划(Material Requirement Planning, MRP)软件提高了库存物料管理以及采购或生产计划等活动的自动化水平，在 20 世纪 80 年代便发展到制造业企业通用的制造业资源计划系统(Manufacturing Resources Planning, MRPII)，这种系统在 20 世纪 90 年代以后逐渐发展成为企业资源计划系统(Enterprise Resources Planning Systems, ERP)。

从 20 世纪 90 年代中期开始，互联网逐渐演变成一种应用于商业活动的全球基础设施，这使得全世界的企业经营环境发生了巨大的变化。互联网跨越了国境、地域和语言文化的障碍，使得企业不但能够更加容易地获取外界的信息，

① Wiseman, C. Strategy and Computers. Dow. Jones-Irwin, 1985.

同时极大地影响到企业的经营管理模式。基于信息技术对于企业的业务流程产生的巨大影响,20 世纪 90 年代的学者们对于企业信息化进行了深入的研究,并提出了一系列重要的新理念。如迈克尔·哈默在 1994 年提出的企业流程再造(Business Process Reengineering, BPR)理论指出:企业必须通过信息化和流程再造,对自己不适应现代社会发展趋势的传统运作方式进行改革。另外,信息技术的广泛应用使得企业之间的关系发生了深刻的改变,从电子数据交换(Electronic Data Interchange, EDI)开始,以后发展成为运用信息技术的供应链管理(Supply Chain Management, SCM)和由供应链结合起来的企业信息联盟;通过客户关系管理(Customer Relationship Management, CRM)系统更好地了解客户,并向客户提供良好的服务,从而形成企业与客户的紧密协作关系;开展企业电子商务(E-Business 或 E-Commerce)利用互联网技术支持企业的商业活动;近年来提出的知识管理系统(Knowledge Management System)则强调运用信息技术来帮助人们的知识性工作。以上这些典型的信息系统模式的发展演进历史,以及它们与企业中应用层的关系如图 1.2 所示。

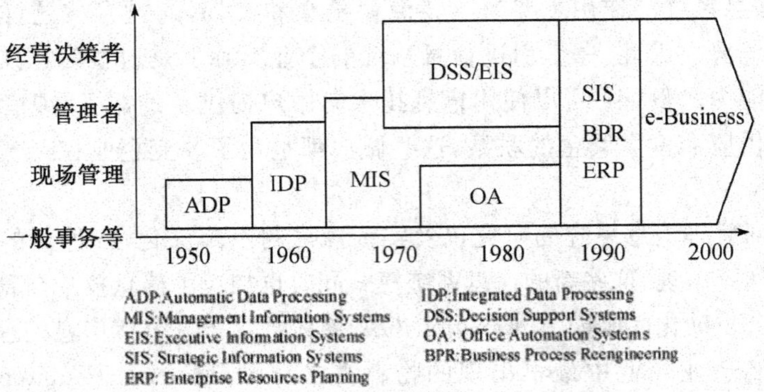

图 1.2 典型的信息系统类型

应当指出:管理信息系统(MIS)一词包括了多种含义,以至于在广泛的使用中经常被混淆。可以认为:广义的管理信息系统包含了企业管理活动中运用的各种形态的 IT 技术,以及相应的知识、方法和技术等。国际信息系统联盟①(Association for Information Systems, AIS)在 1995 年曾经提议:用信息

① AIS 是一个国际性的信息系统学术组织,由世界各国的三千多名信息系统学者组成,其中国分支简称为 CNAIS。

系统(Information Systems,IS)一词来指这一意义上的管理信息系统。而狭义的管理信息系统主要指对企业中的基本业务活动和管理活动提供信息的系统，它通常是一个用于数据处理和事务处理的系统，对企业经理人员提供定期的业务报告，是用于企业内部信息处理、信息加工和信息传送的集成化计算机系统。

信息系统的名称

由于历史发展的原因，以及学者们的观点有所不同，在信息系统学术领域和大学的学科名目中，对于该学科的称呼是多种多样的。如：

- 信息系统
- 管理信息系统
- 计算机信息系统
- 信息管理
- 信息技术资源管理
- 信息资源管理

1995年，国际信息系统联盟(AIS)提出：尽管有多种名称，但信息系统(IS)一词是用于该学术领域比较恰当的名称。在此之后，人们开始注意专业术语的规范性以及与国际学术界的接轨。

1.3 相关理论研究的概况

1.3.1 MIS学科领域的特点

企业信息化是一个对企业的信息系统进行规划、开发、运行和管理的过程，是将信息技术和企业管理二者有机地结合起来的过程。从这个意义上来看，如何揭示企业信息化中许多内在的规律，指导企业信息化的实践，就是管理信息系统这个学科长期以来所探索和正在形成的理论基础，也是本书中各章所要阐述的主要内容。

1957年，A. Simon提出了决策管理学理论，这是从信息处理的角度对古典管理学作出的一个新发展。在他的名著——《管理决策的新科学》中有这样一段论述："在工业革命的初级阶段，由于对于能源的本质有比较深刻的理解，使得人们学会了对于能源的使用方法和物质的转换，即生产的方法。与此同时，由于我们对于信息的理解不断地加深，我们才懂得了组织是一个产生信息、转换信息的系统。也就是说，所谓组织是能够读、写信息，存储信息、处理信息，并经过自己的思考进行问题解决的一个系统。”①A. Simon 的这一论述揭示了信息对于企业的重要性，开创了从信息角度研究企业管理活动的先河。

对管理信息系统的早期研究更多的是集中在技术方面，因此被许多人误认为是一门单纯的技术性学科。但在以后长期的发展中，管理信息系统学科领域的研究成果主要是体现在管理方面。信息技术对于企业管理来说仅仅是一种工具，要使得信息技术更好地运用到管理活动中，单是学习和掌握技术是不行的。重要的问题不在于技术本身，而在于如何运用这些作为黏合剂的知识，将技术和管理有机地结合起来。从这个角度来说，对于管理信息系统的研究也更多的是聚焦在如何结合两者的各种问题上。正因为如此，管理信息系统与其他学科也有着紧密的关系，包括管理科学、组织行为学、心理学、经济学、政治学等。

1.3.2 理论研究的发展

正因为对信息系统的研究涉及到多个学科，这个学科可以说一直是在激烈的争论之中发展起来的。从历史上来看有三个主要的学派，分别称为技术学派、行为科学学派和社会技术系统学派。目前看来，虽然在学术界还没有形成一种具有共识的看法，但是多数人认为社会技术系统学派占有一定的优势。下面我们讨论三种学派的主要特征：

(1) 技术学派：这一学派的学者提倡用基于数学的、形式化的方法来描述信息系统和管理、组织的问题，他们比较强调系统的观点以及严谨的形式化描述的方法。例如 Checkland 提出的“软科学”方法，高原康彦等人提倡的一般系统科学(General System Science)理论等都是采用这种研究方法。

(2) 行为科学学派：行为科学学派的学者认为：在企业信息化中的许多管理工作是无法用形式化的形式来描述的，他们主张从社会学、政治学和心理学的角度来解释在信息系统应用中出现的问题。例如，用社会学的研究成果来解释信息技术给组织和社会带来的影响，用政治学的

① Simon Herbert A. The New Science of Management Decision. New York: Harper and Row, 1960.

观点来分析信息系统实施中出现的利益重分配的问题，从心理学的角度讨论个人对信息系统的反应和人的认知模型等。其中代表性的研究成果如明兹伯格(Mintzberg)提出的管理者角色理论，他从行为科学角度提供了信息分类的依据。卢因(Lewin)和莱维特(Leavitt)分别提出的组织变化模型说明了信息技术引进对于组织产生的影响。

(3) 社会技术系统学派：该学派的学者把研究重点放在信息技术和组织两者之间的相互影响关系上。这一学派的主要观点是：必须将信息系统和企业管理作为一个整体来考虑问题，因此必须同时对技术和行为两者进行研究。一方面，技术必须要适合于组织或个人的需要，另一方面，组织和个人也必须通过学习技术来改变自己，使用新技术来促进自己的不断更新。作为这一学派的代表是戴维斯(G. B. Davis)和诺兰(Richard L. Nolan)等人。一个典型的的研究成果是诺兰在20世纪70年代提出的信息系统发展阶段理论，较好地说明了组织中信息技术被吸收和扩散的一般规律。这些理论解决或说明了信息系统在实际应用中遇到的一系列带有普遍性的问题，对推动组织的信息化进程发挥了重要的作用。

另外值得注意的是：在管理信息系统这个领域中，学术界和产业界的关系是十分密切的。由于信息产业的快速发展，信息产业内部的竞争十分激烈，这使得信息产业对于理论研究的成果十分重视，一些好的理论研究成果被迅速地商业化后推向市场。例如决策支持系统、浏览器技术是在学术界出现的，但很快就变成产业界的商品。另一方面，一些大的IT公司也纷纷投资设立技术实验室，不断开发在管理应用上领先的产品。这反过来对于管理信息系统的理论发展也产生了很大的影响。例如，数据挖掘等都是从企业的实验室推出的成果，之后又变为学术界的重要研究课题。因此，二者的关系实际上是既有独立性，又是相辅相成的。二者之间的不同点经常是比较模糊的。美国信息学会曾经对最受学术界关注的课题进行过几次调查，所得到的结论是许多课题都是产业界高度关心的课题，而发展的趋势是学术界关心的问题向非技术的方面倾斜。Brancheau等在1994年对学术界180名学者进行的一次调查如表1.2所示，当时有20个受到学术界高度关注的重要课题，这其中大多数课题都属于非技术性的或综合性的，集中在对信息系统的管理、控制和应用等方面。到21世纪，有人通过互联网对8000多名学者再次进行调查，发现这种趋势发展得更为明显了，有关信息系统的综合性问题成为该领域研究的主流。

表 1.2　管理系统学术界 20 世纪 90 年代中期所关心的重要课题

排　序	课　　题
1	建立可靠的 IT 基础设施
2	BPR 的工具和管理
3	开发和管理分布式系统
4	开发和实施信息体系
5	规划和管理通信网络
6	改善软件开发的有效性
7	数据资源的有效利用
8	IS 人力资源的雇佣和发展
9	IS 组织和企业组织的协调
10	改善信息系统战略计划
11	实施和管理协同支持系统
12	IS 有效性和生产性的测定
12	增加 IS 角色和贡献的理解
12	组织学习的促进
15	管理现存的遗产应用软件
16	促进和管理最终用户计算环境
17	使用信息系统获得竞争优势
18	计划和整合多个厂商的开放系统
19	开发和管理 EDI
20	信息服务的外包

1.4　知识体系和人才结构

一个经常被问到的问题是管理信息系统专业的学生应当具有什么样的知识体系？我们认为对于本学科培养的人才应当具备管理和技术两方面的知识。他们的知识结构与他们在企业中的职务有关。基础性的信息系统管理工作需要的技术性知识较多，而随着管理工作内容的增加，就需要懂得更多的管理方面的知识。计算机基础知识是理解和建设信息系统不可缺少的基础，信息系统开发方法是在建设信息系统时所必备的知识，而管理知识则是发挥所学习信息技术时所不可或缺的背景知识。在此之上，本专业的学生应当具有较强的知识吸收能力，以及对特定问题的分析、理解和综合的能力，能够将以上这些知识融会贯通，结合所在行业、企业的特定业务，形成自己独特的知识体系。

从MIS专业的知识体系结构来说,信息技术和管理基础都是必不可少的。国际计算机协会(Association for Computing Machinery, ACM)曾经推荐了一套适合MIS专业研究生的预备课程,如表1.3所示,它分别由3个课程系列(分别见表中的3列)所组成:信息系统技术,信息系统方法和管理类专业课程。1995年,国际信息系统联盟(AIS)、国际计算机协会(ACM)和数据处理管理学会(Data Processing Management Association, DPMA)联合编制了一个大学管理信息系统课程示范大纲,在这个大纲中,明确地提出管理信息系统专业的学生应具有四方面的知识:① 业务基础知识;② 分析技术和决策知识;③ 人际的、沟通的和团队的技能;④ 技术性知识。在掌握这些知识的基础上,学生应当重点发展自己具有运用信息技术来推动业务发展的能力(图1.4)。

表1.3 ACM的专业课程编排

信息系统技术		信息系统方法		管理类专业课程
计算机概念	程序设计和数据结构	系统概念		市场营销,生产管理和财务管理
数据管理		信息分析		经济、法律与政治
通信	决策支持系统	系统设计		会计学
		政策	项目管理	组织理论
				政策与分析

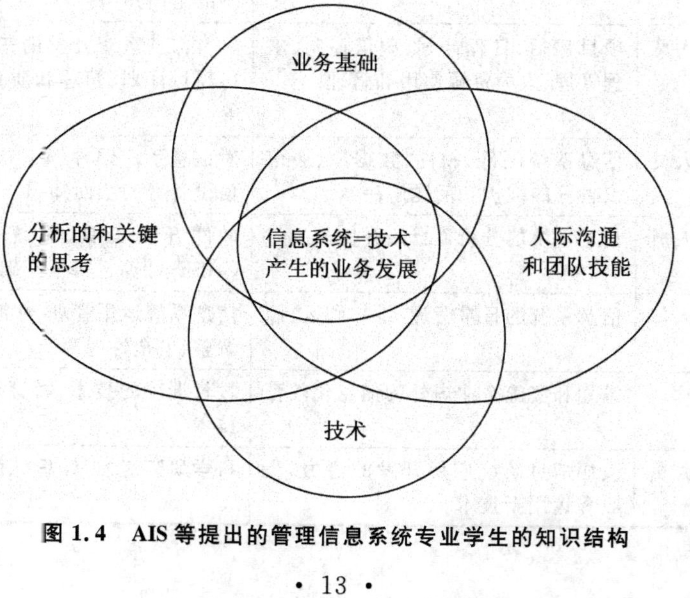

图1.4 AIS等提出的管理信息系统专业学生的知识结构

从社会来看，最典型的管理信息系统专业人才有两类：其一是具有丰富信息系统知识的高级综合型人才，他们能够负责一个大型企业或企业集团的信息管理工作，也可以做专业管理咨询公司中的信息化项目经理，帮助企业推进企业信息化建设的各方面工作。他们经常被称为企业的首席信息经理(CIO)、管理咨询公司的信息管理专家等。做这类工作不断需要全面的信息技术知识，而且还需要更多的有关企业业务流程分析和企业管理、人际沟通等方面的知识和技能。另一类是以信息系统的开发、应用、推广、管理维护等工作为职业的技术工作者，例如 ERP 软件公司的系统设计人员，企业信息中心的系统开发人员等。这类工作需要懂得信息技术如何应用于不同的业务环境，如何与管理领域中的各种活动相结合，同时也需要更多的系统开发和系统设计等方面的技术性知识。这类工作包括系统开发人员、系统管理人员和研究开发人员等。表 1.4 是我们对企业信息化人才和他们应具有的知识和能力的一个分类。

表 1.4　信息化人才的类型、职责和知识

类型	在信息化过程中的职责	要求的知识、技术、能力
信息经理	具有站在全公司的高度进行信息系统规划能力的人员	有关信息系统和管理学的全面知识
系统监理人员	对系统开发过程进行监理	具有系统规划、设计、开发、运行、维护的全面知识
项目管理人员	项目评估、日程计划、质量控制、工程管理、人力资源使用和管理	具有信息系统开发的知识，同时懂得项目计划、管理和质量控制方法等
技术专业人员	信息系统硬件、软件、数据库、通信设备等的维护和问题解决	对信息系统硬件、软件、数据库、通信设备等的全面知识
系统开发人员	信息系统的分析、设计、开发	软件开发工具、系统分析工具、CASE、计算机科学基础知识
系统管理人员	信息系统的日常管理、维护和运行	信息系统运用管理、性能评测、系统调整、安全性保障
教育工程师	策划和实施企业内外的信息化教育	教育训练的技术，教育效果的评测技术
研究开发人员	发掘信息系统应用开发的潜力，吸收和运用新技术	科学研究能力，计算机基础知识

实际上，在向信息化社会转型的过程中，任何组织所需要的信息化人才大都应当是具有综合性知识的多面手。因此，管理信息系统现在已经成为经济管理学科的通选课程。不但是主修管理信息系统专业的学生需要学习，MBA学员和其他专业的学生也都需要学习。因此，管理信息系统课程体系也要适合更宽泛领域的各种学习者的要求。

本书并非专为专业的开发信息系统的技术人员所写，而是以大学经济管理学科的学生为主要对象，作为管理信息系统通识课程的一本入门性教材。本书提供了对该领域中以下一些基础知识领域的说明和讨论：

- 作为企业管理者所需要的信息系统基本概念
- 构成管理信息系统的基本的技术知识
- 信息系统与企业组织内、外部环境以及管理功能的关系
- 各种信息系统的结构、形态和工作原理
- 信息系统的基本开发过程
- 对信息系统的运行和管理

本书是一本面向各类读者所需要的知识基础。在此基础上，读者可以根据自己的需要学习些专业性更强的书籍，并在自己的工作职务方面进行更为深入的钻研。本书试图从这样一个角度给读者提供一个管理信息系统的全面的概念框架，并对其有关的知识领域中的重点知识做明晰的解说。而这正是那些从事企业管理活动而又面对信息技术问题的管理者们、那些学习了管理知识而又希望掌握信息技术的学生们、那些只学习了某些特定信息技术的专业人员们所迫切需要的。

第1章重要概念

信息社会、信息技术，电子数据处理系统，管理信息系统，决策支持系统，专家系统，高层主管信息系统，物料需求计划系统，企业资源计划系统，办公自动化系统，战略性信息系统、管理科学原理、决策科学、组织行为学

第1章复习题

1. 信息社会的主要特征是什么？
2. 管理和信息是什么关系？
3. 什么是企业信息化？
4. 为什么企业需要信息化？
5. 以实际例子说明信息社会中企业的特征。
6. 说明信息系统的发展历史。
7. 说明图1.2中几种信息系统之间的关系。
8. 信息系统与管理信息系统的区别是什么？
9. 列举出10个管理者在日常活动中所需要的信息，并将它们分类。
10. 管理信息系统学习的重点是什么？

小组活动课题

到图书馆找一篇关于信息系统的介绍，向其他同学介绍该系统的主要功能和它在企业中发挥了什么作用。

第2章　系统与信息系统

本章学习目标

(1) 系统理论的基本概念

(2) 系统的类型

(3) 系统的分解和耦合

(4) 信息系统的成分与结构

(5) 信息系统中的主要子系统

一个管理信息系统的成分不外乎使用系统的人、网络、计算机硬件设备和软件、数据等。通过对这些构成成分的组织和连接,可以构成适合不同行业、不同业务的信息系统。但是,即使购买相同的硬件和软件,为什么有的系统就能够被用户所接受,而有的系统却被弃置不用呢?这就说明除了构成成分以外,还需要将它们有机地组织起来。单纯的元素并不能简单地构成符合企业要求的信息系统。那么,将这些成分或元素组织起来的基本思想是什么?这就是我们在本章中要重点讨论的系统理论,以及信息系统的整体结构和它的子系统的构成。

2.1 系　　统

系统科学的研究领域十分广泛,包括系统哲学、系统工程以及抽象系统科学等。系统科学中重要的理论成果之一,是在20世纪30年代由奥地利生物学家贝塔朗菲(Von Beitalanffy)所奠定的一般系统论(general system theory)。对于了解和掌握管理信息系统的理论体系,系统的基本原理和思想是十分重要的。系统论主要研究如何从整体观出发分析和解决问题,以达到最优的效果。

一般系统论出现后,对科学和人类社会的发展起到了巨大的推动作用,成为人们认识世界和改造世界的有力工具。20 世纪 60 年代以后,以一般系统论为基础,一些新的系统学说如耗散结构论、协同学、超循环理论、基于主体的系统方法等也不断问世,丰富和推动了系统科学的进展。

2.1.1 系统的概念

系统(system)是一个在现代社会中被广泛应用的概念。从宏观世界的天体、宇宙到微观世界的分子、原子,从现实的工程系统、社会系统到抽象的事理系统、知识系统,系统可说是无处不在。系统在现实世界中呈现出多样的具体形态,它也可以理解为体系、体制、制度、方式等的同义词。一个基本的定义是这样的:系统是为了实现某种目的,由一些元素,按照一定的法则或结构组织起来的一个集合体。

系统的一般模型如图 2.1 所示。系统总是在一定的环境之下存在的,区分系统内、外部的是系统的边界。系统的环境可分为特定环境和一般环境。如果将企业看作是一个系统,那么直接影响到企业活动的外部因素构成了企业所在的特定环境,如顾客、竞争对手、供应厂商等。那些不直接影响到企业活动,但仍对企业活动有间接影响的环境因素称为一般环境,如政府部门、行业、关联技术等。

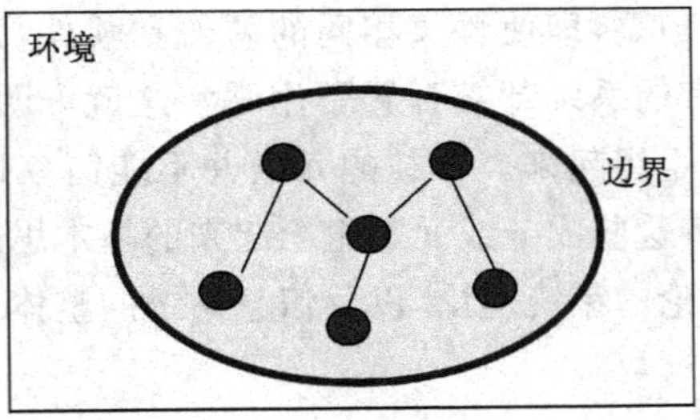

图 2.1 系统的基本概念

系统是一个相对的概念,在一个系统的内、外部仍然有系统存在。我们把系统内部的系统称为子系统(subsystem)。例如一个计算机系统可以看成是由硬件、软件两个子系统构成的系统,计算机的硬件系统可以看成是由输入子系统、输出子系统、存储子系统和处理子系统构成的系统。子系统与系统一样有它的目的、元素和边界。子系统之间又存在相互连接和相互作用,我们把系统与环境的作用点以及子系统之间的连接点称为接口(interface)。在许多情况下，我们对一个系统并不关心它的内部结构，而把注意力放在它的输入和输出上，这样的系统又称为黑箱(black box)。

2.1.2　系统的基本形式

系统的基本形式是输入输出系统。企业和信息系统都是输入输出系统(input-output system)。一个输入输出系统有以下基本成分：

- 输入：输入是从系统外部进入系统并被处理的元素。如原料、能源、人力资源等。
- 处理：处理是一个将输入转换为输出的转换过程。例如企业的生产过程，计算机的计算处理过程等。
- 输出：输出是经过系统转换的结果。例如企业的产品，数据处理的结果等。
- 反馈：反馈是反映一个系统性能的数据。例如反映一个企业的营销部门的业绩的数据送给营销部门的经理是一个反馈过程。
- 控制：控制意味着监控系统的运行状况并且对反馈进行评价，从而决定对于系统的运行状况进行适当的调整。

一个有 3 个子系统的输入输出系统的示意如图 2.2 所示。表 2.1 给出了输入输出系统的 5 个例子。

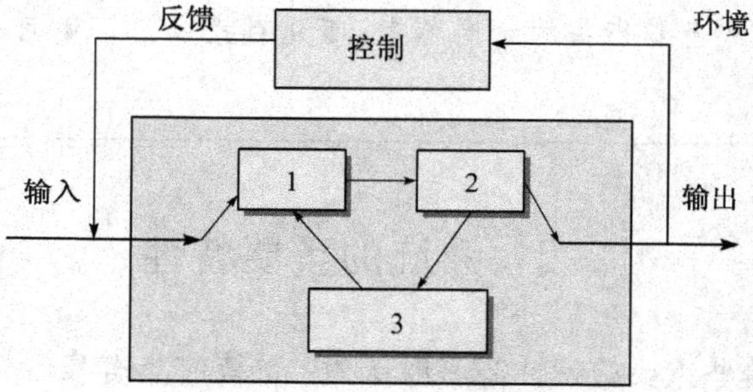

图 2.2　输入输出系统

表 2.1　输入输出系统的例子

系　统	目的(功能)	元　素	输　入	输　出
百货公司	商品流通	人员、建筑、商品	货币、商品	商品、服务信息
银行	借贷、信托等	人员、建筑、货币	货币、证券	货币、证券

续表

系　统	目的(功能)	元　素	输　入	输　出
咨询公司	提出合理建议	具有专业知识的人员	公司状况、问题	建议、报告
大学	产生和传播知识,培养人才	教师、学生、教室、服务人员	学生	人才
医院	提供保健服务	医生、病人、医疗设施、看护	病人、药品	健康人、药品

维纳的控制论与企业信息化

美国麻省理工学院的教授维纳是著名的《控制论》的作者。他将军舰的自动驾驶仪的系统理论用在动物实验中,结果发现,他可以预测动物的肌肉反应。这一发现以后变成了一种普遍的原则,他将这种原则定义为:"动物和机器中的控制和通信的科学"。

今天,维纳的控制论的应用范围有了进一步发展。信息化的企业正在运用维纳的思想,使自己成为一种"敏捷企业",能够对环境的变化、竞争对手的动态、消费者的需求等做出及时的反应。例如温州的一家服装厂能够通过互联网得到巴黎街头的时尚信息,而几百家加工厂则可以据此快速展开生产。

2.2　系统的重要特性

系统具有哪些重要的特性?一般认为:系统应具有集合性、目的性、相关性、阶层性、整体性和适应性。现分述如下:

1. 集合性

系统意味着它是一个以元素及其相互之间的关系构成的集合。虽然一个简单的系统可以由少数元素构成,但是在现代社会中的系统往往是由许多元素构成的。系统元素的例子如表 2.2 所示。

表 2.2　系统与元素

系　　统	元素的数目
电视机	10^3
飞机	10^5
火箭	10^6
阿波罗宇宙飞船	10^7
发达国家的道路交通系统	10^8
银河系	4×10^9

系统并非其元素的单纯集合，而是元素间的复杂关系所构成的有机结合。系统的元素之间的关系服从于某种规则。例如太阳系的元素服从万有引力定律，交通系统要遵守交通规则。系统的反义词是紊乱、混沌、无秩序。而系统工程的思想，就是让我们能够迅速地抓住问题和事物的本质，按照一定的方法和逻辑，有条不紊地解决矛盾。

2. 目的性

人工系统具有明确的目的，如信息系统用于数据处理。但有时一个系统并非仅有单一的目的，而是一个综合性的目的。通过对系统的目的进行分解，可以更详细地表达出它的目的。有时系统的子目的可能是互相冲突的。例如，数据处理系统的性能优异和成本低廉是两个相互冲突的目的。这就需要系统的设计者进行某种折衷，即在两个相互矛盾的目的实现过程中寻求平衡，使得最终目的得以优化。

3. 相关性

系统的元素之间、子系统之间是相互关联的。系统的相关性可以看作是其中所有关系的集合。因为复杂的关系可以看作是二元关系的拓展，所以对系统中元素之间的关系也可以用简单的二元关系来描述。例如在进行企业中信息需求的分析活动中，要确定不同的部门之间究竟在信息需求上有哪些关联，就是分析系统关联性的例子。

4. 阶层性

无论是自然界演化出来的自然系统，还是人工系统，都具有等级的阶层结构。著名系统学家切克兰德认为：阶层性是系统理论的 4 个基础概念之一①。系统的阶层性可以图形化地表示：位于上层的元素是支配元素，在其下方的元

① Checkland P. Systems Thinking, Systems Practice. New York: John Wileg & Sons, 1981.

素是被支配元素。元素之间可能存在着物质的或信息的传递关系。在信息系统的设计和分析过程中明确元素之间的阶层关系是十分重要的。

系统的阶层性也可以用树状结构来表示。一个企业的组织结构图体现了系统的阶层性;信息系统中的软件模块也是一个例子。对于复杂系统,阶层化是一个很好思考框架。博尔丁(Boulding)曾根据系统的复杂程度的不同,将各种系统分成一个 9 层结构[①],如表 2.3 所示。

表 2.3　系统的 9 层结构

层　次	特　征	例　子	关联领域
超越系统	无法避免的"不可理解"	神	
社会——文化系统	角色、通信 价值传递	家庭 酒店、国家	历史学、社会学 文化人类学
人	自我意识,智能 符号语言	人类	生物学、心理学
动物	管理所有行动的大脑 学习能力	鸟兽类动物	动物学
低等生物	具有功能 根据"蓝图"成长和再生产	植物	植物学
闭系统	结构的自我维持	生物细胞	新陈代谢
控制机构	闭环控制	身体中的自调节功能	自动控制理论
钟表机构	根据事先确定的运动或平衡状态动作	钟表、机械、太阳系	物理学 古典自然科学
结构 框架	静态	结晶 桥梁	根据各种领域中常用的语言和图形来描述

5. 整体性

系统的整体性意味着在保证系统目的得以实现的前提下,系统会对其元素集合、关系集合和阶层结构等进行调整,以取得最佳的效果。一个系统的整体效果并不等于其各个子系统的效果的简单加和。如果子系统配合得好,一个系统的整体效果应大于其各个子系统的效果之和;反之,一个系统的各个子系统

① Boulding, K. E. General Systems Theory—the skeleton of science. Management Science, vol. 2, no. 3, 1956.

都达到了最优的目的，未必一定能使整个系统的效果达到最优。信息系统中计算机软、硬件结构的选择，人机协作的工作形态等，处处都可以体现出系统的整体性。

6. 适应性

系统总是在一定的环境中工作。系统是在与环境进行物质或信息交换中不断进行自我调节的，因此具有适应性。在现实世界中，诸如人、学校、企业等都是在与环境进行着频繁的信息或物质交换的过程中，不断地进行自我调节，因此能够逐渐地适应环境的要求。

2.3 系统分类

可以从各种角度对系统进行分类，例如根据元素的动态状况可将系统分为动态系统和静态系统，根据系统运动的稳定性可分为概率性系统和确定性系统等。切克兰德提出的一个观点是用三个变量对系统进行分类：

(1) 变化率：其中的两极是结构化的(静态的)和功能性的(动态的)；

(2) 目的性：有目的的系统和无目的的系统；

(3) 结合性：可分为机械的系统和有机体的系统。然后再对这三个方面所取的值进行排列组合，那么系统至少可以分为2的3次幂即8种类型。例如，钟表系统是"结构化的、有目的的、机械的系统"，而一个生产工程系统是"功能性的、有目的的，机械的系统"等。

从学习信息系统的需要出发，我们可以从① 开放性；② 系统的抽象性；③ 人工系统或机械系统这样三个方面对系统分类：

1. 闭系统和开系统

物理学家在进行热力学实验时，将化学物质放在隔绝空气的真空试管中，观察它们分子间的相互作用，结果发现了热力学的分子运动规律。这种实验是一个闭系统。在现实世界中，类似的闭系统几乎是不存在的，在很多情况下我们观察到的闭系统是相对封闭的。一个相对封闭的系统是受控制的系统，它的输入和输出是明确规定的，系统不受或很少受到其他外界因素的干扰和影响。例如，收银机是一个相对封闭的系统，而一个互联网上的社群却构成一个开系统。因为从系统的观点来看，网上社群和环境的连接非常紧密，同时它又不断根据外部环境的变化来进行自身的调整。

与生物系统(细胞、植物、动物、人)等一样，企业也是一个开系统，如图2.3所示。企业对于环境的变化必须表现出适应能力，才能在激烈的竞争中生存。企业是不能与环境相隔绝的，它要从环境中取得物质和信息等资源，例如新的雇员、原材料、机器设备、资金等，同时要向环境提供产品或服务。因为其产品或服务对于其他组织或个人有益，所以企业才能不断从环境取得资源，从而维持自身的生存。因此，企业也必须根据环境的变化时时调整自身，使自己去适应环境。

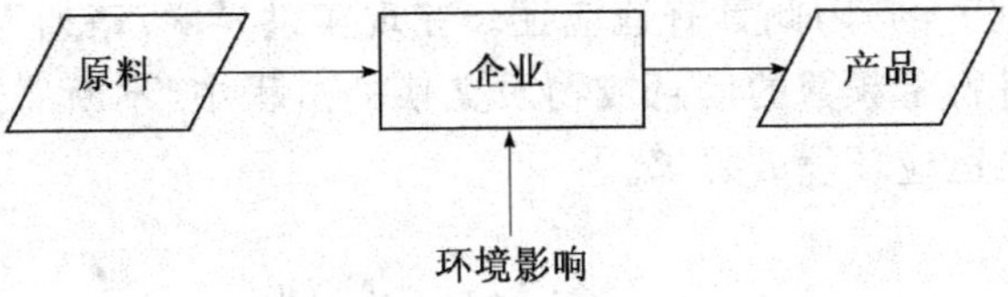

图 2.3　企业是一个开系统

2. 物理系统和概念系统

物理系统指系统是由物理的成分构成的。例如管理信息系统的物理构成中总有计算机、数据库和管理人员等。概念系统指系统是在概念元素以及建筑在这些概念之上的结构所构成。例如在微观经济学理论中，将企业描述为一个投入产出系统：投入资本和劳动，产出企业的产品或服务。这是一个输入输出概念系统的例子。从概念上，这个系统的生产过程可以用一个生产函数 $Q=f(x_1, x_2, \cdots, x_n)$来描述，其中 $x_1, x_2, \cdots, x_n$ 都是“生产因素”，它们可以被相互代替。而 Q 是使用这些生产因素所获得的输出。

通常一个系统可能同时具有物理系统和概念系统的性质。系统的阶层性便是指它概念性的一面。计算机系统是由处理器、存储器、输入输出设备等构成的，同时计算机也是图灵提出的“有穷自动机”这一概念系统的发展结果。

3. 自然系统和人工系统

自然生态构成的自然系统中，所有的生物都遵从竞争和优胜劣汰的法则。与自然系统相对应的是人工系统。企业、组织和信息系统都是人工系统。人工系统是有目的性的系统，系统的设计者用此系统来实现特定的目标。无论自然系统还是人工系统都有生命周期，都遵循从发生、发展到衰亡的过程。

上面所讨论的这三种分类都是从某一特定的角度对现实世界的简化，而一个现实世界中的实际系统也可能是几种分类的混合。例如，人是一个开系统而计算机是一个闭系统，管理信息系统是一个人-机系统，也是一个开系统和闭系统相结合的系统。

人-机系统是一个重要的概念。人-机系统意味着信息系统不应当是一个机械的闭系统。如果我们设计了一个一个自动化水平很高的系统,但要求其中的人完全按照机器的节拍工作,而不能体现出人的主动性。尽管这样的系统工作效率很高,但并不是一个理想的系统。

2.4 系统的连接、分解和耦合

2.4.1 系统连接

系统连接的两种基本形式是串联和并联。从采购原材料到工厂,经过生产流水线上工人的加工组装成为产品,再从生产工厂将产品送给销售商,经过批发、零售等销售渠道最后送到消费者手中。在这个系统中,生产和销售这两个子系统是串联的。在一个串联的系统中,不仅存在着物质的流动,同时也存在信息的流动。并联的子系统可以使子系统同时工作。在一个分布式数据库系统中,数据可以同时在各个业务部门的本地数据库中处理,最后再送到总部汇总。这样既方便了各部门的管理者又提高了整体处理的效率。

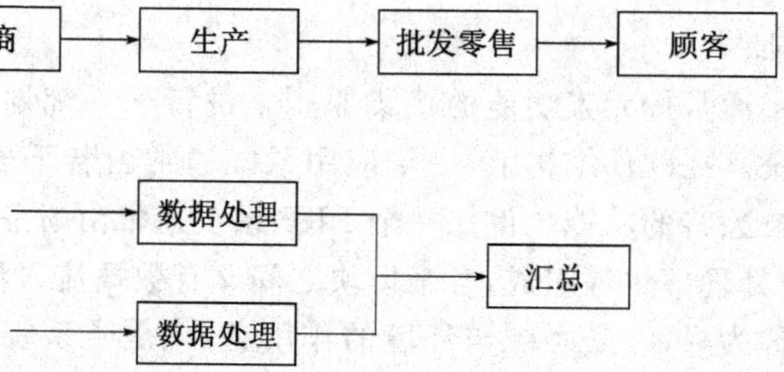

图 2.4 系统的串联和并联

如图 2.4 所示,可以用图形来表示出系统的不同连接方式。实际上,更为复杂的系统连接形式也是很多的。互联网上的网络连接就是一种比较复杂的系统连接形式,实际上物理的连接已经和逻辑的连接有很大区别。逻辑的连接可能只是很单纯的串联方式,但物理的连接却是很复杂的。局域网上的连接通常采用星型连接或总线连接方式,计算机通过集线器、光缆或总线等连接到一起,每一台机器的请求都将被送到其他机器上。而每一台机器都将根据协议来判断是否应当做接收信息的工作。

2.4.2 系统分解

对系统的研究往往涉及到对子系统的分解和处理。有时因为一个系统太复杂而无法把它的元素之间的关系表达清楚，这时可以将系统分解成子系统。对系统的分解可以从各种不同的角度来进行，例如从职能的角度可将企业分成生产、后勤、财会、市场等，从管理活动的角度又可以分为作业控制、管理计划和战略决策。当把一个系统分解成子系统时，通常要明确各个子系统之间的边界和相互的接口，这样才能将子系统有机地结合起来。

那么对子系统的划分有无一定的原则呢？换句话说，系统边界的界定有无一定的原则呢？一般来说经常要考虑两个原则：

1. 控制性

一个系统的内部元素通常是系统可控制的，而其外部的元素则不可控。系统外部的元素有时也构成对系统的约束。如一个营销系统的数据库是营销部门可以控制的，而外部的企业数据库则是该部门不可控制的环境元素。倘若该部门的数据库中的部分数据必须从外部数据库获得，这个外部数据库就构成了对该系统的约束。

2. 功能性

在系统中通常按元素功能的聚集原则来进行子系统划分。这一原则也适用于信息系统。在软件结构上，一个应用系统通常由若干模块构成，而每一个模块具有各自独特的功能。例如一个 ERP 系统通常由财务模块、生产模块、库存模块、订单处理模块等组成，各个模块之间又有数据流入流出的关系。

接口也称为界面，是系统与环境的作用点，或是子系统之间的连接点。在信息系统中，接口的功能是十分重要的，因为接口常常为系统做以下一些工作：

- 过滤：通过接口去掉不必要的元素。
- 编码/解码：将一种数据转换成另一种数据。
- 探测错误和纠正错误。
- 缓冲：让两个子系统通过缓冲区耦合，取得同步。

在对子系统的设计中，一个常用的技巧是化简子系统之间的接口。根据排列组合的原理可知，随着系统中子系统的增加，系统之间的接口数目就随之快速增加。如果一个系统有 n 个子系统，同时每一个子系统都与其他子系统相连，那么系统中将有 C_n^2 个接口。接口的数目大量增加，使得对子系统的管理越发困难。化简的方法之一是将子系统分成有关的群，各个群共用一个接口，这样就有效地减少了子系统相互之间的交互和关联。例如在一个局域网中，如采用点对点连接方式，则一个 6 个结点的网络就需要有 15 个连接，而采用总线方式后，就可以将相互连接的数目大大减少。

2.4.3　系统耦合

一个系统中子系统之间的关系可能是紧密耦合的也可能是松散耦合的。紧密耦合的子系统效率高，但对于各子系统之间的协调却要求苛刻。有时候，各个子系统之间无法紧密耦合，但我们仍需要采用某种手段将它们连接起来。这时可以采用的办法有：

(1) 设立缓冲区：例如对于生产子系统和采购子系统，可以设立仓库作为缓冲区，从而使两者分离。在信息系统中也常使用磁盘文件作为缓冲区来进行数据处理。

(2) 使用弹性资源：弹性资源意味着系统的资源有一定的富裕，在需要时可动用这一类资源来应急。

(3) 设立标准化接口：设立标准化接口有助于子系统之间的通信，减少不必要的信息交互。在管理信息系统中的局域网中采用的协议就是一种标准化接口。

日本汽车工业的及时系统

日本汽车工业采用的及时系统(Just in Time System，JIT)是紧密耦合系统的一个典型例子。JIT 是由日本丰田汽车公司首先创立并且推行的先进生产方式，也叫“丰田生产方式”。

JTS 的目标是按照用户的订货要求，用必要的原料、在必要的时间和地点生产出必要的产品。为实现这一目标，必须要将生产中所需要的零件的供应商严格地组织起来，在供应商和制造商之间建立起准确的信息交换渠道，彼此相互协作，从而实现库存成本的最小化。

丰田公司经过分析，发现在一辆汽车中的主要零部件有三千个，加上各种附件达到一万个。而丰田公司自己制造的零部件仅有 1/3。按照过去的生产方式，必须大量采购这些零部件，否则自己的生产很难平稳地进行。但是，大宗采购实际上浪费很大，造成仓库中总有大量的库存品。于是丰田公司便采取制定精密的生产计划，并与自己的零部件供应商签订准时供货的合同，让供应商在自己需要时才将物料送来的做法。这种做法必须提前半年将生产计划具体化，提前三个月制订中间计划，此时计划与实际生产量的差别不超过30%，实施生产计划的前两个月，再次调整计划幅度不超过15%，在生产前1个月形成最终的调整计划。结果，由于这种新的供货方式带来了一系列的改革，包括减少批量、压缩提前期，保持采购物料的高质量等。由此使得丰田汽车的竞争力大为增强，而且带动了企业其他方面的改革。

由于日本汽车工业采用了JIT，使日本汽车成本大为降低，同样档次的汽车比美国产的要便宜大约2000美元。结果使得日本在20世纪80年代的日美经济竞争上处于非常有利的地位。

2.4.4 系统的熵

系统有其生命周期，所有的系统都有发生、成长、衰败、灭亡的过程。系统失调、紊乱的一面可以用系统的熵来度量。系统如果从其外界得到对其秩序进行维护的能量，就可以减少系统的失调，这种外界的输入也称为负熵。比起一个相对封闭的系统来，开放系统需要更多的负熵，才能够保证它的稳定运行。

信息系统从其诞生之日开始，它的熵就在不断增加。所有的信息系统都需要维护，企业信息中心技术人员的大部分时间都在从事对已有系统的维护工作。有人统计过，在信息系统运行5年时间内，改错和功能改善所消耗的费用大约是系统初始开发费用的50%。

2.5 信息系统的成分和结构

以上我们介绍了系统科学的一些基本概念。这些概念对于信息系统意味着什么？我们认为：一般系统论可以用来指导我们理解和描述信息系统，也可以用在信息系统的设计、开发和维护的整个过程中。信息系统的建设是一个涉及到企业的业务、战略、组织结构、技术能力、企业文化等多方面因素的系统工程。信息系统虽然是关系到许多复杂的技术和组织因素，但从物理上来看仍然是由一些基本部件构成的。在构建或引进一个组织的信息系统时，一个基本的出发点就是从企业信息化的基础设施的角度考虑，建设这个系统的基本元素是什么？它是由哪些基本部件构成的？它的结构应当是什么样的？这样我们就可以从概念上将各种散乱的影响因素组织起来，有计划、有步骤地规划它的建设和发展。

一个信息系统可以看作是由6种基本的元素所组成：人员、计算机硬件、计算机软件、网络、数据和工作规程（见表2.4）。信息系统是为企业的人所使用的，同时也必须由人来控制。MIS中的人员可以分为两大类：最终用户和专业技术人员。根据组织的结构和需要，前者主要分为高层领导、管理人员和事务人员等，后者包括了系统分析师、系统工程师、程序员、系统管理员等。硬件设备包括计算机、服务器、输入输出设备、数据存储设备等。网络包括了各种网络传输设备和媒介。软件主要分为操作系统、开发工具、应用软件和为特定业务编制的专用程序等。数据库是数据和数据库管理系统的集合。工作规程包括了对系统的使用规则、安全保证措施、对系统控制的方法以及对系统中各种人员的职责和权限的规定等。

表2.4 管理信息系统基本的元素组成

系统成分	说　明
人员	信息系统的人员包括最终用户和系统技术人员两大类，最终用户包括：高层管理人员、管理人员、事务人员、高级管理人员的助理人员等
计算机硬件	包括计算机、服务器、外部存储设备、显示设备、打印机等
网络设备	包括通信线路、网络接口卡、路由器、集线器、无线设备等
软件	包括操作系统、软件包、开发工具、应用系统、处理模块等
数据	数据需要用数据库管理系统来进行管理
规程	有关系统运行的规定、操作指南等

用系统科学的黑箱观点，可以不考虑信息系统内部复杂的结构，将一个信息系统抽象为一个输入输出系统。任何信息系统都必须有数据的输入，经过系统的处理后输出有关的信息。信息系统还必须有数据存储。只有在保证输入数据质量的前提下，信息系统才可能给出有价值的信息。用这样的观点，一个信息系统可以用图2.5这样一个简单的I/O模型来表示。

根据信息系统在组织中应用范围，还可以将它分为个人信息系统、群体信息系统、企业信息系统及企业间的信息系统。个人信息系统的例子是企业中高层管理者专用的信息系统，这种系统专门为领导辅助决策或帮助他获得有关信息，所使用的数据等可以从企业内部网或外部的数据库中获取。群体信息系统

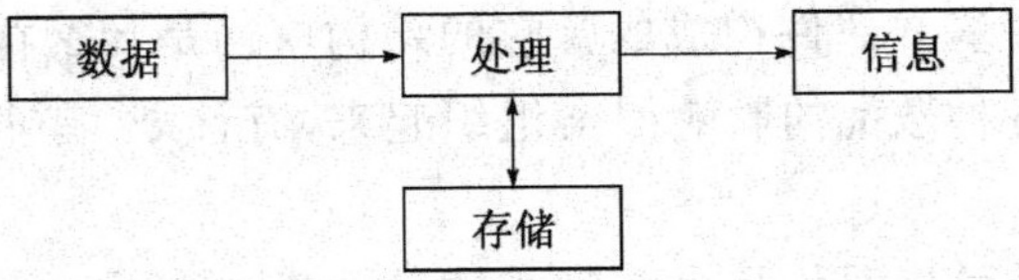

图 2.5　基本的信息系统模型

如科室用的办公自动化系统，车间用的计划排程系统，或是会议室中的电子会议系统等。企业信息系统则是整合了整个企业各个层次和各个部门的信息需求而建立的信息系统，例如 ERP 是一种企业级信息系统。企业之间的信息系统就是供应链的基础设施。表 2.5 描述了各种等级的信息系统的例子。

表 2.5　组织不同层级的活动及信息系统

组织的层级	活　动	信息系统的例子
个人	作业、任务	个人办公软件、客户数据库
小组	工程项目	知识共享、项目管理和团队作业
科室	主要的职能	会计账务、库存、人力资源；市场等系统；GDSS、群件
部门	主要的职能或服务	支持生产、市场、管理和人力资源的 MIS；事务数据处理系统
组织	多种产品、服务和目标	集成化的财务和计划系统；ERP
组织间	联合、竞争、交换、接触	供应商管理的库存系统、供应链系统

另外，从概念上，还可以用两个基本的观点来对信息系统进行分类，这就是职能子系统和层次子系统的观点。

2.5.1　职能子系统

按照功能的聚合来划分子系统是一种常用的方法。从这个思想出发，可以将一个组织的信息系统划分为若干个职能子系统。一个企业信息系统中常见的职能子系统包括：市场营销、会计财务、生产、库存、人事、物流等，一个自然的系统设计方法就是在每个职能部门建设相应的子系统，这些子系统结合在一起构成企业级的信息系统。一个职能子系统可以进一步分解为更小的子系统。例如生产部门的子系统可以分为作业控制、工艺数据管理和质量控制等三个子系统。表 2.6 给出了一些典型的职能子系统以及它们所提供的主要信息处理功能。

表 2.6　职能子系统及其功能

职能子系统	功　能
市场营销系统	订单处理 销售管理：数据的汇总并且和计划数据相对照，有关客户、市场、销售人员的数据资料管理
会计系统	应收账，应付账，总账等账务处理 成本控制 固定资产管理
生产系统	生产计划的制定 生产工艺数据管理：CAD，图纸管理、工序管理等 作业控制：如：产品装配通知，工时记录
库存系统	出库、入库数据处理，库存量盘点、查询等 自动订货系统

2.5.2　层次子系统

从企业管理控制的层次出发，我们也可按照层次的观点来划分信息系统的子系统。如图 2.6 所示，管理的层次可以用安东尼（R. N. Anthony）模型来描述。安东尼认为管理活动可分成为三个主要层次，分别称为：

（1）战略计划层（简称战略层）

（2）管理控制和战术计划层（简称管理层）

（3）作业计划与控制层（简称作业层）

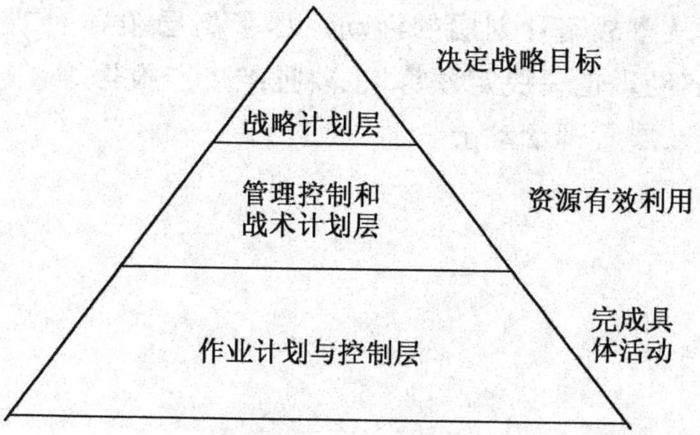

图 2.6　安东尼模型

这三个层次是根据它们的构成和担负任务的不同来划分的。战略层主要由组织的高层管理者构成，其任务在于确定组织的使命、目标以及实现企业目标的方针政策等。高层管理者需要制定长期规划，并按照企业战略监控整个企业的运行情况。管理层主要由组织的部门经理一级的中层领导构成，负责组织目标的具体实现。管理层工作的任务是对组织内部的各种资源进行有效的利用，对组织中各部门的活动进行中期计划和控制。例如，制定企业的年度财政预算，对企业的成本进行核算，对实际成本超过预算过多的部门进行检查，发现成本超常的原因。作业层由企业中对日常业务活动进行管理的现场管理人员，他们需要申请和使用企业的资源，并做短期的工作计划并监督检查日常工作的完成情况，他们的任务就是保证具体的业务活动按照规定的做法和程序得以顺利地完成。

从信息系统的角度来看，因为战略计划层的活动多涉及到组织长远利益的考虑和决定，这个层次的信息系统通常包括经理信息系统(EIS)决策支持系统等。高层领导通常在做出企业经营产品的变更等问题上可以运用这些系统来做出科学的决策。管理控制和战术计划层涉及到中期计划目标的实现，如对生产资料的计划和组织，人员的招聘培训，做组织的预算等。在这个层次上使用信息系统包括 ERP、SCM、CRM 等。作业计划与控制层是对短期或当前工作的决定，如决定当前出库量，决定某零件在何处加工等。信息系统在这一层次上通常表现为单纯的数据处理或部门级以下的应用。

管理活动层基本上是和组织中管理人员的职位及工作性质对应的。生产第一线的管理者如车间主任等人的工作是作业计划与控制层的活动；而主管市场的副总经理则从事战略计划层的活动。尽管高层领导的工作也可能涉及到低层管理活动，如经理也要决定预算，也要批准生产报告等，但他所花费的大部分时间仍然是在高层管理活动上。

第 2 章重要概念

系统，元素，边界，环境，特定环境、一般环境、子系统，接口，黑箱，输入输出系统，封闭系统，开放系统，人-机系统，熵，数据，信息，职能子系统，层次子系统，战略计划层，管理控制和战术计划层，作业计划与控制层，个人信息系统，群体信息系统，企业信息系统

第 2 章复习题

1. 画一张图，说明一台计算机硬件系统中各子系统之间的关系。同时说明这些子系统的输入、输出，各子系统的边界和接口，以及子系统之间的通信是如何进行的。

2. 系统有哪些重要特性？请举例说明。

3. 说明几种典型的系统分类方法。

4. 说明子系统的分解和耦合的方法。

5. 说明如何对子系统的接口进行化简。

6. 一个班级有 40 名同学，每个同学有一个电子邮件账户。那么，在这个系统中理论上有多少个信道？

7. 什么是系统的熵？

8. 管理信息系统的基本元素有哪些？

9. 安东尼模型的基本内容是什么？

10. 什么是公共信息系统和私人信息系统？什么是正式的信息系统和非正式的信息系统？说明它们各自的作用。

小组活动课题

在现实中发现一个有问题的系统，向其他同学介绍该系统的主要功能和它的问题所在，根据本章内容讨论可能的修改。

第3章 信息系统与组织

本章学习目标

(1) 信息资源在企业管理中的作用

(2) 组织中各种信息的分类方法及其特征

(3) 价值链和业务流程

(4) 信息技术对组织结构、组织目标、组织文化等所产生的影响

3.1 管理与信息

3.1.1 信息资源

传统的管理学理论中将企业的基本资源归结为三种：人力资源、财力资源和物力资源，企业管理可以看作是围绕着这三种资源展开的各种活动，也就是人、财、物管理。现在，人们逐渐认识到信息是企业管理中不可或缺的“第4种资源”。运用信息技术，对信息资源的收集、存储、传送和使用的手段日益丰富，这使得信息资源可以在企业的众多活动中发挥出越来越大的作用，可以进一步节约和替代前三种资源。

信息资源是一种虚拟资源。信息资源通常依附于人、财、物资源，与它们紧密地结合在一起。只有准确、及时、完整地表示了企业资源，才能真正发挥信息资源的作用。信息资源与其他管理资源有一些不同的性质。例如，信息具有共享性，这是其他资源所不具备的特性。信息资源可以由使用者共享。如果将信息作为商品进行交易，当交易完成后，信息的拥有者仍然具有该商品。信息资源还可以反复使用，不会因多次使用而减少价值，反而可能增加它的可信度。在技术设备的支持下，人们可以跨越时空障碍，迅速地获取信息、传送信息和使用信息。利用

信息的这一性质可以帮助我们节省企业的大量人力物力。信息不但可以容易地被加工、存储和传送，还可以以很低的成本无限地复制。这些性质决定了信息不但是一种资源，而且还可以加工成为一种商品。但是建筑在信息商品上的商业活动，诸如定价、交易方式等，在一定程度上与物质商品也是有所不同的。

应当注意的是，和其他物理的资源一样，信息资源并非是免费得到的。在信息社会，随着信息处理手段的不断进步和社会信息量的大量增加，人们往往误认为信息是不需要代价的或者可以很容易地获取。但事实上，容易得到的信息往往是低价值的，而且信息的接受者在不知不觉中已经付出了代价。任何有价值的信息都应具有四种性质：

(1) 相关性：有用的信息通常与接受者所面临的问题紧密相关。由于在信息社会中无关信息的大量出现，所有人都面临着信息超载的问题。如何防止无关信息的干扰，已经成为一个新的理论问题和实践问题；

(2) 准确性：人们得到的信息很少是一手信息，大多数经过了加工和传递。信息经过口头传递和记忆存储后很容易发生错误，即使依靠计算机和网络，也可能因各种原因发生误差和错误，而不准确的信息有可能带来难以预料的严重后果；

(3) 及时性：如果一则信息是在人们已经从别的路径感知到了的时候才出现，那么这条信息的价值就荡然无存了；

(4) 完整性：断片的信息往往是没有价值的，因为它难以对人们的决策产生决定性的影响。例如某一台彩电的售价是不能告诉我们如何改进生产过程的，只有通过将这台彩电成本进行详细的分析，才能够指导今后的生产实践。要保证组织中的信息的确是有价值的信息，只有通过信息化的道路形成“数字神经企业”，而这是一个巨大的挑战。只有经过有计划的信息收集、积累和整理，信息才能产生价值，并成为企业的知识资产。这也就是为什么企业要投入很大的人力、财力和物力去引进和实施信息系统的原因所在。

3.1.2　信息的定义和信息量

信息一词经常被应用在各种场合，因而具有多种含义。从我们的目的出发，我们将“信息”和“数据”两个词做严格的区分，并将信息看作是数据的加工后的产物。这样，就可以有如下的信息定义：“信息是经过某种加工处理后的数据，它通常对使用者具有某种特定的意义。”

未经过处理的、对现实世界的对象进行记录的符号是原始数据。经过加工的原始数据如果在本质上并没有发生变化，也没有带给我们特定的意义，那么它还不是信息。例如对原始数据进行了一次四舍五入的处理，但其内容对使用者没有意义，所以仍然不是信息。信息是伴随着组织的业务活动所产生的，也就是在组织的计划、实施、控制、调整的活动周期中出现的，它们可能以多种形式出现。信息有以下一些常见的形式：

- 消息：消息往往指非正式的信息。消息往往给其接受者以启示，或者说它可以消除接受者对事件的不确定性观点。理论上，消息消除的不确定性可以用信息量来精确度量。
- 数据：数据是现实事物的符号化记录。数据可以反映现实事物的客观状况。
- 技术、方法：企业中的技术、工艺、方法等是有关工作流或工作过程的信息。
- 标准、规范：标准和规范也是重要的信息形式。标准可以节约大量的重复性工作。规范、法律、规制等使得员工的行为符合某种标准。

以上各种形式的信息，也可以看作是对信息一词的一个广义的定义。实际上在信息系统理论中，信息可以分为 3 个层次。位于最低层次的是数据，数据是尚未经过处理的信息。第 2 个层次是信息。信息是经过处理的数据，对于信息的接受者有特定的意义。正如 Simon 所说："信息是影响人改变对于决策方案的期待或评价的外界刺激。"[①]信息的最高层次是知识，知识是体系化的信息。上述各种信息形式中的技术、方法、标准等都属于知识的范畴。

信息能够影响人的行为，是因为信息可消除接受者对于问题的不确定性认识。从这个观点出发，香农创立的信息论从通信的角度给信息的度量下了这样一个定义：信息量是为了能从所有可能的消息组合中识别出特定的一则消息所必须传送的二进制编码数的平均位数。在这里，一个假定的前提是要传送的可能的消息数量是有限的，而且能设计出识别每一则消息的不同的编码形式。最简单的编码就是使用二进制的 0、1 来编码。例如，如果有 8 则要传送的可能的消息，表达所有的消息就需要 3 位二进制编码。000 表示消息 1，001 表示消息 2，……，111 表示消息 7。而如果只有两则可能的消息，那么只要 1 位二进

① Herbert A. Simon. The New Science of Management Decision. New York: Harper and Brothers, 1960.

制编码就可以表达了。在这个意义上可以定义信息量为：

$$I = \log_2 n$$

如果被传送的消息不是以相等的概率出现时(例如英文字母出现的概率是不同的，元音字母出现的概率远远大于其他字母)，可以用下面的公式来表示编码的平均信息量。

$$I = -\sum p_i \log_2 p_i$$

这里 p_i 是第 I 则消息的出现概率。

例如，有 4 则出现概率不同的消息，其计算过程如表 3.1 所示。

表 3.1　信息量的计算

消息序号	消息出现概率	$\mathrm{Log}_2 p_i$	$P_i \log_2 p_i$
1	0.5	−1.00	−0.50
2	0.25	−2.00	−0.50
3	0.25	−2.74	−0.41
4	0.10	−3.32	−0.83
			I=1.74

3.1.3　信息的特征和分类

为了通过信息系统有效地从事管理活动，应当对管理活动中信息的特征有所认识，并根据需要对信息进行不同的处理。信息掌控在组织中的个人手中，信息的属主对于信息有传播和处理的权力，通过信息的共享可以提高被应用的可能性，但同时也需要对信息的传播范围进行控制。“企业的当前流动资金”是由企业财务经理所掌握的，“企业的股市价值”是对外公开的。而根据信息表达意义的抽象程度，还可以进行另一种分类。例如“生产 200 个规格为 3.3 厘米的轴承”是一个具有具体意义的信息。而“轴承生产量今后将大量增加”是一个表达意义不十分具体的信息。因此，我们可以根据信息各种属性(如概括性、时间性、精度、频度、结构化程度等)来分类。从管理活动的层次角度将这些特征综合起来，就可以以一种全面的观点来考虑企业管理活动中出现的各种信息了。

企业中的信息处理活动与管理活动的层次有紧密的关系。管理活动中信息处理的正确性和下层信息处理的正确性紧密相关。例如，对库存量控制得好不好和库存记录的正确性有关，管理层能否制定合理的库存规划，与作业层的库存管理人员所提供的数据的准确性有关。各管理活动层次所需求的信息特征是不一样的:战略层和作业层表现出相反的特性,而管理层介于二者之间。表 3.2 列出了各管理层所要求信息的特性,读者们可结合具体的管理活动考虑这些特性的意义。

表 3.2　管理活动各层次中信息的特征

信息的特征	作业层	管理层	战略层
来源	主要是来自内部	⟷	主要是来自外部
范围	规定明确的,范围窄的	⟷	范围较宽的
概括性	具体、详细的	⟷	概括的
时间性	历史性的	⟷	预测性的
流通性	流通、更新快	⟷	陈旧的
精度	精度高	⟷	模糊的
频度	经常发生的	⟷	不经常发生的
期待性	可预期的	⟷	偶发的
结构化	结构化的	⟷	松散的

信息产品的成本

所谓边际成本(Marginal Cost, MC)就是指产品上市后,每增加一个产品时所发生的总成本(Total Cost)增加量。信息产品的重要特性之一是单位产品的边际成本几乎可以忽略。从生产者角度来看,信息产品的固定成本(Fixed Cost)通常比较昂贵,且在生产前预付,绝大多数表现为沉没成本(Sunk Cost)。同时,因为边际成本极低,当信息产品的产量扩大时,生产成本并不上升。而平均成本(Average Cost, AC)随着生产规模的扩大而下降。这种性质可以表现为下面的图形。

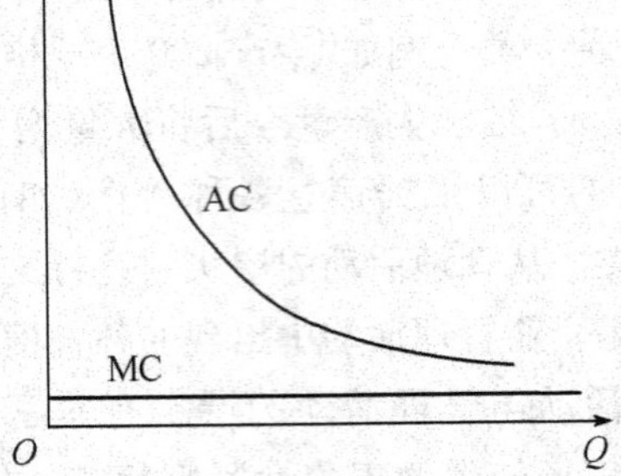

因此,如果某种信息技术的产出得到了大量用户的使用,就会使得信息的平均成本急剧下降。这也是为什么互联网会快速普及的经济解释。

3.2 组 织

MIS是一个面向组织的系统。企业中的信息处理活动与企业的管理活动是紧密相关的，企业的管理活动又是通过企业的组织来实现的，因此有必要研究组织和信息处理的关系。建设和运用信息技术时必须考虑一些组织方面的因素。下面我们讨论一些组织行为学的基本概念，然后研究组织中信息处理的特点。

3.2.1 组织结构

组织是组织中成员的有机集合。从系统的角度来看，当个人的力量有限，不足以完成某项工作时就需要组织。在组织中，个人担任各种各样的工作，扮演着不同的角色。组织的特定结构和规则等将其成员有机地结合起来，从而构成了一个比松散的个人集合更为有效的系统。

组织结构是组织中的分工和相互关系的确定表示。组织的结构使得劳动力分工，职能部门的分割使得他们受到专业训练并完成特定的工作。组织的层次化使得组织中成员能协同工作。高层的人员从事管理、专业性的和技术性的工作，而低层的人员从事作业性的工作。组织还需要各种不同的人员掌握不同的技能和扮演不同的角色。例如办公室工作人员要掌握的技能和扮演的角色与生产线上的工人有显著的差别。

20世纪最典型的企业组织结构，是德国社会学家马克思·韦伯(Max Weber)首先提出的金字塔型组织(bureaucracy)。金字塔型组织具有以下一些特点：

- 层次结构：金字塔型组织结构中命令关系是垂直方向的，组织中的领导者对直接下属有指导的义务，有特定的控制幅度。
- 劳动是明确分工的。通常根据工作的性质，将组织分解为职能部门。每个职能部门再根据工作的性质分解为不同的科室、小组和个人。
- 组织有公开而明确的规则和手续，组织中的成员依据这些规则进行竞争。
- 组织公平地对待组织中的成员，基于组织成员对于专业的精通程度进行提升。
- 以取得组织的最高效率为目的。

金字塔型组织结构因具有明确的结构和阶层化的命令链，使得这种组织结构十分适合于专业分工合作，工作内容和进度容易控制，因而得到了广泛的运用。20世纪绝大多数企业都采用这种组织机构。根据金字塔型组织的规模，还出现了一些它的变种，包括以下几种常见的形式：

- 小业主型组织：仅由创业者或管理者一人控制的金字塔型组织。其特点是结构简单，层次很少，信息传递迅速，容易形成组织意见的一致性。
- 机械金字塔型组织：指大规模的金字塔型组织，组织是按职能分割的，中央决策，生产标准产品，可以在缓慢变化的环境中发展。
- 专业金字塔型组织：是由专业人员构成的金字塔型组织，诸如法律事务所、学校、会计事务所、医院等。组织的决策力量较弱，但仍由中央领导机构来管理。信息系统通常用来加强效率和计算服务的报酬。
- 事业部金字塔型组织：是大公司的组织结构，它是若干机械金字塔型组织的结合，每一个子组织都有自己的产品或服务，但共有一个中央指挥部门。

金字塔型组织尽管有许多优点，但也存在一些固有的问题。金字塔型组织的权力过分集中，组织的上层缺乏制约。当业务顺利发展，组织规模不断扩大时，金字塔型组织的层次必然增加。在这种情况下，效率就会大大降低。因为许多职位都是为了监督下层的工作完成情况才增设的，它们往往不产生价值。同时，信息从基层传递到最上层时容易受到层层阻碍，速度很慢，因此大企业对于市场和客户的变化往往反应很迟钝。在信息时代，如何对这种传统的组织结构进行改变是一个重要的课题。

3.2.2 组织行为学

采用纯数学的方法对管理活动进行描述或建立起数学模型，通常是建立在许多理想的假设条件之上的。例如，微观经济学将组织定义为一个稳定的、正式的社会结构，它从环境中取得资源并对这些资源进行加工后产生输出。这个模型认为组织是一个投入产出系统，组织有三个基本的要素：劳动、资本和产品，即企业家投入了资本和劳动，产出产品。这里的资本和劳动两个要素是可以相互转换的，即可以找到劳动和资本之间的等价关系。但一些行为科学家认为：如果某种理论对组织的描述过于理想化，就难以真正用来解决实际问题。实际上，企业的环境通常是不稳定的，作为一个系统，其投入产出是动态的。投入的元素并非一定可以转换，即便有足够的资本，未必就一定能购买到所需要的劳动。而且某些调查的结果表明，在许多高技术的企业中，越是在高薪和重要岗位上,转职的比例越高。对于这类现象的说明,需要从其他角度去研究,从而产生了行为科学的研究方法。

行为科学提倡以人为中心的研究方法。在1924年所进行的霍桑实验中,一些科学家研究了提供物质条件以及其他工作条件与提高生产率之间的关系,结果发现:物质条件与提高生产率并没有非常紧密的关系。而提高工人的士气,改善人与人之间的关系,使劳动者对自己的工作感到满意,才是提高生产率的决定因素。后来,学者们的研究开始从个人的行为向着重研究组织的行为的方向转化,因而又形成了"组织行为学"的新研究领域。组织行为学研究组织的阶层性、劳动的分工、组织的业务规则和业务流程等这些结构问题;以及权利和义务、优先性、责任、价值、定额和人员等方面的问题。

组织行为学的学者们认为:组织是一个具有特定意图和目标的社会存在,是协调了组织内部成员的才能和利益的活动系统。这一点可以从组织中的成员的作用看到:当成员的目标与组织的目标一致时,他们的工作将是有绩效的和自发的,否则将出现绩效下降、产生抵触情绪甚至离职。

从组织行为学的角度来看,组织是权力、义务和责任的一个集合,是对这些元素在时间轴上产生的冲突和解决的微妙的平衡。组织意味着权力的分配,组织结构应当将权力、义务和责任对等起来,职位越高,权力越大,责任越大。如果一个组织不能解决好这三者的对应关系,势必导致有人从组织中得到了很大的利益,却不为他们的过失承担责任。

组织中不同的层次和专业带来了不同的利益和观点。这些往往是冲突的。冲突是组织政治的基础。组织中必然存在其成员之间的矛盾和利益冲突。而这种冲突和矛盾的解决,又往往需要某种折衷和利益平衡。因此,组织也是群体关系、利益平衡、价值和结构。

3.2.3 价值链和业务流程

按照哈佛大学教授迈克尔·波特的观点,企业的业务可以看作是一些基本活动的集合。员工的工作价值体现在这些活动中,为该业务的最终完成做出了贡献。因此企业的业务也是一个员工用他们所具有的知识和技能做出贡献的过程。波特认为,最终产生出组织的产品或服务的过程就是一连串活动的增加价值的过程,并将这一系列的活动称为价值链。通过价值链分析,可以将一个企业中的业务活动分为两类:一类是主要活动(primary activity),这是直接关系到企业产品和企业服务的活动。例如一个企业内部的物流供应活动、生产制造活动和产品销售活动等。另一类是辅助活动(support activities),即配合主要活动而进行的活动。例如企业基础设施的建设,对企业员工的培养和使用,技术知识的积累,采购业务等。

价值链是我们理解信息化为什么必要的一个关键概念。在市场经济环境下,任何企业都必须创造价值,否则一定会被市场所淘汰。也就是说,按照价值链的观点,企业创造的价值不是企业自己决定的,而是由它的顾客决定的。而价值是由企业中的基本活动积累起来得到的。每一个活动之所以必要,是因为在价值链上有需要它的顾客存在。注意这里的顾客可能是企业内部的顾客,例如对于物流部门来说,生产部门就是它的内部顾客。

在每一个企业中,都有一些业务活动是和企业的核心能力紧密相关的。这是企业最重要的价值链,或者称为“战略价值链”,如图 3.1 所示。企业应当首先保证这些业务的顺利运行。

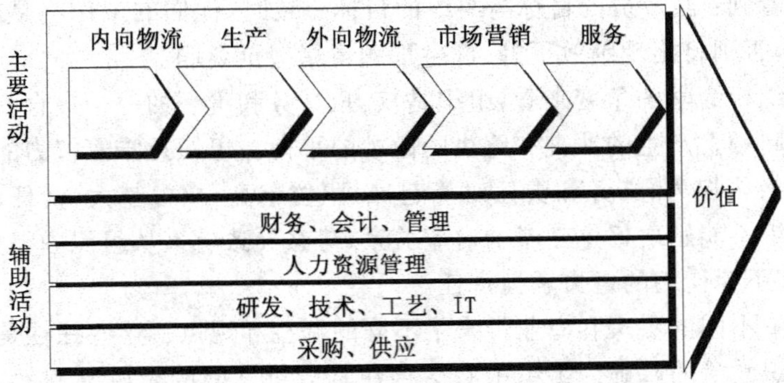

图 3.1 迈克尔·波特的价值链

由于组织的业务可以分解为更基本的业务活动,这些业务活动的执行过程中当然有信息的处理,在不同的活动之间也需要有彼此间的信息传递。因此,信息技术的重要作用就是体现在这些活动之中的信息处理。例如,医院的服务是一些业务流,它可以分解为挂号,发病历,受诊,开方,划价,付款,取药等活动。在这些活动中,每一个医生、护士都在产生、交换和处理信息:医生要了解病人的症状,化验员要得到医生的指示才能化验,医生再根据化验的结果开出处方,他们每个人不仅自己要处理信息,而且还要得到相应的其他活动的信息后才能进行自己的工作。在企业中、公司中、事业单位中,尽管不同的组织从事不同的业务活动,但是从业务活动与信息的关系来说和医院的例子没有什么不同。

一个组织的业务流程设计得是否合理，对组织的运作是否流畅、能否保证其工作效率是至关重要的。例如在一个政府管理部门中，过去的做法是设置较少的服务窗口，每一个窗口都提供该部门所有的服务。这样每一个顾客都必须在多种服务中进行选择，服务速度很慢。后来该部门进行了改进，多设置窗口，而在每一个窗口只提供几套服务。这样顾客在选择窗口的时候就将服务确定好了，结果使得服务速度大为提高。

3.3 组织的信息技术采纳

传统的组织行为学派很早就已经认识到技术对于组织的影响。莱维特(H. J. Leavitt)提出的模型用人、结构、技术和任务四个变量来描述技术对于组织的影响(见图 3.2)[①]。莱维特认为在这些变量之间有强烈的依存关系。例如，引进一项新技术时对于组织中的人员将产生影响，可能会因此而削减人员的数目，也需要现有的人员学习掌握新技术。新技术使得组织中可完成的任务大大增加，因此它也会对现行的组织机构发生影响。而结构和任务的变化又会影响到组织中的人的技能、权力等。

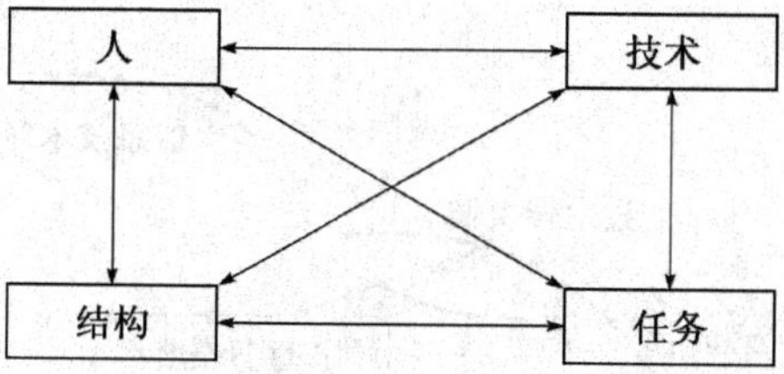

图 3.2 莱维特组织模型

美国哈佛大学教授诺兰(Richard L. Nolan)最早研究了组织对信息技术的采纳问题，他在 20 世纪 70 年代时提出了组织中信息系统的发展阶段理论[②]。诺兰认为：一个组织中的信息系统的发展通常要经过初始、普及、控制和

① H. J. Leavitt. Applying Organizational Change in Industry, Structural: Technological and Humanistic Approaches. Handbook of Organizations, Chicago: Rand McNally, 1965.

② Cyrus F. Gibson and Richard L. Nolan. Managing the Four Stages of EDP Growth. Harvard Business Review, January-February 1974, pp. 76～88.

整合4个阶段(表3.2)：

表3.2　组织中的信息系统的发展阶段

阶段	特　点
初始	组织中只有少数人使用计算机，计算机是分散控制的、没有统一的计划
普及	越来越多的员工学会了计算机使用方法，应用面迅速扩大，以至于在对信息系统的管理和费用方面都产生了问题
控制	组织开始制定管理方法，控制对计算机的随意使用，使得计算机使用正规化、制度化，推行成本-效益分析方法，尽管这种控制可能会影响到一些潜在效益的实现
整合	对各种应用加以整合，建立良好的控制方法，使得信息系统的工作与组织的目标一致，信息系统的应用逐渐成熟

诺兰的观点得到了许多公司中信息系统工作人员的认同，成为当时一个被广泛引用的理论。在此之后，诺兰又将这个四阶段模型扩展为六阶段模型，这六个阶段分别称为：初始期、普及期、控制期、整合期、数据管理期和成熟期，如图3.3所示。在组织引进信息系统后开始的三个阶段中，人们注意的大多是对计算机的管理，然而在后三个阶段中，人们会更多地注意组织的数据资源管理。在此之间，通常会出现新旧技术的替换，即技术不连续点。

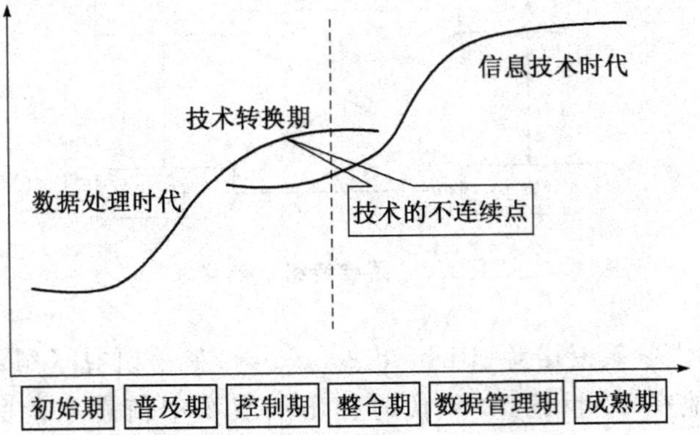

图3.3　诺兰模型

与信息系统的发展阶段理论相关的是数据资源管理或信息资源管理，即有关对组织中数据、模型等信息资源进行控制和管理方法的研究。对信息资源管理的研究涉及到如何开发组织中的信息资源，也包括如何保证已有的信息资源的安全性，如何提高信息资源的使用率，如何实现组织内信息资源的标准化、一致化以及和组织外部进行信息交换等问题。

3.4 信息技术和组织的相互作用

劳登认为：信息系统和组织之间是相互作用的关系。如图 3.4 所示，信息技术的引进都是由组织决定的，反之组织通过其结构、制度和文化等因素对信息技术的应用、引进等产生影响。因此，一方面信息系统的建立必然使得组织结构发生变化，组织中的人要学习信息技术，并采用新的方式进行工作。信息系统必须与组织紧密结合起来，向组织的各级决策者提供他们所需要的信息，才能真正发挥其技术的作用；反之，组织也应当懂得自己应当适应外界环境的变化，通过使用信息系统使自己受益，才能跟上时代的步伐。这种双向关系可以通过许多因素体现出来，例如组织所在的环境、组织文化、组织结构、标准作业流程、组织采取的政策、管理决策方式等。

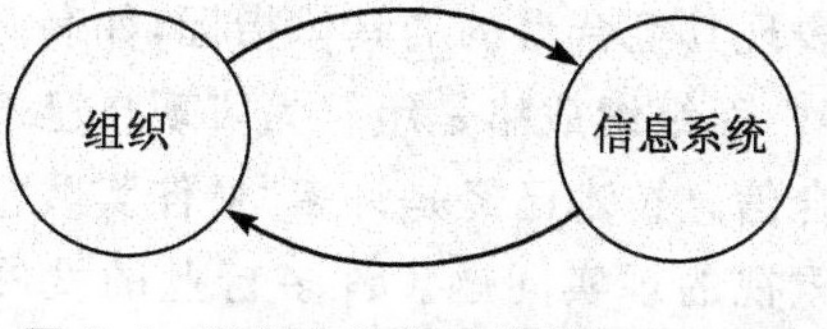

图 3.4 组织和信息系统的相互作用

3.4.1 组织对环境的适应

从系统科学的观点来看，组织自身是一个开系统，它与外界环境不断进行着信息和能量的交换。组织像一个具有学习功能的主体，它要在适应环境的过程中才能不断生长。企业的经营环境包括客户、供货商、政府、社会公共事业部门、信息媒体、金融市场等。组织要想实现自己的发展目标，就必须适应自己所在的环境。

在信息时代，组织的经营环境不断发生变化，组织的适应能力因此需要不断加强。环境变化往往给组织带来了巨大的变革压力。组织如果不能够适应变化，或者对于这种变化反应过于迟缓，就很容易成为组织衰败的起因。王安公司在 20 世纪 80 年代时曾是一家非常有竞争力的计算机公司，该公司最早开始使用磁芯存储器，一度是办公自动化领域的领先者，并成为美国 500 强企业。但是在半导体存储器出现之后和计算机小型化的环境变化中，该公司没能及时地转变策略，仍然坚持自己以往的发展方向，结果随着微机的普及和价格降低，该公司的经营业绩很快恶化，不得不申请破产保护。

近 20 年来，中国企业经营环境的变化也使许多企业产生了迫切的信息化需求。例如，如果企业的供应商或是客户率先实现了信息化，那么与它们打交道的企业就不得不考虑要采取相应的措施。特别是在供应链中，如果其中的主要公司做出了采用某种信息技术的决定，那么与它合作的企业就没有什么讨价还价的余地。随着我国的大型企业陆续完成了信息化，到 21 世纪以后，中国的中小企业的信息化的步伐已经加快。例如海尔公司决定将所有的零部件采购都通过互联网来进行，这就使得它的物料供应商不得不考虑如何尽快地实现信息化。另外，如果企业的竞争对手在某些业务中采用了信息技术，那么本企业如果不采用这项技术，很快就会丧失竞争力，从而退出本行业的竞争。

3.4.2 对组织战略的影响

组织目标是组织表现其经营目的的具体指标，如利润、技术领先程度、规模发展规划、市场份额等。而组织战略是组织为实现自己的目标所制定的基本原则。在组织战略中融合信息技术已经是许多“最佳实践”的成功经验，也是所有企业的高层管理者最重视的现实问题。许多行业的发展历史都说明了：信息技术不仅是一种应用性技术，而且与组织的发展战略紧密相关，需要企业领导高度地关注。

信息系统对于组织战略产生的影响体现在许多方面，例如阶层化，专业化，规范化，集中化，组织文化，组织权力，组织的生长周期，目标的转移和组织学习。对这些影响的总结如表 3.3 所示。

信息技术的外包是近年来跨国企业越来越普遍采用的一种方式。由于信息系统的更新换代周期特别短，设备的价格昂贵，信息系统工作人员的流动性高，人工费用、设备维修费用等都十分昂贵，所以从 20 世纪 90 年代以后，利用外部的专业技术公司承担企业信息系统资源管理的方法得到了重视。利用外部信息系统资源简称外包(outsourcing)，指组织只专注于自己的某些特定业务，而将相关的信息系统业务承包给外部的专业信息服务机构。通常这些机构提供它们的公用数据库、通信设施和主机等计算资源，为外部组织的信息需求服务。

表 3.3 信息系统对组织产生的影响

战　　略	信息技术对组织的影响
扁平化	减少信息传递层次,加快反应速度
专业化	培养核心竞争力
供应链	通过与外部合作减少成本,扩大组织的能力
虚拟化	增加信息处理的规范化程度
集中化	数据处理的集中
组织文化	信息技术促进新的组织文化的形成
组织权力	信息流通减少组织权力过分集中
组织的生长周期	信息系统应配合组织的生长阶段
目标的转移	要防止组织目标的转移
组织学习	信息技术可增强组织的学习能力

美国的一些管理咨询公司认为：外包是企业信息系统应用的发展趋势。在 15 年内,美国所有企业中凡不创造营业额的后台服务性工作都将外包出去。美国在 20 世纪 90 年代末的一些统计资料也表明,许多企业的工资、税务等业务都已经外包,一些电子化业务也开始外包。为什么外包对美国企业会起到如此重要的作用？学者们普遍认为：在全球化的环境下,利用信息技术,外包可以大大提高企业资源的运用效率。特别是对于人力资源昂贵的美国、日本等国家,采用外包方式带来的人工费用的节省是十分明显的。印度国家软件服务联盟曾计算过：如果美国把今后 6 年的软件开发工作全部外包给印度,就能节省 3000 亿美元①。从外包带来的直接效益来看,主要是降低成本。由于企业不必自己培养和聘用技术人员,也不必大量投资于信息技术的更新换代,从而减少了对信息中心建设和运营的规模,显著降低了信息系统的运营成本。另外,通过外包可以使企业有限的资源得到更为合理的配置,企业可以将自己的资源集中运用在需要发展的业务和获取核心竞争优势方面,可以更加集中于实现企业的战略目标。但是,外包也存在一些问题,例如企业的关键业务不能外包,外包可能给企业带来安全隐患,对于员工的信心也产生负面影响。

① 黄伟等.信息系统外包的主要研究方向和未来发展趋势.清华大学学报：自然科学版，Vol 46，No. S1。

JP 摩根银行的信息系统外包

美国 JP 摩根银行与一家名为 CSC 的专业信息技术公司签订了信息技术外包合同，其目的在于利用 CSC 具有世界级技术和资源来改变 JP 摩根银行在信息技术方面的落后现状，实现了信息技术资源的重新配置，节约银行运营成本。

外包之前，该银行每年在信息技术上的消费为 10 亿美元以上。而银行与 CSC 信息技术公司的外包合同规定，该银行的 7 年 IT 费用仅为 20 亿美元。这就使得银行许多在技术上的投资转化为其他方面的投资。银行的董事长说："尽管信息技术对摩根银行至关重要，但对于如此众多的信息技术和快速多变的趋势，一家银行不可能在所有的方面领先，因此，同世界级的外包公司合作，将使摩根银行立于有创造性的、具有灵活管理技术的前沿，增加我们尝试新的信息技术、管理成本和建立市场优势的实力。"

3.4.3 对组织结构的影响

一些研究表明，信息技术已经使得现代企业的组织结构发生了变化。传统的金字塔型组织结构中那些不能适合现代社会环境的部分正在发生改变。现在通过办公自动化系统，高层领导可以容易地获得基层业务的信息，同时许多信息处理工作都可以由工作流系统自动地进行，因此对中层管理人员的需要会减少，而高层领导的管理幅度将扩大，从而使得整个组织结构呈扁平状。另外，一些新的组织结构如矩阵型组织（以职能和业务为轴构成的组织）、工作组型组织（以业务为中心构成工作组，适合于比较灵活多变的组织结构），以及平面型的、客户/服务器型的、动态型的组织结构正在理论上和实践上发展，今后可能逐渐取代传统的组织结构。

美国哈佛大学的林达·阿普盖特等人提出了一个"信息时代组织模型（见图 3.5）"①。信息时代的组织结构强调新的权力结构，能够快速地应变和决策，具有灵活性，即以信息为基础，将人、任务和技术有机地结合起来，根据需要来动态地构成对完成任务最有利的机构。信息时代的组织结构比起传统的金字

① 阿普盖特著.公司信息系统管理：信息时代的管理挑战.大连：东北财经大学出版社，2000.

企业组织结构面临的挑战

通用电器公司总裁杰克·韦尔奇在谈到20世纪90年代他的公司所面临的挑战时，也曾经这样论述过："在20世纪90年代初期，我就看到了在我们前面的两种挑战，一个来自组织外部，另一个来自内部。我们面临着世界经济增长速度减慢的外部环境，日益强大的全球竞争者追逐着越来越少的利润。而来自内部的挑战更为严峻。我们必须找到一条途径，把大公司的权力、资源和作用范围与小公司的渴望、活力、精神及热情结合起来。"①

1990年，我国取消了高科技产品进口许可证制度。在短短的几年中，外国计算机厂商大量进入中国市场，联想的微机市场优势很快失去，市场份额大跌，公司处于非常艰难的境地。这时，公司领导人从一些数字上发现了他们和国外厂商的差距：联想一年的库存周转只有1.7次，欠款的回款期高达6个月，非材料成本费用率高达20%以上，积压损失为5%。

联想的高层经过讨论，认为企业最大的问题在于整个组织还是一个计划经济时代的遗留产物。他们决定对企业进行彻底改造，从组织结构上进行调整，将过去的金字塔组织改变为产供销一条龙的事业部机制，彻底转变到以市场为导向的管理方式。同时，引进信息系统，从根本上改变传统的经营方式。通过几年的努力，实现了这些目标，提高了管理水平，增强了自己的竞争力。到20世纪90年代末，联想重新夺回了国内微机市场第一的地位。

塔型组织来，权力更加合理地分布到组织的各个层面，扩大一线经理和员工的责任范围，以减少中层管理者，创造出一个"自我管理"的管理者团队。信息时代组织模型的优势在于它能够更好地对应快速变化的环境，它是专业人员的团体，在一个多项目的集团原则下组织起来。阿普盖特认为："我们希望创建的组织应当是一个真正的混合型组织，它应当使我们同时得到中心化和非中心化结构所具有的双重利益。最后，提供信息来支持非中心化决策和中心化决策是基础性的工作。"信息时代组织的特征如表3.4所示。

① J. Welch. Managing in the 90s. GE Report to Shareholders, 1988.

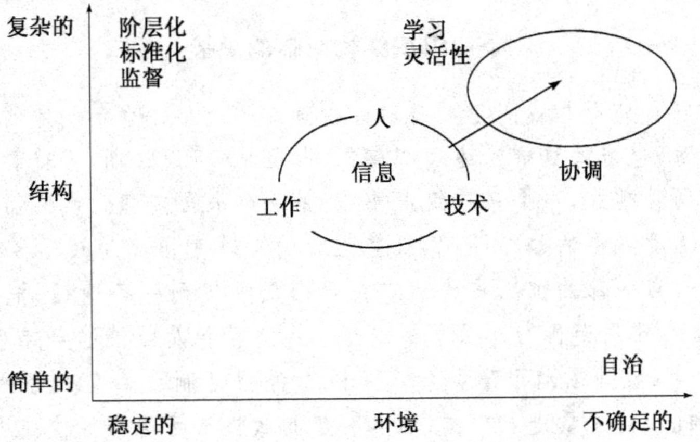

图 3.5　信息时代的组织特征

表 3.4　信息时代组织的特征

特　　征	说　　明
权力结构	控制幅度拓宽而阶层化减少,公司总部规模缩减;助理们走向第一线,战略伙伴和联盟使得组织能够集中力量于核心竞争力
决策方式	采用共同决策而不是阶层化权力决策,高层管理者参与第一线监控并更加理解企业业务,中层管理者负责跨越职能部门的作业单元
激励和报酬	共享的激励体制,个人的责任和义务的维护,为取得组织目标所付出的努力由自己来控制
角色/技能和专业知识	角色包含在个人和团队努力的过程中,以定义在新的结构和激励系统下的工作。增加分析性职能性的工作内容,人们更期望具有多样化的技能在各个阶层上的信息竞争
职业生涯发展	取代阶层化变化的是更多的工作和更多的侧面变化

随着信息技术在组织内部的普及,信息的重要性将逐渐被组织中的成员所认识,组织中专门从事信息工作的人必然增加,这时往往会产生许多管理方面的问题。例如:过去,组织中的信息处理工作是使用大型计算机主机系统集中处理的,往往是成立一个计算中心之类的部门。但这个部门通常只做技术性的数据处理工作,就很少会涉及到其他方面的信息管理工作。而现在信息资源分布在组织的各个部门,信息管理的工作需要有专门机构中的专职人员来做。因此,越来越多的组织中开始设立专门的信息管理部门,该部门可能是组织高层机构的直属部门。类似于传统企业中的总会计师或总工程师,信息管理部门的

领导人被称为信息经理(Chief Information Officer, CIO),CIO 一般是由组织的高层决策者如公司的副总经理来兼任。这说明随着信息技术对组织影响的增强,组织对于信息管理活动予以高度的重视。

传统上,信息管理部门的工作责任主要包括:负责信息系统的正常运行和维护,建立和实施对组织内信息系统使用的指南和规程,向组织中的各部门提供信息技术服务,开展对于新项目的学习、研究和开发等等技术性的工作。CIO 除了对这些工作全面负责以外,更重要的是参与企业的核心管理层的决策,对于企业的发展战略做出决定,保证信息系统与企业的战略相配合,并对企业的信息系统发展做出长远的规划。由于这些工作不是单纯的技术性工作,CIO 必须对企业的发展方向和发展目标有清楚的理解,同时懂得信息技术对于企业中各种业务的作用,才能够胜任这样的职责。

3.4.4　业务流程的改变

在牛津英语大辞典中对流程的定义是“一个或一系列连续的、有规律的行动,这些行动以确定的方式发生或执行,导致某个特定的结果的实现。”企业中的流程可以看作是由一系列基本的业务活动所组成,这些活动相互之间具有一定的逻辑关系。例如,库存的活动通常和采购、生产等关系密切。另外,这些业务活动是由特定的执行者负责的一些任务所完成的。例如库存是由库存管理员执行入库、出库等任务来控制的。因此流程包括了业务活动及其相互之间的逻辑关系、活动的执行者和特定的任务等四个主要因素。

组织中常规的活动和步骤称为标准作业流程(Standard Operating Procedure, SOP),SOP 被用来处理所有预想的业务。标准作业流程是一个工作规范化的标志,而任何组织的工作流程都不可能从一开始就是规范的,一定是经过从不规范到规范的变化过程。因此 SOP 需要经过一个很长的时期才能逐步建立起来。

但是,每一种标准作业流程都是适应时代和环境要求的,因而许多企业过去建立起来的 SOP 往往反映了工业时代的特征。现在企业需要根据时代的特征来建立新的 SOP。但是想改变一个组织的 SOP 也并非容易的事情。美国福特汽车公司的 SOP 采用的是福特作业方式,即大规模生产和将作业分割成单一的工作。而日本丰田汽车公司的 SOP 则是质量控制小组方式,各个小组中的每个成员都要学习多种工作,并进行定期轮换。由于日本丰田汽车公司的产品质量好、价格便宜,受到美国产业界的重视,并呼吁美国汽车公司向日本学习。但是在美国汽车行业中试行推广丰田工作方式时,美国公司才发现这是一项非常困难的事情,因为它们的SOP需要彻底改变。

信息技术的引进,有可能对标准作业流程的改变产生重大的影响。美国企业管理专家迈克尔哈默在20世纪90年代中期提出了"业务流程再造"的概念,提倡对传统的流程进行彻底的改变。有许多公司也成功地进行了这种改变,从而极大地提高了它们的竞争力。我们将在本书的第13章详细讨论企业流程再造问题。

3.4.5 组织文化的改变

组织成员共有的价值观和行动规范称为组织文化。每个组织都有它们独自的文化。组织文化是一个被组织成员所广泛认可的一些概念、价值观和工作方法的基础集合。例如西方的组织文化提倡责权明确。强调个人的权利、义务和个人才能的发挥。东方的组织文化强调集体主义精神。传统的儒家思想如"己所不欲,勿施于人","和为贵","忠诚笃信"等,都是东方企业文化中重要的内容。

组织文化对于信息系统的引进往往是一个限制因素。信息技术可以用来支持现有的组织文化,也可能与之产生抵触。当与现行的组织文化相抵触时,信息技术往往难以发挥应有的作用。同时,不能指望在短时间内改变组织文化。经验表明,组织文化的变更比技术变更需要时间。因此,引进信息技术之前应对它们的关系进行深入的研究。

近年来,有关学习型组织的概念引起了普遍关注。所谓学习型组织是由彼得·圣吉提出的一个概念,他定义学习型组织是一个"促进组织成员不断拓展自身能力、创造真正期望的成果、鼓励创新、开拓的思维方式、不约束整体愿望、督促成员不断学习如何协作的组织"。彼得·圣吉认为:要成为一个学习型组织,企业应当经过五项修炼:即自我超越、心智模型、建立共同愿景、团体学习和系统思考。表3.5是对这些修炼过程的一个简要说明①。

学习型组织的基础是对于企业关键业务的深刻理解。学习型组织强调通过吸取知识,同时使用知识对自身进行改造。这里的学习是指组织的学习,这种学习必须是根据组织的日常活动或组织的制度、文化等固定下来的群体活动。组织的管理者们不仅仅需要研究生产作业流程,仔细地定义或使得它们结

① 更详细的讨论请参看彼得·圣吉的原著:《第五项修炼——学习型组织的艺术和实务》.

构化、规范化，还需要不断地整合和持续地改进它们，从观念上形成自觉学习、不断进取、相互促进、共同进步的新型企业文化。

表 3.5　学习型组织的五项修炼

修炼内容	简要说明
自我超越	组织中的每个成员都要建立个人愿景，要不断超越自己目前的水平
心智模型	组织中需要培养一种学习风气，以简明实用的交流方式、开放的提问方式进行学习，支持和鼓励员工沟通和学习
建立共同愿景	组织中的人们必须有共同愿景，将他们的身份和命运连接在一起，使得他们不会认为自己每天是为他人在工作
团体学习	团体的学习不等于个人学习，必须创造一种适合团体学习的方式
系统思考	系统思考改变了看问题的角度，对于实现组织的共同愿景是不可缺少的

第 3 章重要概念

信息、消息、数据、内部信息、外部信息、组织、官僚机构、小业主型组织、机械官僚型组织、专业官僚型组织、动态型组织、行为科学、人的需求层次、业务流程、社会技术系统、标准作业过程、组织文化

第 3 章复习题

1. 简述信息系统对于组织层次和组织中管理者控制幅度的关系。

2. 举出信息资源的几种主要特性。作为一种特殊的资源，信息资源与物质资源最为不同的一点是什么？

3. 说明信息量是如何定义的。为消除信息的发送方和信息的接收方的 256 种不确定状态，所需要的信息量为多少？

4. 简述 K. Lewin 提出的组织进行信息化的发展阶段理论。

5. Leavitt 提出的组织进行信息化的重要因素有哪些？

6. Max Weber 提出的金字塔型组织结构的特点是什么？

7. 从信息处理的角度来看，Anthony 模型中的中层管理者的主要工作是什么？

8. 说明诺兰的信息技术采纳的主要观点。

9. 对于信息系统研究，社会技术系统学派的主要观点是什么？

10. CIO 的工作职责是什么？

11. 什么是标准作业过程？举出一个标准作业过程的例子。

12. 组织文化对于信息系统有什么影响？

小组活动课题

分析一个组织所在的环境、它的战略和目标，它的结构、标准作业过程以及它的组织文化，并分析信息系统和该组织的关系。

第 4 章　信息系统与企业战略

本章学习目标

(1) 懂得信息系统为何对企业具有战略意义

(2) 波特的企业竞争力分析方法

(3) 战略性信息系统

(4) 如何使信息技术与企业战略对应

(5) 企业信息技术战略规划的方法

企业中信息系统的作用可以分为两类：一类是以企业内部信息为主所进行的信息处理，另一类是当企业面对外部环境的要求所进行的信息处理。前者是追求企业自身完善的“效率性”系统，旨在强化企业的内部功能；后者则是以外部环境的变化因素以及内外联系的渠道为对象，追求“有效性”的系统。传统的 MIS 多半属于前者的类型，仅具有这种系统的企业对外部环境变动的反应是迟缓和被动的，在竞争环境下容易处于劣势。本章我们着重对后一类信息系统进行讨论。

4.1　企业环境和战略

4.1.1　企业环境

在本节第 2 章中已经讨论过，企业是一个和环境相互作用的系统。在企业的经营环境中，有各种因素影响到企业的生存和发展，例如供应商、客户等。企业的经营环境中的重要因素如图 4.1 所示。

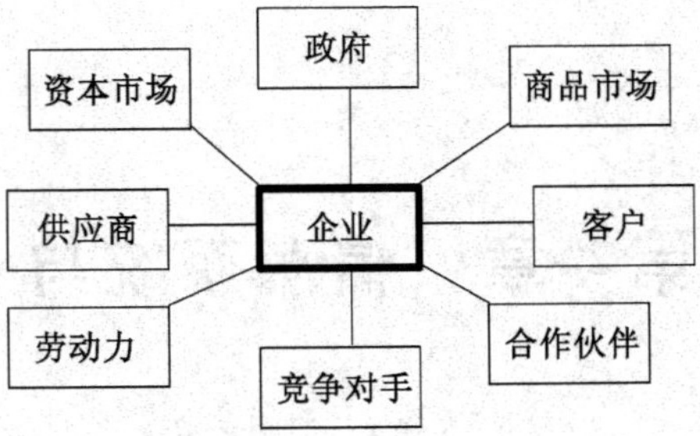

图 4.1　企业经营环境

根据不同的国情和不同的时期，对于企业产生重大影响的因素可能不完全一样。但学者们一般认为，在市场经济的环境下，对企业经营影响最大的影响因素是客户、供应商和竞争对手，企业必须分析这些影响自己经营的环境因素，巧妙地处理与外部的关系。尽管竞争是普遍存在的，企业应基于增强竞争力的出发点考虑问题，但同时又必须考虑到在地域、行业等不同范围内与外界的合作关系。

4.1.2　影响企业的竞争势力

在企业竞争力分析中经常引用的是美国哈佛大学教授迈克尔·波特提出的五力模型[①]（图 4.2）。波特认为：在一个竞争环境中，公司面对着 5 种来自外部的威胁势力：一是试图进入它现在市场的新加入的竞争者；二是可以取代公司产品的其他产品或服务；三是它的客户对它的压价或脱离；四是它的供应商对它的压价或脱离；五是它所在的行业中的直接竞争对手对公司的威胁。

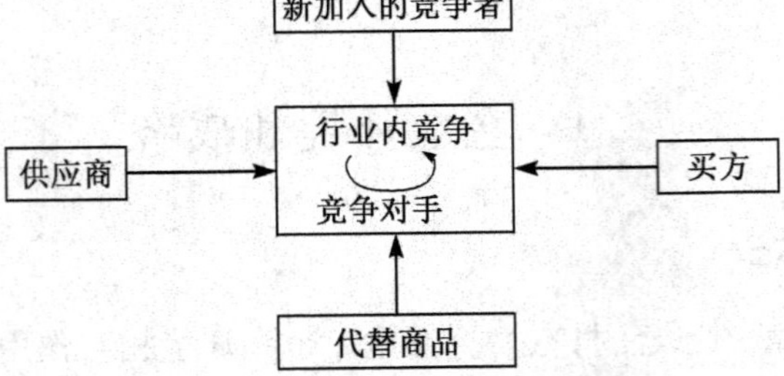

图 4.2　公司在竞争环境中面对的威胁

① Porter Michael, Competitive Advantage, Free Press New York 1985.

波特认为：如果一个企业成功地制定了某种战略来对抗它面临的五种威胁，那么这个企业就有可能长期立于不败之地。那么，企业采用什么战略才能对抗这些威胁，在竞争中获得有利的地位呢？有三种基本战略是经常采用的：

(1) 总成本领先战略：企业以降低成本为主要竞争方式，取得领先地位，并且按照这一基本目标制定一系列方针，如建立高效率的、大规模的生产设施，严格控制成本和管理费用，最大限度地减少开发、服务、推销、广告方面的费用等。

(2) 差别化战略：企业创造出它独特的产品或服务，使得消费者能够容易地将该企业的产品与其竞争对手的产品相区别。企业将其产品或服务置于特定的市场或市场的最佳位置，使得竞争对手和市场的新加入者难以模仿。

(3) 专一化战略：企业专门针对某一特殊的客户群体提供服务，或发现别人尚未注意的新市场，或发现特殊的产品或服务，使得在某个发展领域中，它的产品或服务优于它的竞争对手和新加入者。专一化战略也意味着企业对于其战略实施对象具有低成本的优势；或者具有高差别优势，或者两者兼而有之。

迈克尔·波特认为：企业要实施以上战略，必须要与自己的客户和供应商建立起紧密的合作关系。例如低成本战略，必须与供应商、客户等进行更紧密的合作，使公司的客户或供应商对于企业有强烈的需求才能够实现。企业可能会通过发展与顾客、供应商的商业关系来降低他们讨价还价的能力，可以创造转换成本(顾客、供应商在转向其他企业时的成本与不便)来保留关系，从而将竞争者排除在外。例如，沃尔玛通过与供应商签订长期的合作关系，在大宗采购的同时保证及时付款，从而使供应商难以轻易脱离与它的合作。如果它们转换交易对象，他们就很难获得如此稳定和大量的订单。以上的战略可以按竞争范围和竞争优势来分类，如图 4.3 所示。

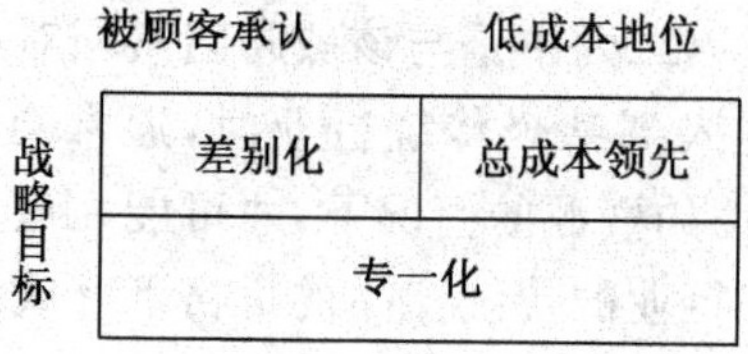

图 4.3　公司的竞争战略

将迈克尔·波特的竞争战略思想运用到整个经营环境，就可以看到：随着信息技术的发展，单纯依靠企业的产品进行竞争的想法已经过时，现在企业之间的竞争方式已经发生了很大的变化。这种变化主要表现在以下三个方面：

(1) 竞争的对象从某个企业扩大到某个企业的联盟。在现代社会，开发商品所需要的技术力量往往是多方面的，而仅仅一个企业又很难掌握多领域、广范围的技术知识，所以有必要实现与其他企业的联盟。

(2) 随着传统产业的成熟和衰退，新兴产业、高科技产业的崛起，产业结构在不断发生变化。一些传统企业为了维持自己的地位，不但要充分利用以往积累的技术知识，同时还要高度重视如计算机、通信服务技术等新技术，设立自己新的发展目标。

(3) 竞争的范围在不断扩大。传统的企业之间竞争多半是工业产品的竞争，现在由于跨国经济的发展，企业从单纯的经济竞争发展到技术、文化、政治等各种对经济产生重大影响的其他因素的竞争。

在这种情况下，为了适应环境的变化，企业必须提高自身对于环境变化的反应速度和适应能力。例如，建立起对客户群进行调查和分析的渠道，掌握顾客对市场需求的变化，掌握对企业影响较大的竞争对手的变化动向，对企业可能发展空间进行探索等，都属于这一类活动。而这些活动无一不需要强有力的信息系统的支持。

4.2 企业信息技术战略

4.2.1 信息技术对企业战略的影响

信息技术对于企业战略能够产生显著的影响。如表 4.1 所示[①]，可以以迈克尔·波特的五力模型为基础来讨论信息技术对企业战略的影响。表中第一列是五种竞争威胁要素，第二列中是与该威胁因素相对应的信息技术影响。例如，当一个新竞争对手进入到某个传统行业时，通常会给行业带来新的能量。因为只有当它具有实质性的资源的情况下，才可能在该行业占有一席之地。因此，新进入者通常会引起行业的传统产品的价格下降或成本上升。表中第三列

① Laudon. Management Information Systems, New Approaches to Organization and Technology. New Jersey: Prentice Hall, 1999.

列举了信息技术对这些因素的影响。例如，信息技术可以促进规模经济，或升高进入壁垒，或增加转换成本，使得产品或服务差别化趋势显著化，或者形成对关键市场和分布渠道的进入障碍。

表 4.1　信息技术对于竞争优势的影响

威胁或影响	要　点	对于竞争优势的潜在影响
新进入者	新的能量 实质性的资源 价格降低或成本上升	提高进入壁垒 规模经济 转换成本 产品差别 对分布渠道的障碍
客户讨价还价的能力	价格被迫下降 高质量 更多的服务 鼓励竞争	选择客户 转换成本 差别化 进入壁垒
供应商讨价还价的能力	价格升高 降低质量和服务	选择 收缩一体化的选择
代替产品或服务的威胁	限制潜在的回报 价格	改善价格/性能比 对产品和服务的再定义
当前行业内部的竞争对手	竞争 价格 产品 分布和销售	成本-效益 市场 差别：产品，服务，公司

4.2.2　信息技术的战略定位

企业的信息战略是企业战略的重要组成部分。麦克法伦(McFarlan)等人提出的战略栅格法①是用来制定信息战略的一种方法。麦克法伦等提出：根据企业中现行信息系统的战略影响和计划中信息系统的战略影响，可以将企业信息战略分为四种类型(图 4.4)：

(1) 战略型：现行系统与开发中的系统都具有很大的战略性影响。对于越来越多的公司来说，信息系统对于企业战略和企业的运营产生重要的影响，正在开发中的系统对它们未来的竞争成功起到决定性的

① Applegate 3，Mcfarlan & Mckenney. Corporate Information System Management. Boston：Harvard University，1999.

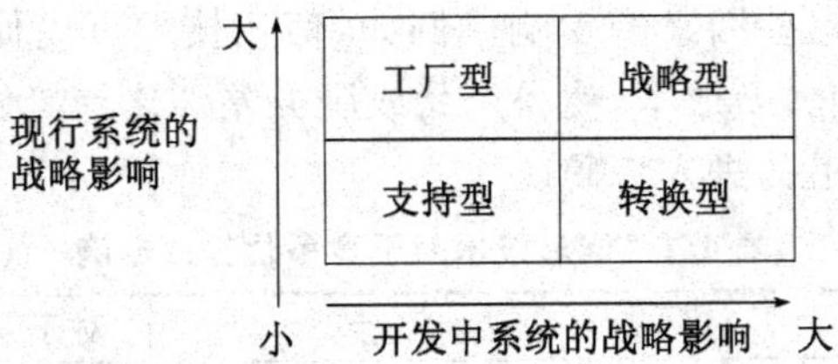

图 4.4 战略栅格法

作用。对于这类企业来说,信息系统是它们成功的基础,信息系统对于企业来说是战略性的项目。银行、保险公司和大型零售连锁店经常可划归到这一类企业中。

(2) 转换型:属于转换型的企业,尽管在运作上已经非常依赖于信息系统的支持,但是它们的信息系统所起的作用还不是战略性的,系统对企业战略的影响并不大,但它们正在试图将它转换为具有战略性影响的系统。对这些公司来说,为实现公司的战略目标,一些尚在开发中的应用项目绝对是必要的。

(3) 工厂型:现行系统的战略性影响很大,但计划中项目的战略性影响较小。这些企业多半依赖于内部信息系统来支持其业务稳定地运行,系统的中断将招致严重的损失。一些证券公司、生产制造型企业可以划归到这一类型中。

(4) 支持型:现行系统和开发中的系统在战略上的影响都比较小,信息系统在企业中仅仅是支持辅助的角色。过去,许多零售公司都可以放在支持类中。近年来,随着信息技术的应用,这些企业改变了它们的竞争方式,现在已经从支持型迅速向战略型接近。

4.2.3 信息系统角色的变化

20 世纪 90 年代以后,信息系统对于企业的战略作用越来越大。在许多企业中,信息系统已经不仅仅是一种信息处理工具,而是企业的战略性武器。企业引进信息系统的主要目的不仅仅是提高工作效率,而是增强企业的竞争力。对于大多数企业来说,信息系统也已经成为企业提供其产品和服务的一种必不可少的基础设施。表 4.2 总结了信息系统在企业中所扮演的几种典型的角色。

表 4.2 信息系统的功能和作用

名 称	主要功能	主要作用
事务处理系统	大量数据的快速处理	减少手工工作,提高信息处理效率
管理信息系统	对企业业务的全面支持	提供全企业的信息服务,向管理者提供日常工作所需的报表等
决策支持系统	对管理者的提供信息和决策帮助	向管理者提供其定制的管理和控制信息
战略性信息系统	企业的战略工具	信息系统作为一种战略资源,增加企业的竞争力,提供业务处理的基础设施

4.3 战略性信息系统

4.3.1 什么是战略性信息系统?

战略性信息系统(Strategic Information Systems, SIS)是旨在使用信息技术,实现企业的战略目标的信息系统。战略性信息系统改变企业的目标、业务流程、产品、服务或企业与环境的关系,使得企业获得某种竞争优势。具有这种效果的系统甚至会改变企业的业务。

用信息技术来增强企业的竞争力,战略性信息系统必然涉及到企业高层决策者的竞争战略制定、长期计划编制、确定企业战略目标等活动。战略性信息系统可以是涉及企业任何层次运营活动的信息系统。通常这种系统不局限于使用企业内部的局域网,而是将企业的内部网络与公用信息服务设施连接起来,构成逻辑上更大的网络。战略性信息系统不但指企业使用信息系统来支持自己的经营战略;同时也将企业的商业战略融合到信息系统中,以构成新的企业战略。下面讨论的案例就同时包含了这两方面的意义。

美国航空公司的 SABRE 系统

美国航空公司(American Airlines)的 SABRE(自动订票系统)是一个典型的战略性信息系统。美国航空公司早在 20 世纪 60 年代末期就注意到信息技术对于企业战略的重要性,因此,它决定采用信息技术形成行业的进入壁垒。当时，它给一大批愿意与它合作的旅行代理社都免费安装了计算机终端，让它们可以通过美国航空公司的计算机进行订票。结果，由于顾客可以直接从旅行社预定机票，美国航空公司很快就取得了很大的市场份额，使得它在众多的航空公司激烈竞争的市场中脱颖而出。

当其他航空公司意识到美国航空公司的这个行动的意义时已经为时过晚，只有大公司如联合航空公司(United Airline)采取了对抗的战略，建立起了自己的一套订票网络。而更多的小公司因为没有实力改变现状，只能眼睁睁地看着市场被夺去。不久，美国航空公司与联合航空公司两家大公司基本占领了市场，它们的订票系统控制了美国大约80%的旅行社。这样，使得一些小型航空公司的业务很快恶化。后来，有11家航空公司联合起来，向美国政府起诉美国航空公司的这一做法违反了反垄断法，他们提供了一些证据，包括倾向性的数据显示，对旅行社的密切监视与控制，以及对竞争者的航班数据显示不准确等。美国司法机构支持了这些小公司，遏制了美国航空公司垄断地位的发展。

怀斯曼(Wiseman)是最早提出战略性信息系统观点的。他给出的定义如下："战略性信息系统是指能支持和改变企业竞争战略的信息系统。"[①]他认为有两种战略性信息系统最为典型：一是专门用来处理关系到企业战略的事务性数据，按计划日程产生某种特定输出的系统；二是能够及时回答某些战略性问题的系统。他还强调：战略性信息系统主要用于获得或维持企业竞争优势，使得企业高层领导能够从系统中对自己关心的竞争战略问题获得有关信息，或帮助他们形成企业的战略。

岛田达己等提出："战略性信息系统是用于支持或促进组织的战略行为，使得组织具有竞争力的系统。它是在组织内部或在组织之间综合地、有机地运用信息处理技术和信息流的、能获得战略性机会的信息系统。"[②]

实际上，一个企业很少有机会直接寻找所谓的战略信息，而主要是通过改变它的运作方式来获得竞争力，而引进信息系统正是引进一种新运作方式。因此，发掘信息系统的战略性作用，就是要知道企业在运用信息技术方面需要做些什么改变，以及如何去改变。战略性信息系统能显著改变企业的绩效，能帮

---

① Wiseman, C. Strategy and Computers. Dow Jones-Irwin, 1985.

② 岛田达己，海老泽荣一. 战略的信息系统——构筑和展开. 日科技连出版社(日)，1989.

助组织实现它的目标，它将改变组织传统的运作方式，如竞争方式、与顾客或其他组织进行交易的方式等，而所谓新的运作方式并没有一个简单统一的模式。下面我们就从几个方面来研究一下如何运用信息技术来影响企业战略。

4.3.2　对信息技术作用的分析

在信息时代，信息技术的运用对于企业发展所产生的影响往往是深远和根本的。企业可以通过信息技术对自己的业务进行重新设计，从而获得新的竞争优势，也可以通过在行业内使用信息技术改变自己对外的合作方式，与其他企业构成商业联盟。我们可以通过一些实际的例子来研究信息技术是如何影响企业战略的。

信息技术对企业运作的许多方面都可以带来新的价值。对此，可以通过价值链的观点予以说明。如图 4.5 所示，运用价值链分析的目的在于找出企业业务中的某些特定活动，在这些特定的活动上，企业战略可以最有效地得以实现；同时，信息技术能够在这些活动上发挥作用，比如节省人力资源。这样，如果能够发现这样一些活动同时又在这些活动中使用信息系统，那么，信息系统就必然能为企业增值——例如使用更少的人力完成更多的工作，从而使得公司总成本得以降低，这就实现了企业的低成本战略。

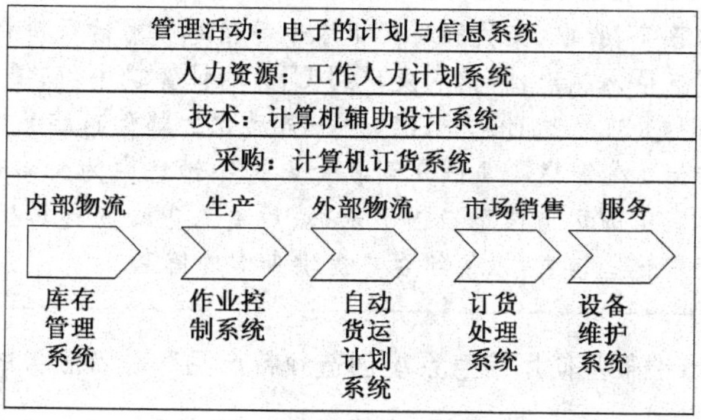

图 4.5　价值链模型

使用 IT 也可以强化企业与供应商的联系，通过组织之间的协作性商务活动来减少浪费，降低运营成本。例如，一家美国商贸公司在公司中安装了几百台 PC，与它的所有供应商都紧密地联系起来，以保证实现准时联机订货。它要求供应商保持一定的存货，并让该公司对他们的存货量进行联机访问。使用这个系统后,公司就可以更好地计划自己的采购量,从而减少了采购货物所需的订货费用和库存费用,也减少了由于缺货所导致的客户流失。这种做法对于供应商也是有利的:对双方来说库存量都减少了,为保证安全存货量的库存成本自然也大大降低。

另一种主要的战略是借助IT的作用实现差异化。一些企业已经用信息系统创造出不少过去没有的新产品,或者企业特有的服务,使得自己与竞争者有明显的不同,从而得到消费者的青睐。美国United Parcel Service(UPS)公司的快递业务的成功就是一个很好的例子。

UPS公司的快递业务

UPS在20世纪90年代推出了一项新的业务,承诺他们可以在24小时内为顾客将货物送到美国国内的任何地方。使用其服务的客户甚至可以在凌晨1:00通过计算机将运送指令传给UPS公司,并要求在当天上午10:30将货物送到指定地点。UPS的客服人员还可以电话回答客户货物送递情况等问题,客户也可以通过自己的微机连到UPS的主页上直接查到这些信息。

为了提供这样的服务,UPS使用了一种称为邮递信息获取设备(DIAD)的便携电脑,UPS的司机在接收客户货物的同时,用这种设备就方便地得到了有关客户的签字、收取、交货和时间记录卡等信息。然后司机将DIAD接到卡车上与蜂窝电话网相连,将信息发送到UPS的计算机中,以便UPS总部的主机进行存储和处理。通过总体跟踪——自动化的邮件跟踪系统,UPS可以监视邮件的交递。在货物从发送人到收货人这一过程中的许多地点,条码装置会将货物标签上的运输信息扫描下来;然后输入中心的计算机。世界各地的机构都可使用这些信息,以便给客户提供查询的信息。

表4.3列出了某些使用信息系统创造独特产品和独特服务的例子。

表4.3 基于信息技术创造独特产品与服务

新产品或服务	使用信息技术
网上银行	连接到户的网络通信,国际互联网
企业账户管理	外包的企业会计系统
金融投资	商业工作站,大型机和事务系统
预定旅行航班和旅馆	基于互联网的机票和旅馆预定系统
包裹速递	全国性的包裹速递和追踪系统

续表

新产品或服务	使用信息技术
网上零售	互联网,数据库
声音邮件	公司内部的数字通信系统
银行自助服务	自动柜员机和客户账户管理系统
服装大规模定制	计算机辅助设计和生产(CAD/CAM)

4.3.3 企业内部信息技术运用

企业内部各部门之间虽然也存在竞争,但在它们之间通常没有交易关系,因此企业内部的协作是否默契就是企业能否提高效率的关键。如果企业内某一部门的输出可以直接作为另一部门的输入,就可以利用这种紧密耦合的关系来减少成本并产生效益。这里核心的问题是如何使用信息技术来帮助企业提高内部业务的绩效?解决该问题的思路是发现公司内部的最佳协调作用。我们在 3.4.4 节中介绍过企业的标准作业过程(SOP)概念,信息技术用来改造企业现有的 SOP,通过仔细分析企业的业务,可以发现现有的作业步骤中的浪费环节,通过精简这些环节,可以使效率大为提高。

沃尔玛公司的连续补充系统

沃尔玛是美国近年来最成功的零售企业,其销售业绩远远高于它的竞争对手。美国大多数零售业的经常开支一般在销售额 30%以上,而沃尔玛的这一数字却在 21%以下。它的秘诀在哪里呢?对于零售企业的运作来说,库存是一个十分重要的因素。库存应当尽可能减少,但又不能少到影响了销售。因此必须与企业的其他业务如采购、销售、送货等有机地结合起来,实现优化的物料存储。这就需要有高超的企业管理能力,使得企业内部各种相关的活动有条不紊地运行,使它们成为一个高度整合的系统。

沃尔玛成功的关键环节之一在于它和供应商、物流配送中心以及库存管理的各个部分取得了高度的整合,使得商品的库存和物流成本大大降低。为实现这一点,它在很长一段时间内一直在开发连续补充系统(continuous replenishment system),该系统在以后的业务发展中起到了重要的作用。每当沃尔玛商店中一件商品销售出去时,商品的数据就会通过 POS 和网络送到中央管理部门的计算机中，中央计算机将各个分店的销售数据合计起来，根据订货模式，在适当的时机对供应商发出送货指令。这样，沃尔玛通过信息系统就实现了即时订货，这就大大减少了订货业务的人力物力，也减少了库存品的资金积压，从而获得了强大的竞争力。

4.3.4 信息联盟

在IT时代，一些公司都注意到信息系统在对外合作方面的巨大潜力，它们巧妙地借助信息系统建立信息联盟，从而发挥双方的优势，提高了自己的竞争力。由于引进信息系统，企业可能在自己与顾客的关系、自己与供应商的关系方面发生很大的变化。这种变化通常使得组织的外部边界模糊化。例如，通过信息系统与顾客、与供应商更为紧密地连接起来，共享信息交换所带来的益处。当企业战略重点放在其外部的行业上时，一个重要的方法就是供应链管理。供应链管理是将供应商、分销商、客户、物流供应等集成为一个粘合在一起的整体的过程，而对这个整体的管理离不开信息技术。

企业的信息联盟

美国航空和花旗银行的“经常飞行者”的优惠条件是一个早期的尝试。美国航空公司发现许多公司营销人员都是经常坐飞机出差的。为了争取更多的顾客，美国航空公司提出了所谓的“经常飞行者”优惠制度，对于使用自己公司服务达到一定公里数的顾客给予免费飞行一次等一些优惠。美国航空公司在提出这一制度的同时还附有一个条件，就是要求申请这种资格的用户要使用花旗银行的信用卡来买票。这样花旗银行无形之中也获得了很多有价值的顾客。

西尔斯在20世纪90年代进行了一次彻底的改革，取消了它传统的大目录邮购业务，而与一些小公司建立了信息联盟。西尔斯成立了一个专业性较强的邮购业务公司。西尔斯提供数据给它的合作伙伴，这些小公司负责提供商品和发送目录的工作。这样，西尔斯改善了它的邮购服务质量，而小公司则可以打出西尔斯的品牌，使得其实力得以增强。

> 沃尔玛公司通过电子方式将其商品订货系统与供应商连接起来，并在订货系统上利用了这些优势。沃尔玛的计算机还监控着供应商的制成品的库存量以及生产进度，以确保有足够的存货来满足突发的客户需求。如果供应商的存货不足，沃尔玛公司便会提醒供应商。如果供应商不愿采用这一系统，那么它就会发现其商业份额不断下降，直至完全被他人取代。

以上几种不同的企业战略性信息系统的要点，以及所应用的 IT 技术的总结如表 4.4 所示。

表 4.4 战略性信息系统的总结

涉及范围	实现战略	主要信息技术
企业所在的行业	合作与竞争 标准化	信息联盟 电子交易 企业间信息系统
企业内部的协作	最佳协调作用 核心竞争力	企业内信息系统 知识管理系统
具体的业务	低成本 差别化 集中市场范围	价值链分析，降低成本 用数据挖掘发现特定市场 基于 IT 的新产品/新服务 供应链管理 敏捷企业

4.3.5 核心竞争力

企业战略的另一个重要概念关系到核心竞争力。核心竞争力(core competency)指企业的某种活动，依靠这种活动使得企业获得了相应的市场和客户，同时这种能力必须是其他企业难以模仿的。核心竞争力并非一个好点子或一种好工具，通常要通过长期的学习，或者某个研究团队的开发研究，或者具有创新精神的人的研制开发才能够获得。

培养组织的核心竞争能力往往是组织的重要目标之一。所谓核心竞争能力，就是组织所具有的少数几种独特的知识、技能、文化等。例如生产某产品的关键技术，获得某种关键资源的独特途径等。核心竞争能力使得企业在创造价值和降低成本方面比竞争对手更为有利，因此一定会受到竞争对手的关注。但是它是一种其他组织难以模仿的能力。企业犹如一棵大树，外人看到的是树的漂亮的外形，而真正为大树提供养分的是土壤中的树根。微软公司在互联网浏览器的竞争中，将自己开发的浏览器 IE 与操作系统结合起来，结果很快使得网景公司失去了浏览器的市场。正因为微软的操作系统当时已成为微机市场上事实上的标准，其功能是其他公司的产品难以模仿的，微软公司才能够很快地在竞争中获胜。

信息系统能够帮助企业创造核心竞争力吗？答案是肯定的。分析近十几年来国际上成功的企业就可以发现，这些企业的战略发展方针中无一例外地考虑到信息技术的作用。有的企业通过信息系统实现了跨业务部门的知识共享，从而创造了自己独特的核心竞争力。有的企业运用 IT 迅速获得外界知识，从而增强了公司对与外部环境变化的反应能力，这也形成了该公司的核心竞争力。所以核心竞争力的创造与 IT 运用有紧密的关系。

但是，由信息技术所带来的竞争优势，并不一定能够保持足够长的时间。因为你的竞争对手可能很快想到了回敬你的方法，也可能学习你的做法，复制一个和你类似的系统。传统的 SIS——如美国航空公司的 SABRE 计算机订票系统，花旗银行的 ATM 系统，以及联邦快递的邮件跟踪系统，都仅仅在它们刚开始出现时获得了巨大效益。以后它们的对手很快就效仿它们。这说明单凭一个 SIS 是不能为企业提供持久的商业利润的。企业应当意识到由信息技术所带来的竞争优势通常并非自己的核心竞争力。市场需求在变化，经济环境在变化，技术和顾客期望都在变化，因此只有通过不断地巩固已有的成果和创新，才能在较长的时期内保持自己的领先优势。

4.4 IT 战略规划

对于许多企业的高层管理者及 CIO 来说，IT 战略规划已经成为他们的重要工作之一。2004 年在一次对中国企业 300 位 CIO 的调查中发现，IT 战略规划被 CIO 们认为是当前最重要的 10 大课题之一。

20 世纪 80 年代以来，信息系统建设受到了企业的高度重视。但是对企业信息化的实际情况的调查却发现：企业在规划过程中多半缺乏系统的规划方法，很多是针对自己企业的问题和根据高层主管的个人经验来进行规划。在企业信息化中有许多具有共性的问题都是来源于企业 IT 战略规划做得不好。为此，IT 战略规划方法也成为一个重要的研究课题。学者们提出了多种方法来指导企业的 IT 战略规划实践。如商业系统规划法、信息工程法、关键成功要素法等。

企业IT战略规划需要高层领导者的参与，特别是企业的“一把手”的重视，是企业做好IT战略规划的重要前提。在此基础上，又需要有具有战略规划眼光和背景知识的CIO来主管和推动，同时，还应当充分听取外部专家的意见和建议。企业IT战略规划包括以下一些主要的步骤。

1. 建立IT战略规划的组织

在企业信息化指导委员会领导下，建立以CIO为首的IT战略规划组织。战略规划组织应包括熟悉业务和技术的人员，如果可能也应当有外部咨询公司或其他专家参加。可以根据需要将IT战略规划小组进一步分为规划工作组、规划咨询组等。

2. 确定IT战略规划方案

弄清IT战略规划的目的、范围和内容。明确规划所涉及的组织、人物和调查事项。设计调查问卷和制定调查日程计划，以及规划报告的基本格式等。

IT战略与规划应当与企业战略相配合。企业根据自己的特定经营战略，通盘考虑组织和业务流程，确定各业务部门的信息化需求，制定全局的信息技术战略，统一规划，分步实施，即经营战略→信息技术战略→信息架构。这是目前企业普遍采用的一种规划方式。

考虑了企业信息化过程中的三个重要影响因素：经营战略、业务流程与组织、信息架构，而信息化战略是连接三个因素的重要工具和方法。只有通过科学、有效的方法论来指导信息化战略的制定和实施，才能够有效克服“经营战略”、“业务流程与组织”和“信息架构”不协调的现象，这正是IT规划所要重点关注的问题。

3. 环境和企业战略分析

在此阶段，应当全面细致地分析企业外部的经营环境，以及有关的行业政策和法律环境等。可以采用波特的五力模型，对企业的直接竞争者、供应商、客户等进行分析，了解企业的强项和面临的问题以及企业未来的发展目标和发展计划等。

4. 企业业务流程分析

了解企业的基本业务以及在这些业务中产生价值的关键业务。采用业务流程分析的方法，对于流程的合理性以及所需要的资源、成本等进行研究。

5. 评估当前信息系统的状况

描述当前信息系统内部状况，包括企业信息基础设施的基本情况描述，如计算机和网络设备,数据库和应用软件等。并且从各个方面审视这些设备在企业业务中所发挥的作用,是否得到用户的肯定,有哪些方面还不足以完成企业的需求,特别是发现那些不能为企业未来的发展目标做出贡献的设备,考虑对它们的更新。

描述信息部门的组织结构和人力资源情况,包括对系统的管理维护,对用户的支持,系统的安全性评价,新项目的开发可能性,对 IT 人员和最终用户的培训等。

目前系统的支出情况包括:信息技术设备支出、服务支出、人力资源支出等。

6. 提出信息技术战略目标和内涵

企业 IT 战略规划包括 3 个方面的发展规划:① 信息系统体系架构规划:计算机硬件、网络、操作系统、开发工具、数据库等;② 应用软件项目规划;③ 系统维护和管理方案规划,包括组织、功能、标准、方法论、知识与技能等。

7. 对行动项目的评价和选择

提出信息系统的行动项目,包括实施计划、人员培训计划等,确定各种规划项目的预算、价格、供应商;并根据某种原则对规划中的项目进行选择和评价。评价要素包括:

- 项目方案对于企业战略的重要性和匹配程度
- 所需经费是否合理
- 实现时间和其他资源是否具备
- 项目风险是否能够承受

8. IT 战略规划的实施和修订

最后,将 IT 战略规划通过企业信息化指导委员会的审批,付诸执行。在执行的过程中,应根据外界环境的变化和内部反馈进行及时的调整修订。

第 4 章重要概念

企业战略，波特的企业竞争力模型，企业竞争基本战略，进入壁垒，转换成本，规模经济，战略栅格法，信息系统的角色，战略性信息系统，战略性信息系统的特征，价值链，主要活动，辅助活动，最佳协调作用，连续补充系统，核心竞争力，信息联盟、IT 战略规划

第 4 章复习题

1. 对迈克尔・波特提出的三种典型的竞争战略各举出一个例子。
2. 举例说明企业如何使用信息系统来创造新的产品和服务。
3. 举例说明信息系统如何帮助企业在市场上巩固它的地位。
4. 举例说明麦克法伦的战略栅格法。
5. 举例说明信息系统如何帮助企业与顾客紧密相连。
6. 什么是核心竞争力？
7. 用数据挖掘的方法如何帮助决策者进行决策？
8. 说明什么是价值链分析。
9. 说明企业 IT 战略规划的组织结构。
10. 说明企业 IT 战略规划的基本步骤及其内容。

小组活动课题

从专业报刊或有关文献中找一个战略性信息系统的例子，说明该系统为什么具有战略性意义。

第5章 信息化基础设施

本章学习目标

(1) 掌握信息系统中各种类型的计算机的特征

(2) 懂得系统软件的功能和作用

(3) 掌握选择计算机硬、软件的基本原则

(4) 了解信息系统的体系结构

企业信息化的建设与一个企业的建设类似，首先要建立相应的基础设施。信息系统的构建也要从其基础设施——计算机网络和系统软件的建设开始。本章从信息系统的物理成分开始讨论，首先讨论信息系统的底层平台——计算机硬件，然后对基础的系统软件——操作系统作简要说明。

5.1 信息化的基础设施

信息基础设施是企业信息化的基础。信息基础设施需要大量投资，也需要不断地更新和发展。好的信息基础设施好比为企业信息化开拓了宽敞的道路，使得企业的信息管理工作可以顺畅地进行。而一个不好的基础设施则会给企业管理者带来许多维护和更新的烦恼，产生类似于信息孤岛等问题。

信息基础设施可以用图5.1来表示，它可以看作是一个6层的技术平台，自下而上分别是由硬件设备、网络设备、系统软件、数据管理、开发平台和应用软件所构成。

计算机是信息系统重要的组成部分。现在企业中的信息系统经常建筑在用微机和服务器所组成的局域网上，但以大型机为基础的信息系统也不少，主要应用在大型企业、民航和银行等需要处理大量数据的组织中，以及以信息处

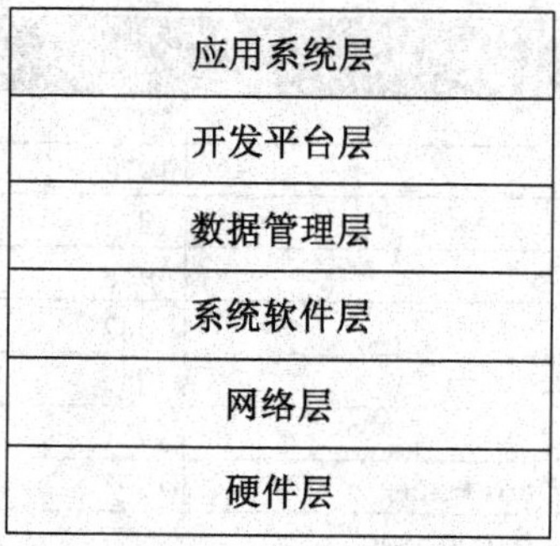

图 5.1　信息基础设施

理为主要工作内容的国家信息处理机构中。下面我们对各种计算机和系统结构的特点作简要介绍。

5.1.1　微型计算机

微型计算机是最为普及、同时性能价格比提高最快的计算机设备。IBM 公司的计算机专家摩尔收集了历年来的计算机 CPU 性能数据，发现计算机的性能价格比大约每过 18 个月就会翻一番。这一发现后来被广泛知晓，并被称为摩尔定律。从 1980 年到 1995 年，微处理器从 8086 发展到 Pentium III 时，主频速度提高了 30～50 倍，相应的内存量扩大了 256 倍，外存量扩大了 500 倍(参见表 5.1)。根据 Intel 公司公布的数字，微机中的核心部件——微处理器上的晶体管数目增长了 5 个数量级(图 5.2)。微机功能的不断进步使得它从一种个人使用的小型数据处理设备逐渐转变为企业信息系统的基础设施，在 20 世纪 90 年代以后，成为大多数企业信息系统建设时的首选机型。

表 5.1　微机硬件配置的变化

微处理器	主频(MHz)	内存(MB)	硬盘(MB)
80286	10～12	1	20～60
80386	16～33	2～4	30～80
80486	25～66	4～16	40～500
Pentium	100～300	16～64	2000～4000
Pentium III	300～500	64～256	4000～10000

微处理器	时间	晶体管数
4004	1971	2 300
8008	1972	2 500
8080	1974	4 500
8086	1978	29 000
Intel286	1982	134 000
Intel386 processor	1985	275 000
Intel486 processor	1989	1 200 000
Intel® Pentium® processor	1993	3 100 000
Intel® Pentium® II processor	1997	7 500 000
Intel® Pentium® III processor	1999	9 500 000
Intel® Pentium® 4 processor	2000	42 000 000
Intel® Itanium® processor	2001	25 000 000
Intel® Itanium® 2 processor	2003	220 000 000
Intel® Itanium® 2 processor(9MB cache)	2004	592 000 000

图 5.2　Intel 公司的微处理器上的晶体管数目

根据不同的业务用途，微机可分为商用机和多媒体机；根据形状主要分为台式机(desktop)和便携机(包括笔记本型和掌上型)。商用机是目前管理信息系统中最常用的，其主要作用是数据的输入、输出和数据处理等。多媒体(multimedia)机具有发音和影像等功能，多用于个人信息处理和教育培训等。便携机多用于市场营销、数据采集等。而掌上型微机又被称为个人数字助理(PDA)，可用于提供个人信息，具有移动通信功能和计算能力，使用触摸屏和手写识别功能，通过 PDA 不但可以随时收发电子邮件，还可以与台式计算机或网络服务器进行各种信息交换。

网络计算机(Network Computer, NC)是 Sun 公司提出的概念。和普通的微型计算机比较起来，网络计算机的功能更为简化，成本低廉。这种机型主要用在局域网上，终端机的功能相对较弱，运行的是网络服务器上的软件，大多数信息处理及储存功能等也都是在服务器中进行，从而降低了整体计算机系统的成本，也使得维护成本大大降低。与性能强大的个人计算机相比，网络计算机的主要优势在于其成本低廉，在购买、升级、维护与支持上花费的费用要少得多。网络计算机在商业上还有其他优势，例如应用软件只需要一套，升级和管理都方便得多。由于对通过集中管理和在企业范围中统一控制计算机网络资源，网络计算机的可管理性也更强。但是，网络计算机毕竟对个人用户来说不方便，比较适合用在计算机教育等环境中。Sun 和 IBM 等大公司都推出了自己网络计算机方案，但是这种机型并没有像普通的微机那样快速普及。

5.1.2 服务器

服务器(server)泛指在客户机/服务器结构中提供资源的计算机，其作用是存放大量共享数据或公用程序。按其所使用的微处理器特性可分为CISC服务器(以Intel为主)和RISC服务器两大类。现在企业信息系统中所用的服务器通常指微机服务器，也就是采用CISC微处理器的计算机，这类服务器使用高档微处理器，采用并行处理技术，可根据需要配置多个处理器协同工作。另外，服务器通常还设有大容量的内存，有较强的输入输出通道处理能力和极大的外存容量(如用专用多通道控制器控制数千GB以上的硬盘)，在网卡和软件的支持下可以方便地构成局域网。

目前，服务器是构筑管理信息系统最重要的核心计算机设备。根据服务器中的配置不同，服务器的性能指标和价格也有相当的差别，可分为工作组级服务器、部门级服务器和企业级服务器。企业通常需要根据自己的数据处理量和处理速度要求来选用不同的机型。服务器的价格相对大型计算机要便宜得多，特别适合于业务量不十分巨大的企业或部门作为信息处理和存储设备使用。

5.1.3 工作站

工作站(work station)型计算机的处理能力通常高于微机，采用RISC系列处理器(主要厂商包括Alpha、SPARC、PA-RISC、MIPS、Power PC等)，配有高清晰度大屏幕，图形表示功能好，可以快速进行计算和描绘复杂图形，对一些需要高性能快速图形表示的应用比较适合。工作站适用于工程设计、科学研究等应用。以擅长图形处理的SGI工作站为例，其内部有专用于图形处理的大规模集成电路，同时配有图形设计专用软件，可以快速、方便地进行制图、色彩处理、光线处理以及各种明暗、纹理、过滤处理等，适合于作为CAD(计算机辅助设计)的设备，也广泛用在图形实时仿真、动画处理、多媒体处理、模拟管理等需要高速计算和高速图形显示的应用中。

工作站计算机一般采用UNIX操作系统，具有多任务、多用户的功能。采用UNIX操作系统具有开放性能好的优点，易于和外界的各种计算机网络互联，容易得到外部的数据。尤其在互联网普及后，工作站存取远程计算机站点上的信息、图像等，表现出很好的性能。在信息系统中，由于工作站适合于分布式处理，在网络中需要各个结点具有较强的处理功能时，使用工作站比较合适。

工作站也可以作为服务器使用。一些研究认为，工作站作为服务器，其性能要比微机服务器还好。典型的工作站有SUN公司的SPARC机和SGI公司的图形化工作站以及DEC公司、HP公司的产品。

波音公司的CAD系统

波音公司在设计波音777客机时，成立了一个跨国设计开发组，把整个加工过程中的各方面的设计者和制造者连接在一起。它的CAD系统非常庞大，由9台IBM主机，一台Cray超级计算机和2200台工作站组成，存贮了3.5万亿比特的信息。

一架飞机的零部件清单经常根据制造情况和客户服务而有不同的配置。在飞机制造过程中，这份零部件清单经常需要被分解、改变、重新计算。过去，个性化的设计过程完全是靠手工进行的，1 000名工程师要花一年全额工作日去完成这个设计。这个过程还要耗费大量的图纸，例如一架波音747的最终设计图纸高达75 000张。

该系统将波音在美国西雅图的生产工厂与生产飞机驾驶舱的堪萨斯工厂以及生产大部分飞机机身的日本工厂连接起来。通过计算机网络的连接，在飞机设计时取得了很好的效果，节约了大量的时间和费用，减少了手工工作出错的可能性。CAD设计的准确性是明显的，平均误差减小了100倍。完成一张波音777订单的时间已经减少到10个月，而过去完成一张波音747或波音767订单时间大约需要18个月。

5.1.4 小型机

一般小型机(minicomputer)上的操作系统多为专用系统，具有代表性的小型机有HP公司的小型机和DEC公司的VAX小型机。小型机常采用多CPU结构，在一台机器上可以配备较大容量的内存和多台大容量硬盘，具有很强大的数据处理功能，可供数百名用户终端连接使用。同时，小型机一般可以配置多台外部设备，例如硬盘、打印机、绘图仪、传真机等。小型机还可以同时连接多个局域网，或同时连接数十条通信线路。

现在小型机跟大型机之间已经没有明确的界限了，因为一些厂商把原来只在大型机上应用的技术都移植到小型机上。小型机跟普通的服务器还是有很大差别的，小型机具有高可靠性、高可用性、高服务性的特性，适合作为联机事务处理系统的服务器，或作为有较大数据流量的局域网服务器。在信息系统中，企业中的数据资源可以集中在小型机服务器上进行处理和管理，由此加强信息的集成度。小型机的实时处理性能比较好，对网络用户的要求能做出迅速响应，对多台工作站的要求能及时处理，比较适合用于商业信息系统和办公自动化系统，例如在中等规模的商店中采用小型机作为服务器是很普遍的。随着微机服务器性能的迅速提高，目前小型机有逐渐被微机服务器所取代的趋势。

5.1.5 大型机

大型机又称主机(main frame)，具有很强的信息处理能力。大型机的运算速度可达数百 MIPS①，内存可达数百兆字节，外存容量可达数 TB。大型机具有强大的传输数据和数据处理能力，采用企业系统连接类通道、专用磁盘控制器和通信控制器，可连接数百至数千个终端同时工作。大型机采用专用操作系统，例如 IBM 大型机的操作系统有 MVS、VSE、VM 等。

大型机的主要生产厂家有 IBM 公司、Unisys 公司等。IBM S/390 是大型机的典型代表，它采取了 CMOS 低功耗技术以及并行处理技术，也支持多用户、多道程序等先进技术，并且与 X/OPEN、OSF、CORBA 等标准兼容，为使用应用程序提供了功能丰富的集成环境。

大型机可作为 WWW 服务器、分布式计算的后台服务器、通信服务等许多大规模系统的主机，对组织的大量数据集中进行快速处理。在这类机器上广泛使用的数据库是 IBM 的关系数据库 DB2。在大型商场、银行、航空公司订票处理机构、国民经济管理部门中，一般都需要采用大型机做后台服务处理。

由于大型机具有独特的优势，因而还在信息系统中继续保留一席之地。例如，对于银行、证券交易所等需要日常进行大规模数据处理的企业来说，它们已经有许多重要的数据储存在大型机中，如果要转移到客户机/服务器上并非一件简单的工作。另外，大型机有很强的可扩充性，可以对应互联网上日益增长的通信流量以及快速处理企业中越来越多的数据。从数据存储和处理的角度来看，大型机上的集中式数据库比使用服务器集群更为安全和可靠。因此，大型机将会在那些具有大量客户、需要进行大量数据处理和复杂运算的企业和组织中继续得到应用。

---

① MIPS 是 Million Instruction Per Second，即“每秒百万次运算”的缩写。

5.1.6 计算机选型时的考虑因素

在进行计算机选型时，需要从整体的角度来考虑系统的效益。一个企业的信息系统一般由若干台服务器作主机，用大量微机作为用户终端。尽管用户们都希望个人使用的微机功能越先进越好，但由于计算机技术发展得很快，当时先进的微机也很快会过时(微机的折旧期通常为5年，如果是过时的型号，生命周期就会更短)。如果企业花费很多钱来购买用户终端，结果往往是不能充分发挥出微机功能的作用。但是，如果企业选择已经被淘汰的微机，因为缺乏合适的技术支持和服务，也可能造成基础设施的落后。所以应在企业整体的IT发展规划下考虑和选择具有合理性能/价格比的机型。另外，应当重点考虑的一个问题是：企业的信息基础架构正在转向网络时代，因此，需要更多地从网络的角度来考虑问题。表5.2描述了在选择微机时对部件参数应考虑的主要事项。

表 5.2 对微机的选型

部　　件	应考虑的主要事项
处理器和主板	处理器型号和主频率，是否具备并行处理功能，最大处理器数量
内部存储器	内存容量，可扩充的最大容量
硬磁盘	硬盘容量，硬盘数，数据接口类型
显示器	屏幕尺寸，分辨率，精细度，扫描方式
扩张插槽	数目，网络接口卡速率
多媒体	光驱速度，读写格式、声卡，图像解压方式
移动计算	是否具备移动计算功能
安全功能	防病毒设备，电源锁、指纹识别或其他安全防范设施
售后服务	免费维修的时间、部件，技术支持方面的承诺

从信息系统整体性能来看，决定系统性能的重要因素是服务器，而服务器的信息处理需求是各个客户端的微机提交的，也受到所处理具体业务的复杂性的影响，所以应根据实际的业务部门的信息处理需求，来估计客户端提交的数据处理量以及所需要的主机处理能力。下面是一些应当考虑到的问题：

(1) 客户端的数量：随着客户端数量的增加，对主机的作业处理能力的要求必然增加。如果用户数目不超过25人，选用工作组服务器就可以了，当用户数目在30～100人之间时，可采用部门级服务器。如果用户超过数百时，应采用企业级服务器，或者考虑采用大型机作为主机。

(2) 服务器所执行的任务性质。例如，仅仅用于办公事务处理，服务器主要的任务是提供文件存储和打印文件，这对服务器来说负荷较轻。如果是电子商务应用，则从网络流入的作业请求量就可能很大。在以图像、音频和视频为主的业务中，数据传送量会远远大于以文档为主的业务。这时，CPU 速度是次要因素，但必须优先考虑磁盘子系统和网络输入输出接口的性能。

(3) 对于处理应答时间的要求：一般来说，处理时间当然越快越好。但是，限于各方面条件的限制，服务器的处理能力还是以满足需求为标准。在考虑作为 WWW 服务器时，应答时间往往是一个重要的指标。

(4) 如果作为应用服务器(如 ERP 服务器)，对主机的要求就会大大提高。因为在这类系统中，各个部门的应用程序大部分都是在服务器中运行，通常要运行大量频繁访问磁盘的数据库应用程序，能够对大量用户的并发操作做出快速响应而不会崩溃。对这类应用，可以考虑采用更大的内存和更高性能的磁盘，以加速用户程序的运行处理速度；同时，也可考虑采用多 CPU 或采用集群技术来提高处理能力。

(5) 对于数据安全性的考虑。如果服务器中存储的是重要的数据，或者其应用程序是关键性或重要的应用，那么必须将保证安全性的措施考虑在内。容错、冗余以及维护都应当列入优先考虑的范围。现在一些专用服务器是为减少故障而设计的，并且具有固有的容错特性，用户可以根据需求来选择合适的产品。这部分在整个服务器费用中占有相当的比例。

(6) 网络连接。计算机设备大多是联网实用的，因此计算机的选择应当和网络设备联系起来考虑(参考第 6 章)。而网络设备又和企业的经营环境等有关，例如企业中计算机的工作形态，是否与企业外部的计算机网相联，能否充分发挥当前软、硬件的性能等。

(7) 服务。除了上述技术指标外，还应当考虑售后服务方面的承诺。例如：交货时间、系统软件的升级、硬件扩充和故障维修、技术问题的咨询、厂商对于哪些类型的故障能够提供保修或上门服务等。

5.2 操作系统

在信息系统中，软件与硬件、用户的关系可以用图 5.3 来表示，从中可以看到操作系统是管理信息系统的基础平台。操作系统应当给用户提供方便使用的人机交互界面，同时，操作系统是各种应用软件的基础。

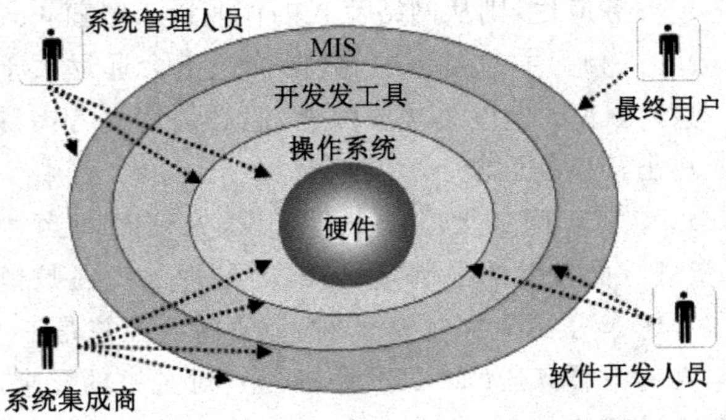

图 5.3 操作系统在信息系统中的位置

除了给用户提供良好的界面，让用户对磁盘上的文件进行管理之外，操作系统的另一项主要功能是管理计算机系统中的硬件资源。为实现此目标，操作系统中必须有监控程序，其核心部分在计算机启动时就被读入内存，称为常驻程序。常驻程序根据作业的需要调用外存中其他程序。操作系统还能够进行高效率的作业管理，通过其作业管理程序，对需要进行处理的作业进行计划和调度，使得计算机资源的处理效率提高。另外，操作系统还需要管理计算机外围设备，以及在主存和其他设备之间的数据传递，这些功能是通过输入输出(I/O)管理程序来完成的。

由于 CPU 和 I/O 设备的速度差距很大，CPU 可以在等待一个 I/O 作业的同时进行其他作业的处理，这样就可以同时运行多个程序。这种功能称为多道程序。这也是操作系统的一项重要功能。如果计算机有多个处理器，操作系统还可以将任务分解，使每个处理器都并行地处理一部分任务，最后再综合起来得到结果。这类处理方式又称为并行处理。

目前常见的操作系统大体可以分为四类：① 以 Windows 为代表的微机客户端操作系统；② 以 UNIX 为代表的工作站操作系统；③ 局域网服务器上使用的操作系统；④ 大型机上的专用操作系统。

5.2.1 微机操作系统

微软(Microsoft)公司的微机操作系统拥有世界上最多的用户。其早期的产品是磁盘操作系统(Disk Operating System，DOS)，它是单用户单任务的操作系统，用户必须通过字符界面和系统打交道，用键盘输入各种规定的指令，学习和记忆 DOS 这些指令对用户是一个不小的负担。以后升级到具备图形使用界面的 Windows 95，Windows 2000 等版本。微软还推出了该操作系统的家庭用版本、服务器版本等，使之适合不同用户的需要。

图形用户界面（Graphical User Interface，GUI）技术运用在操作系统上，产生了以视窗界面为主的操作系统，给用户提供了一个更方便的操作计算机的环境。视窗操作系统还具有多任务、设备无关、对象链接与嵌入、多媒体等一些新功能，使得微机的使用变得十分方便。在微机上常用的操作系统还有苹果公司 Macintosh 机器上的 MacOS，开放源代码的共享软件 Linux 等。

Linux 的崛起

1991 年，时年 21 岁的芬兰赫尔辛基大学计算机系的学生 Torvalds 在学习了操作系统这门课程后，突然产生了开发一个新的计算机操作系统的念头。他开发了一个小型的操作系统。接着，通过在互联网的新闻组上发海报，把该系统的源代码对所有人开放，并请志同道合者们共同修改。结果在世界各地素不相识的软件爱好者的帮助下，他的程序开始发展成为一个新的免费操作系统。到 1999 年，这个被称作 Linux 的操作系统竟然有 100 万名开发者，并且发展成为一个既稳定可靠又功能齐全的系统，甚至威胁到长期难以撼动的 Microsoft Windows NT 的统治地位。

Linux 已成为迄今为止发展最快的服务器操作系统，其全球用户达到数千万之多。到 2003 年 Linux 服务器的销售总额已达到 38 亿美元，占据全球服务器市场销售额的大约四分之一。

5.2.2　工作站操作系统

在工作站型计算机上经常使用 UNIX 操作系统。UNIX 是 20 世纪 60 年代末由美国的贝尔实验室开发，在教育科研领域推广，以后又由加州伯克利大学、SUN 公司等开发了一些新版本。UNIX 是一个多用户、多任务的操作系统，它可以让一个用户在一台机器上同时运行多个作业，也可以让多个用户通过多个终端同时使用一台主机。UNIX 既可以作为单机操作系统，也可以作为服务器操作系统，让网络用户共享。由于 UNIX 系统的功能十分强大，因而被广泛地应用在工作站和小型机上，成为工作站型计算机的标准配置。

UNIX 的特点是命令集比较精简、功能十分完备。一条命令通常有许多参数，可以简捷迅速地完成许多复杂的操作。但另一方面，由于其命令系统指令参数过多，对一般用户来说使用起来不够直观，比较适合于有经验的专业工作者使用。以后由于 GUI 的出现，使得 UNIX 的这一缺点得到改善。Xwindow 是由 MIT、IBM 及 DEC 共同开发并运行在 UNIX 操作系统上的一个 GUI 系统，它使得 UNIX 可以更加方便地被使用。由于 UNIX 含有 TCP/IP 协议，用它可以方便地构成计算机局域网，也可以和远程计算机方便地连接，它尤其适合于分布式异构环境。在这种环境下，它可以使不同厂家的工作站型计算机和其他类型的微机及小型机等连接起来，运行相关的应用程序。

5.2.3 局域网操作系统

目前在企业、事业单位最广泛应用的是基于微机局域网的信息系统，在这类平台上大多使用微机服务器，运行网络操作系统（Network Operating System, NOS）。Windows 系列是目前在微机局域网中使用最广泛的网络操作系统。下面以 Windows XP 为例来讨论其主要特性：

(1) 网络操作系统应当适合用于高配置的计算机硬件环境，使得计算机资源得到有效利用。一般的专用服务器往往设计为多 CPU、多通道的结构，如果没有相应的操作系统支持，就难以充分发挥这些硬件设备的作用。通常，网络操作系统可以支持多 CPU 工作。例如 Windows XP 可支持具有 16 个微处理器的服务器。Windows XP 还支持大容量内存。装有 Windows 95 的微机通常只配置 64MB 内存，然而在装有 Windows XP 的服务器上则可以配置 4096MB(4GB)的内存。如果将一台计算机配上网络操作系统，那么该计算机的配置越高，就越能较好地发挥作用。

(2) 多任务、多用户。多任务(multitask)是指计算机可以同时运行多个程序，当计算机在某一时刻运行一个应用程序时，其他程序可以在后台运行。多用户是指一台计算机可供多个用户使用，他们彼此并不影响，各自有自己的工作环境，同时又可以共享资源。

(3) 资源共享。企业信息系统的一个重要问题是如何在保证安全性的前提下实现信息资源共享，这种功能需要操作系统的支持。Windows XP 采用了一种分域和安全数据库的方法。网络中的计算机资源被组织成若干个域，在一个域中的所有成员可以共享这个域中的资源。同时，各用户的信息记录在安全数据库中，这样，系统可以给每个用户分配适当的权限，保证用户个人的信息不会被别人所使用。

(4) 网络互联性。随着互联网的普及，微机局域网的相互连接变得十分重要，这需要在操作系统层能够对不同协议的数据包进行适当转换。网络操作系统一般提供多种协议，使得安装了协议的网络可以与多种网络连接。

(5) 容错功能：网络操作系统经常需要采用一些措施来保证数据的安全，防止在意外情况下系统的数据丢失。Windows XP 中采用的措施包括镜像处理和磁盘条带化。所谓镜像(mirroring)就是用两个磁盘，在读写时进行完全一样的处理，这样在万一一个磁盘出错时，另一个磁盘的信息仍可保持不丢失。磁盘条带化(disks striping)是指将若干个物理磁盘作为一个逻辑磁盘，在读写数据时，将它们分散到各个物理磁盘上。一旦一个磁盘出了问题，用其他磁盘的数据仍可以恢复数据。

(6) 远程服务：Windows XP 提供远程访问服务(Remote Access Server, RAS)功能。应用此功能，用户可以在远程通过一台笔记本计算机经由电话线连接到服务器，使用服务器上的资源，或者在远程控制服务器。

(7) Internet 功能：为了让服务器作为 Web 服务器使用，网络操作系统还需要提供 Web 功能。例如在 Windows XP 上有互联网信息服务(Internet Information Service, IIS)功能，一台安装了 Windows XP 操作系统的服务器就可以作为 WWW 服务器使用。

5.2.4 大型机操作系统

大型机的操作系统以 IBM 大型机的操作系统为典型代表。这种操作系统的发展经过了几代更新。最早的操作系统是 S/360 机器上开发的 OS/360，到 20 世纪 80 年代发展为 S/370 机器上的多虚存/企业系统体系结构操作系统(MVS/ESA)。到 1990 年，IBM 发布了它的新版本 ESA /390 操作系统，其后，又不断推出它的新版本，使得它可以与 UNIX 兼容，成为一个开放式的操作系统。

传统上，大型机上的操作系统不能与基于 UNIX 的系统相互操作，是一个封闭性的系统。但是 ESA /390 操作系统上可以具有互操作性，可移植性。不同厂商的软件产品可以同时在这种操作系统上工作，用户可以将他们所熟悉的环境移植到大型机系统上，因此熟悉 UNIX 和 MVS 和 VM 的语言环境的用户都可以方便地使用大型机上的操作系统。

5.2.5 选择操作系统时的考虑因素

操作系统对信息系统来说是重要的基础设施，其选择往往影响到信息系统的整体工作方式和长期的发展趋势。目前软件产业界尚没有统一的操作系统标准，各家的操作系统都在互相竞争、迅速发展。在规划企业信息系统的软件平台时，究竟应当如何选用操作系统？用户往往感到困惑。这里提出几条应当考虑的基本决策原则。

1. 考虑操作系统不断升级的特点

从微软的操作系统发展历史可以看出，近 20 年来，大约每两年微软就会推出一个新的操作系统升级版本。最终用户必须充分考虑这种不断升级的性质，适时地选用新的操作系统。一般来说，操作系统的升级可以保证以往版本上应用软件的正常工作。但是，由于员工对新系统不熟悉，其中功能的改变等，对于其上的应用系统还是有影响的。另外，一个企业级的信息系统包括大量微机，这些机器上所有操作系统的升级费用，对企业来说也是不可轻视的一项支出。

2. 根据应用的需要决定操作系统

尽管 Windows 的图形用户界面是对用户友好的，但有时仍需要字符用户界面。这种情况有时是考虑资源，因为字符界面不需要大量的内存用作图形显示，浪费资源较少；有的是出于历史的原因，需要保持以往的数据资源；还有的是出于业务的考虑，例如在某些银行业务中仍保持字符界面，以保证业务与普通用户相隔离。

3. 根据用户决定操作系统

面向最终用户的业务往往要求配有良好的中文界面，而合资企业所使用的操作系统就需要至少能够在两国语言上切换。实现中外文界面切换有多种方法，如使用汉化的国外操作系统；采用英文操作系统外挂中文处理平台等。

4. 考虑整体性能

在金融业、商业等行业通常需要进行大量数据的实时处理，在信息系统规划和设计时就应当考虑到选用适当的操作系统。选择适当的操作系统可以充分发挥出硬件资源的性能。以小型网络上服务器为例，是选用微机服务器配上 Windows XP，还是用工作站机配上 UNIX？微机方案对用户比较友好，软件包丰富且价格低。当只需要进行中、小型事务处理时，用微机服务器配上 Windows XP 比较方便。但如果信息系统的用户较多，独立性较强，使用 CAD 等图形功能的软件，则应当采用工作站和 UNIX。特别是在异构系统中，如采用

UNIX,就可以较容易地进行开放系统互联。

在分布性较强的系统中一般有多个服务器,而每个服务器的用户比较少。这种情况下用 XP 比较方便。XP 有中文界面,操作起来相对容易。微机服务器价格比较便宜,并且支持对称多处理以及不同平台间的可移植性,可提供近似工作站的性能。

5.3　计算机选型方法

计算机选型是建设信息系统时的一项重要工作。各种计算机不仅外观、功能、价格、配置等各不相同,而且直接关系到所构成的网络以及应用软件的性能和使用形态。计算机一旦购入,就要在较长一个时期中一直使用。因此,在计算机选型时应当充分论证,在基本原则的指导下,与专家或咨询公司进行深入讨论,如有可能应进行投标或定量分析,做出合理的计算机选型方案。

常用的计算机选型方法有:通过征集计算机方案选择,通过招标选择,通过基准程序测试决定等。一种常用的方法是通过征集方案选择。这种方法首先选择一些计算机厂商或系统集成商作为候补,要求他们根据本组织的需求说明书提出系统方案,然后对各方案进行综合评价,选出少数方案,最后经过技术谈判决定。

计分法(scoring model)是一种快速、实用的决策方法。这种方法是确定若干选型时必须考虑的要素,并且分别赋予它们不同的权重。在此基础上,对各方案的每个要素进行评分,最后进行总计,得到每个方案的综合分。在此基础上做最后决策。例如在表 5.3 中,考虑 AS400,UNIX,Windows XP 三种方案,决策者提出了 5 个主要考虑因素(这些因素可以进一步分解为若干更细的量化因素),并赋予不同的权重。

表 5.3　对系统软件的评价比较

评分因素	权重	AS400	UNIX	Windows XP
符合用户需求	0.4	2	3	4
初期投资成本	0.2	1	3	4
长期花销	0.1	1	3	4
维护方便性	0.1	2	3	4
成功概率	0.2	3	4	4
总计得分	1.0	1.9	3.2	4.0

5.4 计算机系统结构

信息系统中的计算机系统结构关系到选用哪些计算机、输入输出设备、辅助存储器和通信设备等，以及如何配置这些设备，选用何种系统软件和应用软件，以求得与业务流程最佳的配合。对于硬件的要求不但是机器性能好，还要获得较高的整体信息处理效率，要适合特定业务的需求，对组织的管理工作提供有效的信息存储、信息处理和信息传送的手段，同时在价格上也要合理。

5.4.1 主机中心结构

传统的计算机系统结构是基于主机的主机中心结构。主机中心结构通常由一台主机作为服务器，配置一些前端机，再接上许多终端，构成一个树型结构。在主机中心结构中，所有的程序，包括用户自制的应用软件、数据库管理系统、通信软件等都在主机上运行，所有的数据也都存储在主机上。用户通过本地或远程终端来访问和使用主机上的资源。在主机中心结构中，主机上要运行多个应用软件，如数据批处理软件、业务处理软件、数据库管理、网络控制和系统开发软件等，主要的信息处理工作都在主机上进行。由于主机的工作负荷量很大，因此必须给它配上大容量的磁盘以及作为备份用的磁带机和高速打印机等。这样，在一个组织中，可以在各个部门设若干个终端用电缆连接到主机上，各个终端同时使用中央计算机（参见图 5.4）。

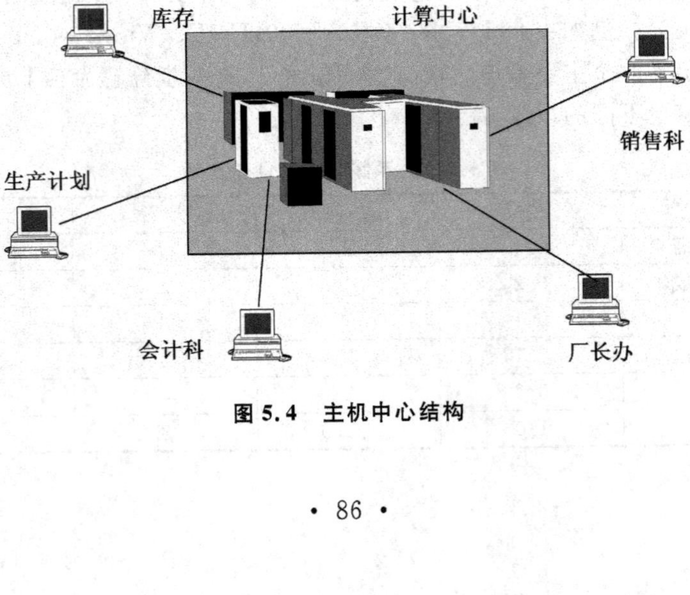

图 5.4 主机中心结构

从数据存储的角度来看，主机中心结构将企业各处发生的数据全部集中在一处，即中央数据库中，根据不同用户发来的请求进行加工处理。由于数据集中，提高了计算机设备的利用效率。

主机中心结构的主要优点是可以对海量数据存储设备加强管理，对信息系统的整体控制和管理比较容易，容易保证数据的安全性和一致性。此外，大量用户可以同时使用主机，提高了资源的利用率。如一台大型机上的数据库可以供 1000 个用户同时使用。一般来说这种结构适合数据处理量比较大的大型企业。

主机中心结构的主要问题在于：

- 系统的灵活性差，系统的变更、改进比较麻烦。
- 对主机依赖过强，一旦主机有故障就会影响全体用户。
- 用户缺乏自主性，例如用户个人文件的存取等不方便。
- 信息系统的成本和维护费用较高。对计算中心机房的条件要求苛刻，专业人员的培训和人工费用也比较昂贵。

从 20 世纪 80 年代以后，许多企业都开始使用微机局域网的分布式结构。而主机主要做定型业务的处理工作。有些大型企业需要集中式控制方式，有的企业需要强有力的联机实时处理，这些都需要采用主机作为主要处理工具，来保证实际的处理需要。从成本来看，虽然主机自身成本较高，但使用成本是否高却取决于实际情况。一些例子说明，对于数据处理十分集中的企业、单位(如银行、航空公司订票处)来说，主机中心结构的成本反而是比较低的。

5.4.2 客户机/服务器结构

从 20 世纪 80 年代末期开始，信息系统进入了小型化(downsizing)时代。所谓小型化就是指由于微机、工作站性能的飞速提高，使得可以用它们来代替大型计算机，完成以往企业的信息处理工作，因而一些企业就需要将原来的主机中心结构改换为分布式处理结构。在分布式处理结构上，主要的设备是微机服务器和工作站。

在使用微机局域网构成的信息系统中，一种普遍被采用的架构是客户机/服务器(Client/Server)架构，简称 C/S 架构。在 C/S 架构中，网络中的计算机被分成为两个有机地联系起来的部分：客户机和服务器。客户机是由功能一般的微机来担任，它可以使用服务器中的资源。服务器可以是微机服务器或工作站型计算机，也可以是一台小型机或主机。将两个部分连接起来的是计算机中的软件：客户机中有应用软件提供的用户界面、本地数据库、电子表格等。一般的用户只和客户机打交道，而不必考虑对服务器的操作。对于用户的请求，如果客户机能够满足就直接给出结果，反之则交给服务器去处理(图 5.5)。例如，客户机可以调用存放在服务器上的公用数据，服务器对这些数据进行相应的处理后返还给客户机。

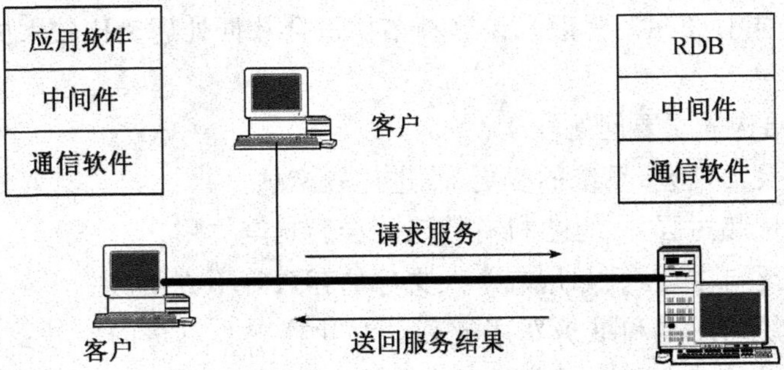

图 5.5　客户机/服务器结构

客户机/服务器模式不仅仅是硬件的分布，同时也是软件的分布。采用客户机/服务器模式的信息系统软件也分成两个部分：客户机只执行本地前端应用，对数据库的操作交由服务器方完成。这种工作方式可以合理均衡事务数据的处理量，更好地保证数据的完整性和一致性。

在一个信息系统中，可以根据特定的需要使用多台服务器，并分别将它们用于不同的目的。从服务器的作用上来区分，服务器可分为应用服务器、打印服务器、数据库服务器、Web 服务器、网络管理服务器和专用服务器(如电子邮件服务器、数据采集服务器)等，如表 5.5 所示。

表 5.5　几种典型的服务器用途

名　称	用　途
应用服务器	应用服务器目的是使得组织中的应用软件得以共享，企业服务器或部门服务器一般都是这类服务器，将某些公用的应用软件放在该服务器中，由其下级单位或个人共同使用。
打印服务器	打印服务器用于打印机管理，将用户提交的打印作业进行排队并提交给打印机。当用户发现错送了打印作业时，可以请求服务器管理员将作业删除。

续表

名　称	用　途
数据库服务器	数据库服务器是配有大容量磁盘存储器的计算机，它不但存放着整个网络系统的主要的数据资源，还可以将应用程序也放在其上让用户共享。通常客户机访问数据库服务器时，是通过将它的用户的具体数据操作要求转化为 SQL 语言，而服务器上的数据库管理系统根据 SQL 语言去实行具体的操作工作，再将结果返回客户机。
网络管理服务器	网络管理服务器通常是由高性能的微机服务器、小型机等来担任，其任务是管理整个网络的工作，可以监视网络的流量，发现网络中的故障，提高网络整体性能。
专用服务器	电子邮件服务器、数据采集服务器等。

客户机与服务器的连接部分是客户机/服务器结构的一个重要部分。连接部分包括硬件和软件。硬件包括网络的通信设备、电缆、网卡、通信接口等，软件则包括网络协议和应用软件之间的接口。对于一个客户机/服务器应用系统来说，客户机与服务器的连接需要底层通信过程软件的支持，这种软件被称为连接件或中间件(middle ware)。对于应用软件开发人员来说，客户机与服务器之间的连接件还包括所选择的软件工具和编程函数。以前，大多数客户机应用程序都是为服务器上的某种数据库专门编写的，需要各种服务器都安装已定义好的一套连接机构，这样的系统不能支持其他各种服务器软件。后来出现了专门连接各种客户机与服务器的标准接口软件，例如微软公司的开放数据库连接(Open Database Connectivity, ODBC)就是一种被广泛采用的数据访问中间件标准。

客户机/服务器模式减少了对硬件的要求，既保留了计算机系统的现有投资，又能较为容易地转换为更新的系统。客户机/服务器还集中了大型主机系统和文件服务器网络系统的许多优点，具有较好的系统开放性和易扩展性，同时发挥了计算机和网络的功能。

5.4.3　浏览器/服务器结构

近年来，由于互联网技术的发展，许多客户机/服务器的软件又升级到浏览器/服务器(Browser/Server)架构，简称 B/S 架构。在 B/S 架构，用户工作界面是通过 WWW 浏览器来实现，极少部分事务逻辑在前端(browser)实现，但是主要的事务逻辑都是在服务器端(server)处理，形成所谓三层架构。这样就减轻了客户端的处理负荷，减少了系统维护与升级的成本和工作量，降低了系统的总体成本(TCO)。由于浏览器有便于使用、界面统一的优势，这种结构的软件很快普及，现在已经成为信息系统软件的主流。

在微机局域网的C/S结构升级到B/S结构也是经常采用的一种策略。这样可以使用户更加方便地使用信息系统，并且能够以不同的接入方式(如LAN、WAN、Internet/Intranet等)访问和操作公用数据库；它还能有效地保护数据平台和管理访问权限，服务器数据库也很安全。特别是在JAVA这样的跨平台语言出现之后，B/S架构管理软件更为普及。随着浏览器与服务器模式安全性的提高和网络带宽的不断提升，这种结构代表了信息系统的发展方向。表5.6是对以上三种基本结构的一个多维度的总结对比。

表 5.6　信息基础设施结构的对比

主导技术	以大型机为主的主机中心结构	以微型计算机和服务器为主的C/S结构	以浏览器和WEB服务器为主的B/S结构
IT特征	集中化	小型化	网络化
IT的主要作用	手工工作的自动化	提高个人的工作效率	创造组织的竞争能力
典型的用户	IT部门	组织中熟悉信息技术的员工	所有员工
使用地点	计算中心	办公桌上	无处不在的计算
评估标准	节省的人力	多方面的内部价值	跨组织的协作价值

第 5 章重要概念

摩尔定律，微型计算机，服务器，工作站，UNIX，小型机，主机，主机中心结构，小型化，分散式结构，客户机/服务器模式，中间件，操作系统，图形用户界面(GUI)，网络操作系统，客户机/服务器架构，浏览器/服务器架构

第 5 章复习题

1. 说明表示一台微型计算机性能的主要参数及其意义。
2. 服务器和微机主要有什么区别？
3. 微机和工作站主要有什么区别？
4. 大型机适合用来做哪一类信息处理工作？
5. 购买微机的重要原则有哪些？
6. 操作系统的主要功能是什么？
7. 微机、工作站上的操作系统有几种主要的类型？
8. 使用 Linux 这样的开放源代码的共享软件的利弊是什么？可参照 Linux 网站 www.linux.org 获得更多信息。
9. 说明网络操作系统中资源共享和保证个人数据安全性是如何实现的。
10. 说明选择操作系统时应当重点考虑的一些因素。
11. 主机中心结构的优、缺点分别是什么？
12. 什么是客户机/服务器模式？
13. 什么是浏览器/服务器模式？

小组活动课题

1. 调查一个企业信息系统的计算机设备，写出它的主要设备的性能指标参数，并评价这个系统硬件配置的强项和弱点所在。

2. 列出一张表，对一个信息系统上可以考虑的几种操作系统方案进行比较。

第 6 章　计算机网络

本章学习目标

(1) 计算机网络的基本类型和工作原理

(2) 计算机网络中主要设备的功能

(3) 局域网协议以及 TCP/IP 协议的概念

(4) 开放系统互联模型

(5) 国际互联网及 WWW 的基本工作原理

(6) 理解 Intranet 的基本原理

计算机网络是企业信息系统的基础设施，现在大多数管理信息系统都是运行在计算机局域网或互联网的平台上，采用客户机/服务器模式或浏览器/服务器模式。本章中首先介绍局域网通信的一些基本概念以及局域网网络工作的原理和基本的构建知识，然后介绍局域网和互联网协议的概念。

6.1　计算机网络的类型

对计算机网络有许多分类法。根据网络覆盖的范围可分为局域网、校园网、企业网、城域网、广域网等。根据应用的方式可分为专用网、通用网、内联网、外联网、国际互联网等。

局域网(Local Area Network，LAN)通常是指数十米至数公里之内的计算机连成的高速(目前为 100～1 000 Mbps①)通信网络。局域网可按其规模划分为三种：小规模局域网常用于一个办公室内，连接几台至几十台微机；

① 关于 bps 的说明见 6.2.2 小节.

中规模局域网一般是指一个大楼内的数百台微机所构成的网络；大规模局域网则是指一个企业或校园中，一组楼群之间构成的通信网络。一个局域网中的计算机可以共享网络中的软、硬件资源，各个用户还可以彼此通信，互相交换信息。

广域网（Wide Area Network，WAN）是指覆盖较大地域范围的网络。一般广域网使用公共通信系统如电话线等设施，覆盖地域可能是一个省、一个国家或跨国。我国常用的广域网有 CHINADDN，CHINAPAC 等。广域网使用的通信线路速率较低，目前大约在 5 Kbps 到 1 Mbps 之间，随着信息高速公路的建立，今后会逐步发展高速的通信线路。

根据通信线路不同，广域网可分为交换线路的和非交换线路的两种。交换线路的广域网是指信息传输时并非只有一条可能的路径，使用哪一条路径是通过报文地址和网络协议动态确定的。非交换线路是指线路是保证用户随时使用的，例如租用线路或专线。前者价格比较便宜，适用于数据传输量不是很大的场合，而后者则正相反。

国际互联网（Internet）又称因特网，它最早是美国国防部高级研究局（ARPA）在 1969 年启动的一个网络科研项目，以后逐渐普及到教育界。20 世纪 90 年代初，互联网在企业界和全社会普及，目前已经成为最广泛使用的大众网络。互联网使用 TCP/IP 协议连接各种不同的网络，使得信息传递和接受非常方便，信息可以在全世界范围内得以共享。

6.2　通信的基本概念

6.2.1　信号表现方式

在网络中所传输的信号是如何表示的？常用的信号表现方式有两种：用一定速率的高、低电压来表示的 0，1 符号串数据称为数字信号（digital signal）；而用连续变化的电压波幅、频率或相位来表示的信号称为模拟信号（analog signal）。数字信号传输速率快，传输设备简单，误码率低，设备维护容易。通常对于自然界的信息（如一张图片）要用某种编码技术将它们转换为数字信号才能传输。数字信号的波形在传送中易变形，根据所用的设备、线路的不同，传输距离一般限制在几十米到数公里以内。为延长传输距离，可以用硬件设备将波形进行整形后再将各段线路连接起来。

模拟信号比较适合于中速和远程的数据传输，通常利用公共线路（如电话线）传送。传输模拟信号时，通过调制解调器（MODEM）将数字信号转化为模拟信号后进行传输，在接收端再对模拟信号进行复原处理。将数字信号转化为模拟信号的过程称为调制（modulation），反之称为解调（demodulation）。基本的调制方式有三种：调幅、调频和调相。调幅（ASK）是将数字信号调制成正弦载波的振幅，使之成为不同波幅的正弦载波模拟信号。调频（FSK）、调相（PSK）的原理与之相仿，只不过是将数字信号变为不同频率或不同相位的载波模拟信号。

根据信息传输通道中数据的组合方式，可以将数据传输分为并行传输和串行传输两种方式。并行传输一般只用在近距离的数据传输中，每次传输一组数据（例如一个字符或8位）。串行传输是在一条线路上传输所有的数据，每一时点仅传输一位，因此必须使发送方和接收方取得同步才能保证正确接收。根据双方的同步关系，串行传输可以分为异步传输和同步传输两种。在每一个字符数据的前面加上起始位“0”，在后面加上校验位和结束位标志“1”，以通知接收方的传输方法称为异步传输（asynchronous transmission）。这里异步是指接收方是根据接收到的信号被动地判断所收到的数据是否是一个字符。采用这种方式传送数据，每个字符都要附加起止位，故效率较低，但比较容易实现，成本低。同步传输（synchronous transmission）是指发送方先送出一组预设的同步码，对接收方的时钟进行同步，然后以连续方式送出一组数据，最后再以同步码结束。用同步方式传输的数据，先要经过处理，将原始数据分割成一定长度的数据块后再传输。

6.2.2 传输速率和带宽

在计算机局域网中，传输速率和带宽是标志传输介质性能的主要指标。传输速率以每秒钟可传输的信息量或二进制位数（bits per second，bps）来衡量。传输介质所能容纳的频率范围称为通信频带宽度，简称带宽（band width）。带宽是一个信道可容忍频率的上下限之差，频率范围越大，带宽就越大，其传输容量就越大。

如果传输时使用数字信号，在线路上只传输一路信号，称为基带（base band）传输。但是一般通信设备的信息发送速率远比线路的带宽低，不能充分使用线路的容量。宽带（broad band）是能够支持宽范围通信频率的传输媒介。它将媒介的总传输能力划分为多个相互独立的带宽信道，每个信道只工作在特定的频率范围,因而宽带可传输多路信号。多路信号传输可以在一条电缆中同时传输图像、语音等信息,现在广泛用在需要传输多媒体信息的网络及互联网信息传送中。

6.3 局域网的物理结构

6.3.1 传输介质

计算机局域网中的物理设备还包括传输介质和网络专用设备。常见的计算机局域网传输介质包括双绞线、同轴电缆和光缆等。下面分别介绍之。

● 双绞线(twisted pair)是两根相互绝缘的塑封铜导线。有屏蔽的双绞线在导线外部覆盖了一层金属丝编制的屏蔽层,无屏蔽双绞线类似通常的电话线。双绞线常用于连接计算机到网络设备端口。过去双绞线支持的传输速率一般在 10 Mbps 以下,随着技术的进步,现在已经可以支持数百兆以上的速率。使用双绞线进行数据传输的距离一般在数十米内,由于抵抗外界环境干扰的能力稍差,通常只用于室内短距离间的信号传输。

● 同轴电缆(coaxial cable)类似有线电视用的天线电缆,有较大的通信容量和较强的抗干扰能力,可以方便地连接起数百个节点。同轴电缆的带宽性能可达 100 Mbps,此性能与电缆的长度有关,当传输距离超过 1 km 时带宽就相应降低。同轴电缆分为粗缆和细缆两种,粗缆的传输速率高于细缆,安装比细缆麻烦,一般用在室外等环境较差的地方。一般的局域网多采用细缆,特别是在总线结构的局域网中,只需要购置若干端接器和网卡设备,就可以将计算机连接成总线结构的局域网。

● 光缆(fiber optic cable)是一种性能优异的通信媒介,适合传输大量信息。光缆由光导纤维或光纤构成。在一根光缆中有几千根极细的光导纤维,在光缆的两端接有光电转换设备,通常是用发光二极管(Light Emitting Diode,LED)将要传输的数据信号转换为光信号,然后以高速发出。由于光的传输速度极快,光缆的传输速度可达 500 Mbps 至 1 000 Mbps。光缆重量较同轴电缆轻,抗电磁干扰能力强,同时传输损耗小,一般可以不用中继器整形放大便可传输10 km以上。如果用大功率激光二极管驱动,可以不用中继器整形传输100 km。但光缆的成本较高。目前光缆一般是作为局域网中的高速主干线,而用同轴电缆或双绞线连接到终端节点。例如在一个校园网中,可以用光缆作为各大楼之间和大楼内部的连接主干线，而在办公室内则用双绞线连接到各台计算机。三种基本的传输介质——双绞线、同轴电缆和光缆的对比如表 6.1 所示。

表 6.1 传输介质对比

特征/介质	传输方式	传输率/Mbps	传输范围/km	可连接节点数
双绞线	数字、模拟	10	<0.1	数十
基带同轴电缆	数字	10～100	<10	数百
宽带同轴电缆	数字 模拟(多通道) 模拟(单通道)	300 20 50	<1 <100 <1	数十 数千 数十
光缆	数字	>1000	>10	数百

利用无线信道作传输媒介构成的局域网络称为无线局域网(Wireless Local Area Network, WLAN)。它是计算机网络与无线通信技术相结合的产物，为计算机在移动中通信提供了可能。

无线局域网不需要传统的网络传输介质，在同一建筑物之内，无线局域网使得在用户进行信息处理时不再受工作环境和位置的限制，甚至可以在移动过程中进行。只要在笔记本电脑或手持式个人计算机上安装 WLAN 适配器，用户就能够在建筑物内自由移动而保持与网络的连接。

无线局域网的发展，还使得局域网的通信范围大大拓宽。有线局域网中两个站点的距离，使用铜缆时被限制在 500m 以内。无线局域网中两个站点间的距离目前可达到 50km，距离数公里的建筑物中的网络可以集成为同一个局域网。

6.3.2 网络连接设备

局域网的连接设备包括网络适配器、调制解调器、集线器以及交换机等，在构建企业局域网时，要根据业务的性质、数据处理的要求和网络的规模等来选用。下面分别介绍。

● 网络适配器(Network Interface Card，NIC)简称网卡。计算机通过网卡来监测网络的状态，接收网络的信号。网卡还负责计算机和网络之间的信号转换。常见的网卡包括适合于台式机使用的印刷电路板式的网卡，以及适合于笔记本计算机使用的卡片型网卡。网卡上一般有微处理器，控制设备，编码、解码电路、ROM、RAM 以及用来设定各种接口参数的手工开关等。在网卡上还有生产厂商按照以太网协议设置的 48 位物理地址(MAC 地址)。

● 调制解调器常用于计算机与公用通信电路的连接,使得计算机与远程的计算机网络相连接。调制解调器的原理是将计算机的数字信号转换为模拟信号传送到公共电话线上,利用公共电话线连接到一台服务器上,它也将从电话线上得到的模拟信号转换为相应的数字信号。在使用调制解调器时,先要拨号进入使用公共电话通信电路的联机状态,然后才能传输数据。先进的调制解调器也可以自动拨号,智能化调制解调器还有自动回应(即随时准备接收外来信号)、自动切断(在对方接到信号或发完信号后自动切断电路)、自动重拨(在线路忙时自动重拨)等功能。

● 集线器(HUB)是一个具有多个连接端口的连接设备,每个端口可接一个节点。当集线器工作时,从任何一个节点发出的信息送到集线器的一个端口后便发送到所有其他端口,这就使得所有网络上的节点都可以检测到通信介质上出现的信息,但只有数据包寻址的节点才会真正接收该信息。智能化集线器是指该集线器上配有网络管理软件,可以给管理人员提供网络管理的信息。集线器上接有一个控制终端,网络管理员可以在该控制终端上看到集线器各个端口的情况,还能看到网络上各种参数信息,例如通过集线器的各个端口的数据包的数目、类型和错误状况等,从而可决定对各个端口进行的连通、配置、断开等操作。

● 交换机(switch)是用来连接多网段和中等规模以上的局域网的一种网络连接设备。交换机可以建立端口和计算机 MAC 地址之间的对应关系,因此可以同时进行多路数据包的传送,减少各端口之间的相互影响以及地址冲突,隔离广播风暴,增加网络的数据吞吐量。

交换机常被设置在两个星型网的结合位置,其下层或者是网络中的某个节点,或者是一个连接着多台计算机的集线器。交换机也可以用于不同速率的局域网网段,可以根据具体需要灵活地进行网络配置,让各个连接到它的局域网网段使用不同速率的端口,也可以让它们共用某个端口,因而可以有效地提高网络的利用率。各种连接设备的总结如表 6.2 所示。

表 6.2 连接设备的功能与特点

设　备	连接功能	特　点
网络适配器	一台计算机和网络连接，直接连接局域网	100 Mbps～1 000 Mbps
调制解调器	一台计算机和网络连接，经由公用通信线路	价格便宜，低速
集线器	多台计算机与网络连接	连接数十台计算机
交换机	多台计算机与网络连接	连接数百台计算机，可用于不同速率的网段

6.3.3 局域网的拓扑结构和访问控制

局域网中节点的不同连接方式构成了网络的不同布局，其逻辑结构又称为拓扑结构(topology)，网络拓扑既与节点间的物理连接有关，又与节点间的通信方式和处理冲突的方式有关。

1. 星型结构(star configuration)

这个结构的网络有一个中央节点，它与所有其他节点直接相连。目前的星型结构一般用集线器或用交换机作为中央节点，所有计算机都通过双绞线与它连接(见图 6.1)。在这种结构中，一台计算机或一个端口的故障不会影响到其他计算机。同时，当网络要扩大规模时，只要将新机器通过双绞线连接到集线器上就可以了。当其长度不够或者层次不够时，可以连接二级集线器进行扩充。星型结构的成本较低，扩张、改变结构都比较容易实现。这种结构是目前在局域网中广泛采用的方式。

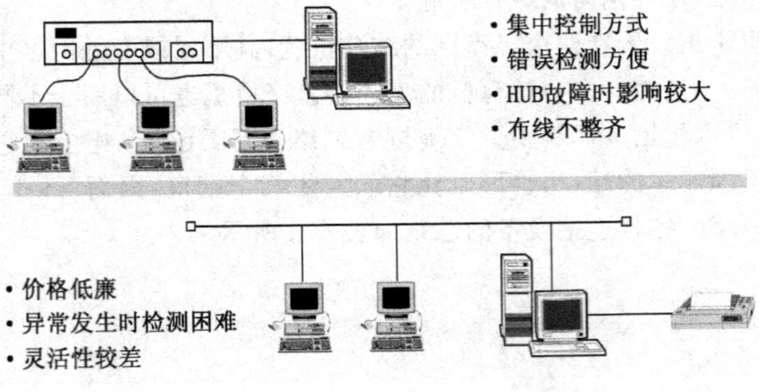

图 6.1 星型结构与总线型结构

2. 总线型结构(bus configuration)

这种结构中,所有的服务器和工作站都连在一条公共的同轴电缆线上,在同轴电缆的两端有终结器,用来吸收在电缆上流动的信号,而各个节点通过BNC(British Naval Connector)的T型接头与电缆相连(图6.1)。总线型结构的优点是不用集线器,只用同轴电缆和连接头就可以构成局域网,安装成本较低。但是在总线型结构中,网络线路对整个系统影响较大。由于总线是所有工作站共享的,一旦总线发生故障将会影响到所有用户,使整个网络瘫痪。另外总线结构的网络不够灵活,一旦根据业务需要改变工作站的物理配置时,就可能比较麻烦。例如想把一个站点从一个地方移到另一个地方,就需要重新设计整个网络。

3. 环型网络结构(ring configuration)

在这种结构中,所有的计算机用公共传输电缆组成一个闭环,用令牌传递的方法进行数据访问。令牌环网的物理结构并不像概念图那样有一个环,它常常是由一个多节点访问单元的令牌环网连接集中器来构成的。在多节点访问单元上,每一个节点都用两对双绞线,一对是输出,一对是输入,从而构成一个环。环行结构可靠性高,但当环上节点增多时效率下降。

除了以上这三种结构之外,还有其他一些类型的拓扑结构,如树型、网络型、混合型等。在树型网络中,除了一个根节点以外,其余每一个节点都有一个父节点。例如IBM SNA终端网络就是这类网络的一个例子。实际的信息系统网络设计中,可以根据实际需要采用一种混合型结构。例如,可以用总线型-星型结合的方式,用若干个集线器构成两个星型网,再用总线型网将它们连接起来。

以上我们讨论了局域网的物理连接,下面讨论局域网的信号传送方式。在典型的局域网——以太网(ethernet)中,每一个网络接口设备上都有一个48 bit的物理地址(MAC地址),这个地址是唯一的。当一台计算机要和另一台计算机通信时,信息被转换成数据包,并且附有数据信源的地址和数据信宿的地址。网络上每一台计算机都会收到该数据包,并且与自己的地址相比较。如果是发给自己的信息则读入进行转换。这种解决方法称为地址解析协议(Address Resolution Protocol,ARP)。

在一个网络中,有时会有多个节点同时要求和一个目的节点通信,这种情况下就产生了信道冲突。这类问题就需要用传输介质访问控制(Media Access Control,MAC)技术来解决。常用的传输介质访问控制技术有两种方式:CSMA/CD和令牌传输方式。

CSMA/CD(Carrier Sense Multiple Access with Collision Detection)方式

即载波侦听多路处理/冲突检测方式。其工作原理如图 6.2 所示。各个节点在发送信号之前先要侦听线路,只有在线路为空闲时才可以发出信号。最先送出信号的节点占用线路。信号是广播式地被送到所有的节点。此时,如果有其他节点要发送信号就会产生冲突,这时它们必须要等待一段时间再发出信号。这种方法原理简单,比较容易实现,网络工作效率较高。

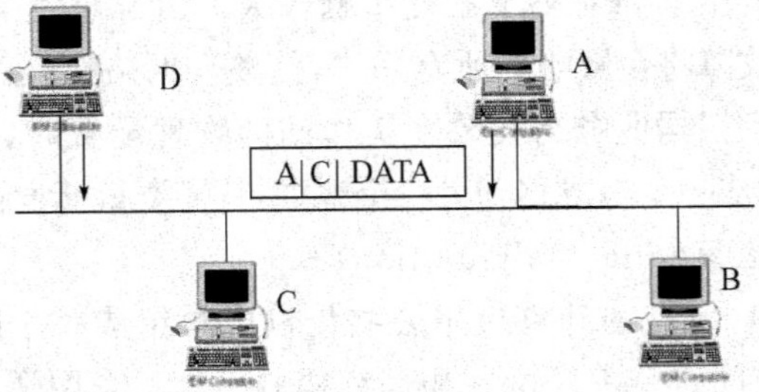

图 6.2　CSMA/CD 方式的原理

令牌传输方式中有两种形式:总线型令牌传输方式和环型令牌传输方式。在网络是以总线结构构成、但又采用令牌传输方式来处理冲突时,称为总线型令牌传输方式。当网络是环型结构时,称为环型令牌传输方式。令牌传输方式的原理如图 6.3 所示。在网络中,有一个由若干个二进制位构成的信息包即自由令牌在巡回传输。只有拿到这个令牌才有权发出数据。之后,各个节点将检验数据,只有信宿是自己的地址才能接收。接收节点得到数据包后,将数据复制到自己的信息缓冲区中,然后将信宿的标志置为“已接收”,仍旧送到网络上去。原节点得到数据包,确认该数据已经送到 D,于是将令牌标志改为“闲”,并送到线路上。

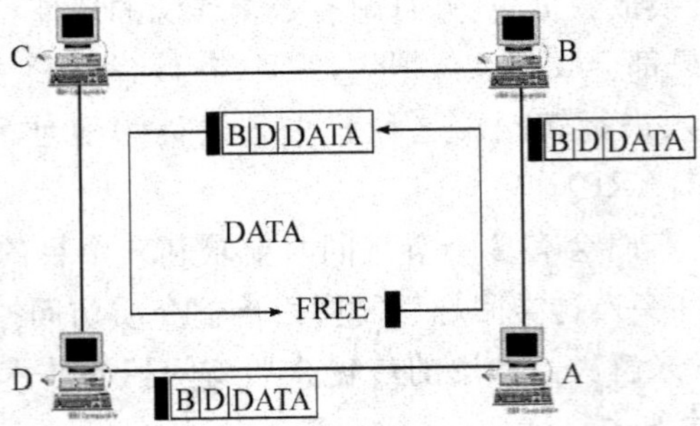

图 6.3　令牌传输方式的原理

当节点所需的通信时间不多时,CSMA/CD方式的效率较高,当节点数目增多,随着数据的处理要求增加,冲突自然增加,这时等待线路空闲,重复发送数据的情况也增加,网络整体的通信效率随之下降。令牌传输方式工作传输效率比CSMA/CD方式好。当传输需要实时性时,采用这种方式比较好。但这种方式的信号处理方式以及对于系统的故障处理等都比CSMA/CD方式复杂。

6.4 局域网协议

网络中很重要的问题是制定有关各方都认可的标准,这被称为网络协议。从20世纪80年代起,一些国际组织便开始制定通用的网络标准。目前网络中常用的标准多半是由这样一些国际组织确定的:如国际电气电子工程师协会(The Institute of Electrical and Electronics Engineers,IEEE),国际电报电话咨询委员会(International Consultative Committee for Telegraphy and Telephony, CCITT),国际标准化组织(International Standardization Organization, ISO),美国国家标准协会(American National Standards Institute,ANSI)等。

目前局域网中使用的标准主要是IEEE的标准,IEEE有一些下级委员会,如按CSMA/CD制定标准的委员会称为IEEE 802.3委员会,按CSMA/CD方式制定的标准称为IEEE802.3标准(按令牌总线方式和令牌环方式制定的标准分别称为802.4和802.5标准)。在IEEE802.3标准中,根据网络所使用媒介的不同,又分为使用粗同轴电缆的10Base-5,用细同轴电缆的10Base-2,用无屏蔽双绞线(UTP)的10Base-T以及用光纤的10Base-F四个规格。这里的10代表传输速率为10 Mbps,Base代表使用基带传输,后面的数字代表干线的长度为n百米,字母代表所用的介质。例如10Base-T标准是针对以无屏蔽双绞线为传输介质,采用基带传输、传输速率达到10 Mbps的以太网而制定的标准。表6.3是IEEE802.3规格的概要。

由于受到设备性能的限制,20世纪90年代前期大多数局域网的速率都是10 Mbps。90年代中期以后,出现了高速局域网,其中有100 Mbps以太网和光纤分布数据接口等。90年代后期,又出现了更快的千兆位以太网(gigabit ethernet)产品。

表 6.3 IEEE 802.3 标准概要

规　格	IEEE 802.3 (ISO 8802.3)			
名称和类型	10Base-5 以太网,粗缆	10Base-2 以太网,细缆	1Base-5 星型网	10Base-T 星型以太网
介质存取处理	CSMA/CD			
传输速率	10 Mbps	10 Mbps	1 Mbps	10 Mbps
传输和调制方式	基带方式			
传输介质	同轴电缆 50 Ω	同轴电缆 50 Ω	无屏蔽双绞线	无屏蔽双绞线
拓扑	总线型		星型/总线型	
最大节点间距	2.5 km	925 m	2.4 km	4.0 km

100 Mbps 以太网又称高速以太网(fast ethernet),是 10Base-T 的标准扩展,它们一般采用同样的星型网络拓扑结构。使用无屏蔽双绞线,同时,高速以太网采用了一些成熟的技术,保留 CSMA/CD 协议,在局域网上,10Base-T 和 100Base-T 站点间进行数据通信时不需要转换协议。这使得 100Base-T 快速以太网可以与当前主要使用的 10Base-T 网络很好地结合,或者在需要时可将 10Base-T 网络升级到 100Base-T 高速以太网。一些网络接口设备既可以用于 10Base-T,又可以用于 100Base-T,为用户提供了方便,是一个以较低成本进行网络升级的方案。

光纤分布数据接口(Fiber Distributed Data Interface,FDDI)是在 1982 年由美国国家标准协会(ANSI)提出的 100Mbps 标准。FDDI 不仅可用在数据通信和局域网相互连接中,还可以在都市网络中使用。FDDI 是一个以 100 Mbps 速率工作的令牌传输局域网,它采用逆循环双环结构,为高可靠性提供了冗余保证。在 FDDI 中尚可分为用环行方式、包交换工作的 FDDI-I,以及在 FDDI-I 上加上线路交换功能,使之可以实时处理声音等信号的 FDDI-II 两种。FDDI 的连接距离根据所使用的材料而不同,例如使用单模光纤的可以达到 5000 m,环上可以有 500 个工作站,环周长可达 100 km。

6.5 互联网和 OSI 模型

互联网(Internet)最早的雏形是在 20 世纪 60 年代末的一个科研项目,到 20 世纪 90 年代开始了爆发性增长。现在,互联网已经将全世界 200 多个国家和地区的无数企业、教育和研究网络相互连接起来，使得原来较小的、孤立的局域网变成了直通世界各地的信息高速公路。因此，互联网已经成为企业所不可忽视的重要信息平台。

在互联网的世界，各种不同类型的计算机或计算机网络之间的互相通信必须要有“共同语言”，这就是网络协议(protocol)。网络协议使得不同种类的机器能够互相解释对方传输过来的信号，辨认网络里的设备，从而保证信息能够被正确地接收，以及进行检错纠错等工作。1978 年，国际标准化组织(ISO)拟订了一套标准化的开放系统互联(Open Systems Interconnection, OSI)参考模型，使得不同厂家的网络互联有了一个可依据的标准。

OSI 模型是一个对网络中各种通信方式的区分规定。该模型根据数据流的特征，将从物理连接层到应用层的网络互联分为 7 个层次。之所以要进行分层，是因为在计算机网络中的大量数据有着各种各样的意义和特征，它们有时又混同在一起。计算机不会像人那样灵活地进行判断，必须根据事先的规定将各种这些数据按通信层次分开。如果交流的双方是同层次的，就容易判断它们是否可行。如果层次不同，也容易判断当前需要的是什么，或者能否实现这个交流。如果是高层的交流，则需要低层的支持。正如同现实生活中，为了交流某个技术问题，必须要用某种语言或通信工具一样。如果是通过电话的交流，则通话双方只能都使用电话来进行交流，而不能只有一方使用。

按照以上思想，国际标准化组织提出了一个 7 层网络协议参考模型(图 6.4)，这 7 个层次由低到高分别称为：① 物理层(physical layer)，② 数据链路层(data link layer)，③ 网络层(network layer)，④ 传输层(transport layer)，⑤ 会话层(session layer)，⑥ 表达层(presentation layer)，⑦ 应用层(application layer)。这些通信层之间的关系遵从以下原则：

- 层次独立性：每个层次都具有自己独立的功能，因此它只关心其下层所提供的服务，而不必关心其他非相邻层次的功能。
- 标准化：各层次有标准接口，使得在构成实际网络系统时可以不必考虑生产厂家等问题，这就带来了实现和维护的方便。
- 灵活性：一个层次所对应的实际部件的改变，不会影响其上层或下层。

在保证以上原则的条件下，网络中传输数据按照“同层传输”的形式进行。在对数据按某种协议进行传输时，通常是对原始数据进行加工，在其头、尾部加上必要的协议信息，然后传输到其下面一层，这样层层下达，直到最底层通过物理线路传到接收一方。接收一方得到信息后，根据协议的规定，将发送方附加上去的信息去除，再向上层传输，一直传到与发送层相同的层次后，就恢复了原始数据。

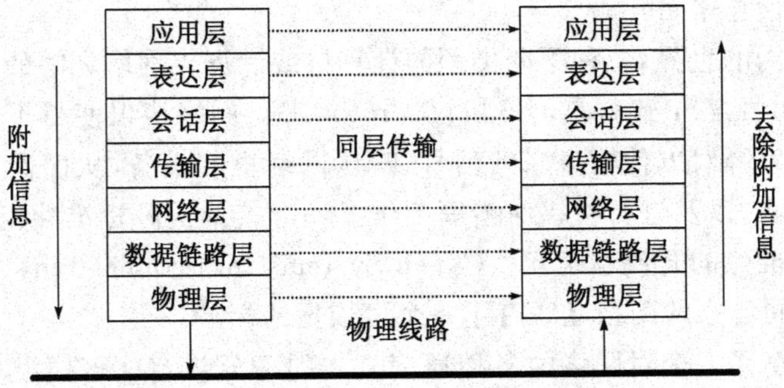

图 6.4 OSI 模型的层次和信息传输过程

6.6 网络互联设备和工作原理

OSI 参考模型只是一个理想的逻辑概念框架，它的层次结构在实际系统中要通过软、硬件设备来实现。按照 OSI 模型来区分，网络系统的产品中，属于传输层以上的标准产品大多是软件，而网络层以下的则以硬件为主。下面讨论网络互联中使用的硬件设备和软件协议。

6.6.1 网络互联设备

互联网在物理层进行连接的设备包括前面介绍过的传输介质、调制解调器、集线器、中继器等，还包括网桥、路由器和网关。

网桥(bridge)是用于较低层的网络连接的设备，主要用来连接两个使用同样协议的网络或两个网段。网桥的原理是根据接收到的每一个数据包的源/目的地址进行判断，看它们是否属于同一个局域网，如是则不予通过，否则将它传至另一侧的网络中。网桥根据节点的设备地址来决定如何传输数据包，而不能识别路径或路由的信息。

应用网桥的目的有两点：一是加大网络互联面积，使得一个局域网的用户可以访问另一个局域网。第二是使网上的流量减少，将两个相对独立的网段中的用户隔离开来。根据其所连接的网络的范围，网桥还可以分为局域网桥(local bridge)和远程网桥(remote bridge)。

路由器(router)属于比网桥高一层的网络间连接设备。路由器不仅具有网桥的功能,还具备路由寻址功能。它能够记忆与之关联的其他路由器的名字和地址,同时也能观察网络中的流量情况,灵活决定传输数据的去向。当一台主机发出一个数据包后,该数据包首先被送到最近的一台路由器上,该路由器即对该数据包的目的地址进行解析,按照路由表将数据转发到距离目的节点更近的网络。这种转发策略称为路由选择算法(routing)。

与网桥相比,路由器具有复杂的算法,可以控制信息的传送,监控、过滤或拦截数据包,提高网络的整体性能。路由器用于大规模的网络之间的数据传送,而网桥仅用于较低层的网络连接。

网关(gateway)则是指使用异质的操作系统的网络进行互联时使用的设备。网关不但具有路径选择功能,而且能对传输的不同协议的数据进行转换。例如,用一个网关可以将一个以太网和一个令牌环网连接起来,或者将使用Novell操作系统的局域网与使用NT的局域网连接起来,或者将一个局域网与远程广域网上的一台主机连接起来,将局域网上的电子邮件信息转换为主机所能识别的格式。

6.6.2 TCP/IP协议

互联网上的数据传送遵从TCP/IP协议,其全称是传输控制协议/互联网协议(Transport Control Protocol/Internet Protocol, TCP/IP)。TCP/IP开始用在UNIX系统中,而现在既可以用它来连接微机局域网,又可以用来连接UNIX工作站以及大型主机。因为它兼容许多网络软件,还可以用于远程连接。

TCP/IP并非只是两个协议,而是一组协议的统称。它包括了OSI参考模型的传输层和网络层功能,其中某些协议还包括了OSI参考模型中高层协议的功能。TCP/IP中,IP相当于OSI参考模型中的网络层协议,其作用是定义传输时信息的模式,建立传输路径,定义网络地址和主机地址,使传输工作和计算机自身的处理工作相分离。为了正确地进行信息传输,必须要有互联网上公用的地址系统,IP地址正是为此制定的。一个IP地址是一个32位的二进制字符串,例如"10100010011010011011011000000010"是一个IP地址。IP地址用来表示某台计算机在互联网上的位置。为容易识别和记忆,可以将一个IP地址分成4个字节,每个字节用1个十进制数表示,并用"."将它们连接起来。这样,上述例子中的IP地址就可以表示为162.105.182.2。

在实际应用中，用十进制数表示的 IP 地址仍不易记忆，于是将 IP 地址映射为容易记忆的英文域名。现在的方法是用程序来实现一个从 IP 地址向域名系统(Domain Name System，DNS)的映射。一个域名由 4 部分的英文缩写组成：

(1) 主机名：是计算机局域网中的服务器名称。

(2) 3 级域名：即主机所在局域网的上级服务器。

(3) 2 级域名：通常是某行业的计算机网络名。从这一名称可以看出用户使用的是什么网络，例如 edu 是教育科研网，com 是商业网等。

(4) 1 级域名(国家名)：如 cn 是中国，jp 是日本，而美国则省略该名称。

例如，162.105.182.2 对应着 gsm.pku.edu.cn 就是北京大学光华管理学院的主机。

TCP 相当于 OSI 参考模型的传输层。TCP 对所传输的数据包进行必要的检测，并附加上一些控制信息和识别信息，确保该数据包能够被另一台计算机所理解。TCP 协议的功能是实现数据流控制，在一个数据包传输失败时能自动再传输，保证对方接收数据成功。使用了 TCP 软件后，它的上层就不必考虑线路的质量、速度以及对方是否已经收到了数据等。

6.6.3 数据传输技术

在计算机网络中，一般从一个节点到另一个节点之间的数据传输要经过许多次传输才能达到目的。包交换(packet switching)就是为此目的而广泛使用的一种信息传输方法。典型的数据包是由地址码、控制码、检错码和数据部分构成。数据包中的数据部分是具有一定长度的数据串(如 1024 位)，地址码部分记入接收该数据包的计算机地址，在检错码部分根据数据内容记入相应的检错码。在打包时将原始数据分割成规定长度并给各个数据包编号，以便在接收一方得到信息后再重新组成数据。在网络中一台计算机发送信息时，首先要将数据分割成数据包，然后经由网络的逐级传输发送到相应的接收节点，接收节点的计算机将接收到的数据包再还原成原来的形式。

目前广泛使用的数据传输技术还有帧中继(frame relay)、异步传输模式(ATM)、综合业务数字网(Integrated Services Digital Network，ISDN)等。

最后一公里接入设备

从公用网络到用户终端这一段的网络称为接入网，有人形象地称为最后一公里网络。最常见的接入设备是模拟调制解调器。最早进入市场的调制解调器是在 1974 年，当时的速率只有 110 bps。以后性能逐渐提高，直到 1997 年 56.6 Kbps 调制解调器问世，模拟调制解调器走到了尽头。调制解调器尽管可以快速地收发文本信息，但是对大量数据的视频信息还是力不从心。

随着互联网的普及和电信、有线电视的发展，人们开发了两种更高速的接入设备。一种是利用双绞线的数字环路设备(DSL)，其中 ADSL 发展最快，它的下行速率可达 10 Mbps。另一种设备是线缆调制解调器，利用有线电视的同轴电缆或光纤，最高速率可以达到数十兆，但是速率会随着网络接入用户的增多而下降。此外，还有许多连接 ISDN、DDN 和帧中继等网络的专用设备。这些新的接入设备使得用户可以在家中做各种过去不可想象的工作。

6.7　互联网上的服务

使用互联网作为技术平台，传统的通信技术发生了巨大的变化，世界开始成为一个具有无限连接性能的开放系统。网络浏览器，超链接标识语言(HTML)，文件传输协议(FTP)，万维网(WWW)等应用服务开始流行，企业外部网和内部网服务器以及网络管理软件，TCP/IP 互联网产品和网络安全防火墙也是必不可少的技术。这些技术的应用正在不断扩大，从早期的网页制作到现在的 ERP 等软件，特别是用于电子商务和供应链管理。这些技术代表了当前信息系统在开放系统结构的基础上建立客户/服务器架构的技术发展趋势。

6.7.1　WWW 的工作原理

WWW 的工作原理如图 6.5 所示。一次 WWW 信息的获取牵涉到网络上的两台计算机：客户机上有提出信息需求的 WWW 浏览器，而响应该需求并提供信息的计算机为一台 WWW 服务器，双方通过超文本传输协议(Hyper Text Translation Protocol, HTTP)等通信协议来进行信息交互。

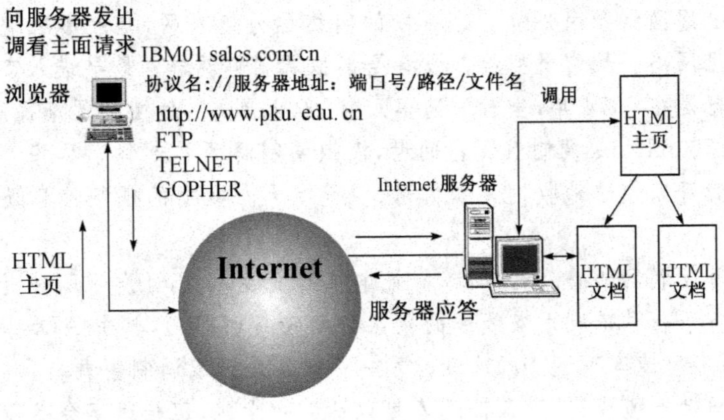

图 6.5　WWW 的工作方式

对 WWW 服务器的访问需要用统一的表示方式指明信息资源所在的站点，这种标准称为统一资源定位标识(Uniform Resource Locator, URL)。用户在浏览器中键入某个 WWW 服务器所在的 URL 地址后，浏览器就向互联网上该站点的 WWW 服务器提出信息请求。

遵循 HTTP 协议，当客户机上的浏览器向服务器方发出信息要求时，这些要求被翻译成为一些 http 预定的信息送出。存有信息资源的 WWW 服务器上安装着监测软件，一旦互联网上有对本机的信息请求发来，就根据协议的要求将相应的信息发送出去。在 WWW 服务器上向互联网提供的信息是以一系列 HTML 语言编写的网页表示的，其中有一个入口为主页(Home Page)，其他 WWW 文件都是通过这个主页链接起来的网页。互联网上的用户通过浏览器调用主页后，可以根据这些链接信息再次对有关信息进行查询或下载操作。而 WWW 服务器每收到一个请求后，都便会去寻找相应的网页，然后将查找到的文件等送回客户机。这样，客户机和服务器不断进行交互，就使得用户可以方便地看到服务器上的信息。

6.7.2　HTML

WWW 的信息是用超文本标记语言(Hyper Text Markup Language, HTML)的格式来存储和发布的。HTML 文件是一种有固定格式的多媒体文件，它的语法规定了一些标记(Tag)，在当中并有属性和值，用来指示计算机如何对后续的内容进行处理。例如对文字如何显示，对相关的文件如何查找，是否用图像处理软件去处理图像或动画等。标记描述了每个在网页上的组件，例如文本段落、表格或图像。

HTML的最有威力的功能是可以指定网页之间的链接。使用通用互联网邮件扩充符(Multi-purpose Internet Mail Extensions, MIME)，可以从一个文本中的关键词链接到另一个关键词上，该关键词可以在同一文本中，也可以在其他文件中，甚至可以在远程的计算机中。当用户用鼠标点击该关键词时，系统会按照http的规定，自动装入与之关联的文本或图像等多媒体信息，并显示出来。这种根据关键词进行的浏览常常被称为是在信息海洋中的“漫游”。

6.7.3 FTP

FTP(File Transfer Protocol)即文件传输协议，它是在互联网上最有用的功能之一。FTP可以应用于软件和文件的远程信息上载(Up Load)下载(Down Load)。使用FTP连接到一台WWW服务器上，就可以用FTP命令将服务器上的有关文件下载到自己的计算机中。

6.7.4 电子邮件

电子邮件能够通过互联网实现非同步的信息传送，速度快，操作方便。电子邮件软件系统由客户机上的客户方软件、传输代理软件(如POP3)和服务器上的电子邮件服务器软件(如IIS)等组成。通常客户方的电子邮件软件有微机上的电子邮件软件包(如Outlook)或工作站上的专用电子邮件软件，一台服务器作局域网中的电子邮件服务器。这些软件通常使用某种邮件传送协议如简单邮件传送协议(Simple Mail Transfer Protocol, SMTP)来传送报文。

由于电子邮件服务器中存放着企业中所有人员的电子邮件，如何进行管理服务器成为一项重要的工作。通常对于该计算机的操作需要严格地管理，防止个人信息被盗窃和窥视。同时还要定期备份，防止系统被意外破坏。

6.7.5 JAVA

JAVA是SUN公司开发的一种程序设计语言，广泛地用于互联网上的系统开发。JAVA 的特点是可以编写一些称为 Applet 的程序，穿插在 HTML 的文件中，当用户读一个 HTML 文件时，就可以将 Applet 读到自己的计算机上并执行这些程序，从而完成更加复杂的功能(图 6. 6)。JAVA 的另一个特点是可以用在各种硬件平台上，因而具有标准性。现在 JAVA 已经成为非常引人注目的一种开发技术。

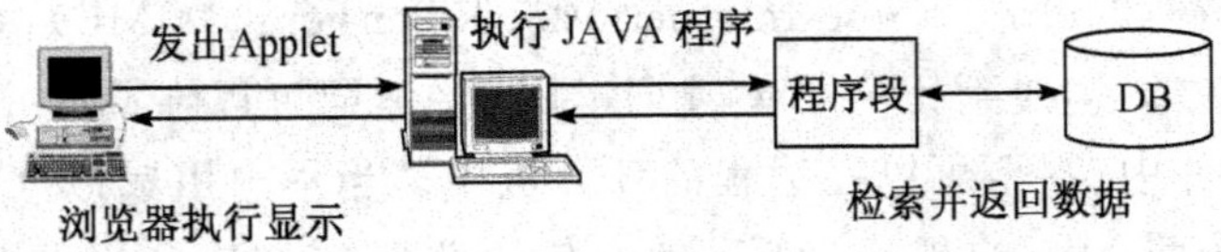

图 6.6 JAVA 的工作原理

6.8 Intranet

Intranet 又称为内联网、内部网等，它是基于上述 TCP/IP 协议和 WWW 等互联网技术构成的企业内部信息平台。Intranet 具有以下一些明显的优点：

(1) 信息格式统一。一般的 MIS 界面是根据特定的要求设计的，不同的 MIS 的界面各有自己的界面，因此用户即使学会了一种系统的使用方法，到另一个系统上仍然束手无策。但是使用互联网技术后，因为浏览器只有少数几种，而且它们都显示 HTML 格式文本，使用方法也非常接近，所以可认为构成 Intranet 后系统的界面是统一的，这就给使用者的学习带来了方便，减少了系统开发后的教育训练工作。

(2) 浏览器的功能强大，简单易用，具有多媒体和动态交互功能。使用浏览器不仅可以显示文字，也可以显示图片、声音等效果等，对用户提供了一种友好的信息交互界面。在 Intranet 上也可以直接使用电子邮件进行企业内部通信。

(3) 可实现跨平台的系统整合。因为 Intranet 中使用的是 TCP/IP 协议，可以容易地与现成的 LAN/WAN 相结合。用公用网关接口(Common Gateway Interface, CGI)等技术，也可以与企业原有的数据资源结合起来，这样就使得企业原有的各种信息资源得以充分利用。

典型的企业 Intranet 一般包括以下几部分(参见图 6.7 和表 6.4)：

(1) 浏览器。浏览器可以采用现成的软件包(如 Netscape 公司的 Communicator，微软公司的 Explorer 等)，也可以使用特定的软件。其作用是

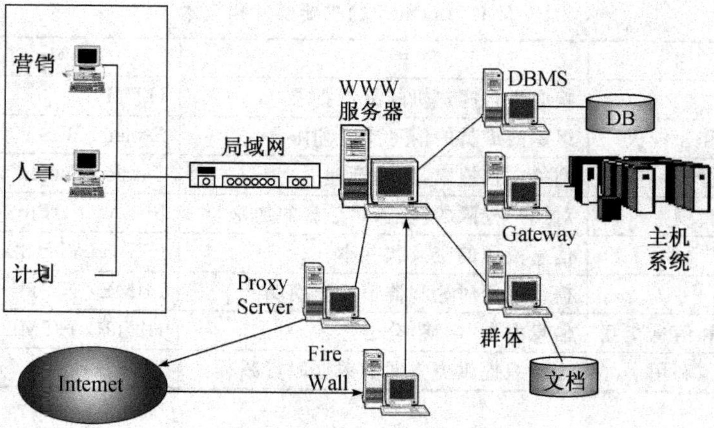

图 6.7　企业 Intranet 的结构

作为用户界面。

(2) Web 服务器。服务器上不仅要有前面介绍的 WWW 信息，通常还要有企业数据库和用 JAVA 编写的一些应用程序等，它应当能够支持企业的各种业务的信息需求。例如 HTTPD 是一个用来实现 WEB 服务器的软件。它通常使用 Perl 等语言来描述其信息查询的动作，这些程序又称为公用网关接口(CGI)的脚本。CGI 脚本负责处理动态响应用户需求的所有工作，它使得用户可以编写服务器和浏览器进行交互的程序。现在广泛地用在 WEB 服务器的设置和开发方面。

(3) 域名服务器。它的作用是将互联网网站的名称映射为 IP 地址。

(4) Proxy 服务器。Proxy 服务器作为代理软件，用于从互联网传输企业信息到企业外部的唯一出口，为管理内部网络和实现内外隔绝提供了保险措施。

(5) 防火墙。防火墙是由硬件和软件网关构成，通过限制外界接入内部系统而保护企业内部信息。

Intranet 的难点之一是它的系统管理。尽管有防火墙、Proxy 等安全装置可以保证企业的信息不受外界攻击，但防火墙的价格通常很贵。另外企业员工使用 Intranet 后，可以容易地使用互联网的资源，如何进行适当的管理往往是困难的事情。

表 6.4 Intranet 的主要部件和技术

名　称	作　用	例　子
服务器	响应来自客户机的浏览要求	HTTPD
电子邮件和公告板	组织内成员的信息交换和协调	E-mail，BBS
动态目录管理	网络文档搜索，文档管理	Catalog Server
网络安全管理	对用户权限的验证，对信息的加密等	Fire Wall，Proxy
资源共享	信息资源的交换和共享	FTP，TVNT220
新闻讨论	提供新闻讨论和群信息交换功能	MIME，NNTP
网络浏览和信息交互	信息发布，申请，公告等	HTTP，HTML，JAVA
数据库资源利用	为组织提供更方便的数据库资源	Web Server

第 6 章重要概念

局域网，广域网，互联网，数字信号，模拟信号，调制解调，同步传输，异步传输，波特率，带宽，基带，网络适配器，集线器，交换机，拓扑结构，以太网，CSMA/CD 方式，令牌传输方式，IEEE，CCITT，ISO，ANSI，网络通信协议，IEEE802.3 标准，FDDI，OSI 模型，网桥，路由器，网关，TCP/IP，IP 地址，域名系统，包交换，WWW，HTTP，URL，主页，HTML，FTP，电子邮件地址，JAVA，Intranet，防火墙

第 6 章复习题

1. 解释什么是计算机网络以及基本的网络类型。
2. 解释什么是数字信号(digital signal)；什么是模拟信号(analog signal)。
3. 解释什么是基带(base band) 传输方式。
4. 说明几种常用的传输介质的特征和适用范围。
5. 说明局域网中三种最常用的拓扑结构。
6. 说明局域网中的介质访问控制方式。
7. 说明什么是 IEEE802.3 标准。
8. 说明什么是高速局域网(高速以太网，FDDI)。
9. 说明什么是开放系统互联(Open Systems Interconnection，OSI)参考模型，它有什么作用？
10. 路由器主要用于什么目的？
11. 写出 IP 地址“10100010011010011011011000000010”的十进制表示形式。
12. Intranet 由什么成分构成？其优缺点是什么？

小组活动课题

1. 调查一个局域网，列出它的所有网络设备、信号传输介质以及拓扑结构。
2. 讨论互联网技术可能对企业产生什么样的影响。

第 7 章　数据库系统

本章学习目标

(1) 数据库的基本概念

(2) 表的关系和数据表操作

(3) 对数据库的查询

(4) 文档数据库和 Web 数据库

数据是当今企业中一种重要的资源，需要得到妥善的管理。如果缺乏内部经营和外部环境的数据，一个信息化企业可能无法运营。目前在大多数信息系统中数据库仍然是核心的成分，有关数据库的概念和操作等是信息系统重要的技术基础。本章就信息系统的数据管理方法以及关系数据库的基本理论进行说明。

7.1　数据库的基本概念

7.1.1　数据和数据模型

管理信息系统的基本功能是管理数据。商店中电子收款机的商品销售记录，工厂各种产品的规格数量，仓库的物料出入库登记，会计部门的收支凭证，人事部门的人事记录等等，无一不是企业的数据。数据(data)是人们用符号化的方法，对现实事物进行的记录。数据模型(data model)是对数据的抽象表示，可以准确地描述出对数据项的组织方式。数据模型也是一个管理信息系统概念设计的基础，其结构影响到用户对数据的使用方式，以及整个信息系统的工作方式。

我们将描述数据的相互间语义关系的数据模型称为逻辑数据模型(Logical Data Model, LDM),而用于描述数据的物理存储方式的数据模型称为物理数据模型(Physical Data Model, PDM)。在信息系统开发中通常是先建立逻辑模型,然后据此建立物理模型。另外,逻辑数据模型和物理数据模型是相互影响的。通过一些软件技术手段,我们可以尽可能地屏蔽这种影响。这样做的好处是当我们考虑某个逻辑数据模型时,不必去考虑它的具体的物理存储方式;同样当物理存储方式发生变化时(例如机器的更新换代),也不会影响到数据的逻辑结构。这种将逻辑数据模型和物理数据模型相分离的概念称为数据的独立性。

7.1.2 实体和属性

在数据模型中,实体(entity)一词常用于表示人们所关心的现实事物或概念。员工、客户、库存量、原材料等都是实体。实体通常是用该现实事物的若干特性来描述的 我们称这些特性为属性(attribute)。每个属性都对应着一个相应的值域。例如"年龄"是实体"员工"的一个属性,这个属性对应着一个从18岁到65岁的值域。

实体由个体的集合所组成,例如实体"员工"是组织中的员工个体的集合,"客户"是企业的客户个体的集合。我们称这些个体为该实体的实例(instance)。显然 每个实例都可以用一组属性值来表示。

7.1.3 数据项、记录和文件

从数据存储的对象类型来看,可以根据详细到一般的程度将数据分为三个层次:数据项(data item),记录(record)和文件(file),它们构成了一个具有被包含关系的层次:记录是数据项的集合,而文件是记录的集合。数据项是数据存储结构中的最基础的单位。在数据库中,一个数据项经常对应着某个实体的一个属性,它的有效值的集合就是该属性的值域(domain of values)。通常,一个值域只有一种类型的值,该类型称为该数据项的数据类型(data type)。在实际的关系数据库管理系统中,数据项又称为表的字段或域(field)。

在构造一个数据库的数据模型时,首先要确定该模型中每一个实体对应的数据项,以及每个数据项的数据类型。例如,一个实体的实例就可以表现为若干个数据项的值的排列。例如

(王海涛,男,23,技术员,大专,未婚)

就是一个这样的排列。在关系数据库中，这个排列被称为一个记录。记录的集合构成了文件。

7.1.4 记录的关键字

在一个文件中，通常以相同数据项的方式存储许多记录。所谓记录的关键字(key)是指在这些记录中具有以下特征的一个或一组数据项：对于该文件中的所有记录来说，该数据项(或该组数据项)的值是唯一的。这意味着根据一个关键字可以确定一个特定的记录，也只能确定一个特定的记录。例如，可以设置“员工代码”为员工记录的关键字，因为每个员工都有一个唯一的员工代码；而不能设置“员工姓名”为员工记录的关键字，因为可能会有同名的员工。记录的关键字也称为记录的标识(identifier)或主键(primary key)。

并不是所有的数据项都能唯一地识别记录，通常我们只能取那些没有重复值的数据项作为关键字。但是如果一个文件中的所有字段都不具备作为关键字的唯一性条件，这时就要用多个数据项联合起来作为关键字，称为多字段主键。除主关键字以外的其他关键字称为次关键字(secondary key)。

关键字除了作为记录的标识以外，也作为排序的依据。有时候我们需要根据某个数据项对记录进行排序，这时该数据项仅仅是排序依据而不是记录标识。我们将这种数据项称为排序键，排序键也可以由多个数据项构成。

7.2 数据库系统

7.2.1 数据库的必要性

早期的应用系统中多采用文件系统存储数据。用文件系统存取数据比较灵活方便，但存在着一些固有的缺陷，在实际应用中带来许多难以解决的问题。这是因为：数据文件是因某个具体应用(如库存管理)的需要而建立的，而文件彼此之间没有逻辑关系。甲在采购商品 A 时需要修改一个数据文件，乙在接收商品 A 入库时需要修改另一个数据文件。由于这两个文件之间没有关系，他们很可能将这一个商品登记为两个数据。这样，就会产生歧义或差错。另外，数据文件和具体的应用是相互依赖的，文件系统的逻辑结构是对应于某个特定应用的需要而设计的。如果应用领域的情况发生了变化，那么对于文件逻辑结构的修改就必然牵涉到对程序模块和数据文件二者的修改，比较麻烦。另外，各数据文件相互独立，分散保管，对于文件所有者来说不易管理。

对比起文件系统的这些问题来，数据库是一种比较理想的数据管理方式。数据库有统一的质量保证规程，有统一的管理机构（数据库管理系统），有统一的操作规程，能够对组织中的数据进行统一管理。数据库可以把数据冗余减少到所希望的程度，不易引起数据间的不一致。同时尽可能地减少了数据和应用程序之间的相互依赖程度，当数据修改时，不至于引起对程序过多的修改，同样当修改程序时，也不至于引起数据结构的过多变更。

数据库中的核心部分是数据库管理系统。数据库管理系统（Data Base Management System，DBMS）是用来建立数据库、使用数据库、提供数据操作语言、对数据的合法性和安全性等进行管理的软件系统。一个数据库是建立在它的概念模式即全局逻辑结构的基础上的，各用户对数据的存取与控制统一由 DBMS 管理。DBMS 在数据库和用户之间起到了接口作用。用户通过数据库管理系统，可以用子模式对自己的数据进行管理，如创建数据库文件、修改数据库文件、进行查询、更新等。

DNA 数据库的威力

英国是世界上第一个建立 DNA 数据库的国家。该数据库管理人、英国法庭科学服务部首席科学家鲍勃·布朗姆利博士介绍，自 1995 年建立以来，数据库已经存有近 250 万人的样本数据，目前每周都能发现约 800 个犯罪嫌疑人与未破案件所提供的数据相匹配。

曾担任美国司法部“DNA 物证之未来”委员会执行理事的雅斯普林（Christopher Asplen）说，除了协助警方寻找犯罪嫌疑人以外，DNA 数据库还可以为无辜者洗刷冤情，协助寻找失踪人口等。在反恐战争中，DNA 数据库也可以助一臂之力，西班牙在马德里爆炸案之后就明显加快了 DNA 数据库的建设步伐。

目前世界上有 76 个国家已经或计划拥有法庭科学 DNA 数据库。以美国为例，其国家 DNA 数据库里面已经有近 190 万份数据，而美国总统布什几周前刚刚签署了一项法案，美国联邦政府将在今后 5 年为国家 DNA 数据库追加约 10 亿美元投资。

在中国，目前一些省市已经开始建立 DNA 数据库。虽然数据量还远远落后于欧美发达国家，但是 DNA 数据库已经发挥出重要作用。例如，2000 年全国“打拐”专项斗争中，仅在云南、贵州的被拐儿童中就有上百人通过 DNA 数据库找到了亲生父母。美国纽黑文大学法医学教授李昌钰评价说：“这是 DNA 数据库一次非常成功的应用。”

7.2.2 数据库概念模型

在数据库概念模型中，最常用的是关系模型。关系模型以“表(table)”作为数据的基本逻辑结构，并对在表上进行的各种数据操作进行了严格的定义。在一个关系数据库中，作为数据的基本逻辑结构的表可以表示为：

$$(a_1, a_2, \cdots, a_n)$$

这是一个由 n 个数据项所组成的记录集合，称为 n 元组。其中 $a_1, a_2, \cdots, a_n$ 等数据项也称为记录的属性，一组属性值便是一个数据实例。在一个关系数据库中，记录的实例应具有唯一性。例如，数据项的排列（编号，名称，所在城市，地址，电话）构成了一张“工厂”表，而（S1000，永安机床厂，济南，大明路 102 号，65478342）则是表中的一个记录。

从关系数据库的数学意义上来说，一个数据表所有可能的数据项是一组集合 $S_1, S_2, \cdots, S_n$ 的笛卡尔积 $S_1 \times S_2 \times \cdots \times S_n$。一个 n 元组 $(a_1, a_2, \cdots, a_n)$ 是这个集合中的一个元素，其中 $a_i \in S_i (i=1,2,\cdots,n)$。因为 $S_1 \times S_2 \times \cdots \times S_n$ 的元素数目是 $|S_1| \times |S_2| \times \cdots \times |S_n|$，因此可以根据各数据项的数目估算出一个数据库的在数据量。显然，$\langle S_1, S_2, \cdots, S_n \rangle$ 上的关系是一个 $S_1 \times S_2 \times \cdots \times S_n$ 的子集。

7.2.3 表

在实际的数据库软件包中，建立一个数据库的基本步骤是先创建有关的表，并确定表之间的关系。商品化的数据库软件包通常提供了方便的建表手段，用户可以在图形界面先确定数据库的概念结构，然后根据概念结构很快创建所需要的表。

由于一个表是由若干字段构成的，创建表也就是定义该表中各字段详细内容的过程。图 7.1 是用数据库软件包 Access 创建一个 customer 表时的实际画面。在创建这个表时，创建者要在画面上半部输入各字段的名称和数据类型，在画面下半部定义该字段的大小、表示格式、默认值以及有效性规则等字段属性。

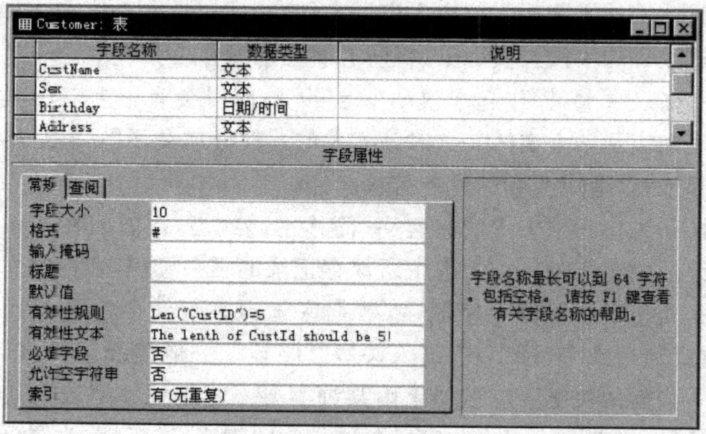

图 7.1　在 Access 中创建数据表的界面

一个表中的所有字段都必须指定相应的数据类型。例如，CustID(顾客代码)是文本型，Birthday 是日期型等。通常在数据库软件包中已经规定好各种可用的数据类型，如 Access 有 8 种数据类型，它们的意义和限制条件如表 7.1 所示。

表 7.1　Access 的数据类型

数据类型	说　明	限制条件
文本	字符类型	≤255 字节
数字	数值类型	1～8 字节
日期/时间	日期/时间类型	8 字节
货币	货币类型	8 字节
备注	备注类型	≤32000 字节
自动编号	计数类型	4 字节
是/否	逻辑类型	0.5 字节
OLE 对象	OLE 类型	≤128 兆字节

在关系数据库中，定义数据表字段一方面要考虑现实应用的需要，同时要根据关系数据库的规范化理论来确定①。例如，“生产厂家”是与一个特定的业

① 规范化理论请参考有关关系数据库理论的专业书籍.

务有关的实体，这个实体可能有厂商名称、邮编、地址、电话、产品、规模、企业性质等许多属性。如果需要为这个生产厂家创建一张表，是否将它所有的这些属性都作为这张表的字段？实际上，将所有属性都放在一张表中并非是一个好办法。因为一张表太大，操作起来效率就会下降，同时会有很多空白项。因此可以用多张表来表示一个实体。这时该实体的属性分散在不同表中，要把它们有机地联系起来，以适应实际的业务需求。

现在再来讨论一下表中的关键字（简称主键或键）。前面在基本概念一节中已经介绍过关键字是一个文件中所保存记录的唯一标识，在数据库中同样如此。为一张表指定了关键字字段后，数据库管理系统就会检验其数据的唯一性，避免重复数据或空（Null）值进入关键字字段。一般情况下，可以指定一个字段作为一张表的关键字。但如果因某种需要不能保证该字段的数据具有唯一值时，也可以指定一个以上的字段共同作为关键字。这又称为联合关键字或多字段主键。例如在图 7.3 的表 2 Connect 表中就是指定 No（工厂代码）和 Code（零件代码）这两个字段共同作为该表的主键。在这个例子中，虽然 No 和 Code 在表中都有重复值，但它们的组合却是唯一的。因此，可以将 No 和 Code 字段组合作为一个多字段主键。

7.3 表的关系和数据操作

7.3.1 表之间的关系

表和表之间的基本关系有 3 种：1 对 1 的关系，1 对 n 的关系和 m 对 n 的关系。如图 7.2 所示，如果表 A 中的主键和表 B 中的主键相匹配，则这两个表构成了 1 对 1 的关系。例如“国家”和“首都”的关系是 1 对 1 的关系。每个国家只有 1 个首都，每个首都只属于 1 个国家。如果表 A 中的主键和表 B 中的外键相匹配，则这两个表构成 1 对 n 的关系。例如“项目组长”和“组员”是 1 对 n 的关系。1 个项目组可能有多名组员，而 1 个组员只属于 1 个组长所领导。在很多情况下，两个表可能是 m 对 n 的关系。例如，一个厂商可能生产多种零件，一种零件也可能由多个厂商制造。为了表示表 A 和表 B 的 m 对 n 关系，通常要在数据库中加上一个新表 C，其中包括与 a，b 相匹配的外键。这样，表 A 和表 C，表 B 和表 C 都构成了 1 对 n 关系，它们之间也就构成了 m 对 n 的关系。

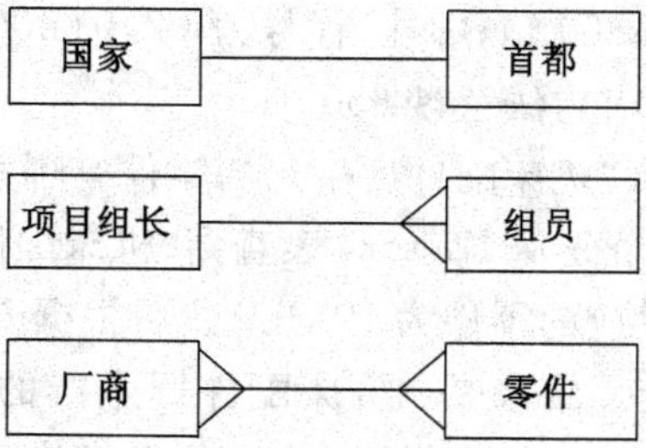

图 7.2　表之间的基本关系

7.3.2　对数据表的基本操作

在一个应用系统中，用户对于数据的需求都要通过对数据库的操作来实现。因此，从数据处理的角度来看，我们必须懂得一个应用的需求是如何转变为对数据库的操作的？在关系数据库中这些操作是如何实现的？下面举例说明这个问题。

某厂仓库管理的数据库中有机械零配件记录，假定需要进行这样两类查询：①"从××厂曾购入的零件有哪些？"②"××零件是哪里生产的？"那么，应当如何设计这个数据库的表以及相应的操作呢？

如图 7.3 所示，我们用名为 Factory、Connect 和 Material 的三张表分别记录生产厂商、库存零件以及生产厂商和零件数量之间的关系。现在 Factory 表中有两个厂商的记录：机床配件厂代号为 S2，所在城市为北京，工业设备厂代号为 S4，所在城市为上海。Material 表中记录的库存品为：机床配件厂生产的

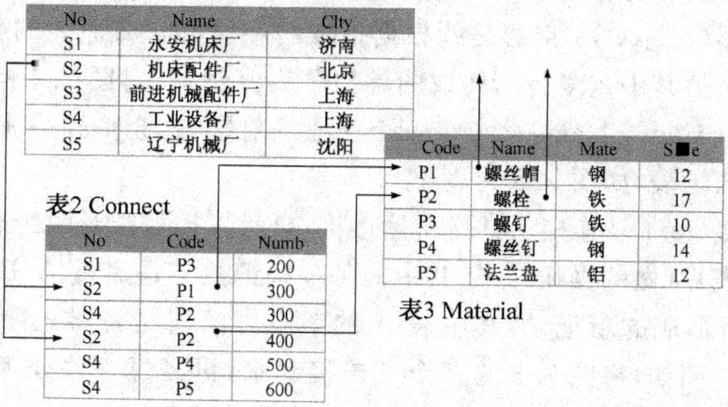

表1 Factory

No	Name	Clty
S1	永安机床厂	济南
S2	机床配件厂	北京
S3	前进机械配件厂	上海
S4	工业设备厂	上海
S5	辽宁机械厂	沈阳

表2 Connect

No	Code	Numb
S1	P3	200
S2	P1	300
S4	P2	300
S2	P2	400
S4	P4	500
S4	P5	600

Code	Name	Mate	S[illegible]e
P1	螺丝帽	钢	12
P2	螺栓	铁	17
P3	螺钉	铁	10
P4	螺丝钉	钢	14
P5	法兰盘	铝	12

表3 Material

图 7.3　关系数据库查询

螺丝帽(零件编号为 P1)300 箱;螺栓(代号为 P2)的 400 箱;工业设备厂生产的螺栓 300 箱;螺丝钉 500 箱;法兰盘 600 个。

现在第 1 个查询是:“机床配件厂生产的零件有哪些?”对于这个查询请求,DMBS 的实现过程如下:先从 Factory 表查到“机床配件厂”的代码为 S2,再从 Connect 表中查到 S2 供应的零件为 P1,P2,然后根据 Material 表,查到这些零件分别是螺丝帽和螺栓。结果是:机床配件厂生产的零件有螺丝帽和螺栓。对于第 2 个问题的查找方法与之类似,读者可自己模拟 DBMS 的工作过程以及所得到的结果。

从这个例子可以看出:对一个实际应用的数据查询,可能要转换为对不止一张表的操作。对特定的数据进行查询时,必须根据表之间的关系才能找到所需要的内容。表与表之间的关系通过两个表中的字段匹配来实现。在大多数情况下,这种表之间的字段匹配是这样构成的:设数据库的表 A 中的关键字为 a,表 B 中有一个与 a 相匹配的非关键字字段 a′,字段 a′称为 B 的一个外部关键字(foreign key)或外键。例如,“员工”表中的主键是字段“员工编码”,它在“员工”表中具有唯一性。但是在“家属”表中,也有“员工编码”,在这个表中“员工编码”并不具有唯一性,而“家属编码”是这张表中的主键,“员工编码”是一个外键。

为了便于表示对表结构数据进行的各种处理,需要定义一些对数据表的基本操作。最重要的基本数据操作有以下 7 种:

(1) 选择(select):选择是指根据指定的条件从一张表中选出符合条件的记录(行)的操作,该操作的结果是一张虚拟的子表。例如我们要选出“厂址在上海的工厂”记录,这时可以指定选择的条件(city=上海),系统则将所有符合条件的记录选出,返回查询的结果,如图 7.4 所示。

(2) 射影(project):射影是指根据指定的字段(列)将原表的数据取出,然后去掉其中重复行所构成的虚拟子表。例如,对图 7.4 的表 Material 进行 Code, Name, Mate 三个字段的射影,就会得到一张只有三个字段的子表,如图 7.5 的表 1。

(3) 连接(join):连接通常指自然连接,自然连接是指对两个表 A,B(或多个表)所做的操作结果,其中的每一条记录都是通过 A,B 的公共字段 x 所形成的新记录,其中表 A 的字段 x 的值与表 B 的字段 x 的值相同。例如,将图 7.3 的三个表连接起来,再经过一些处理就可以得到如图 7.5 的表 2。从这张表中可以看出各个厂家所供应的物料目前在仓库中的数量。

No	Name	Clty
S1	永安机床厂	济南
S2	机床配件厂	北京
S3	前进机械配件厂	上海
S4	工业设备厂	上海
S5	辽宁机械厂	沈阳

No	Name	Clty
S3	前进机械配件厂	上海
S4	工业设备厂	上海

图 7.4　对数据表进行选择操作的结果

Code	Name	Mate
P1	螺丝帽	钢
P2	螺栓	铁
P4	螺丝钉	钢
P5	法兰盘	铝
P3	螺钉	铁

表1：射影操作结果

No	Factory.Name	Materiat.Name	Numb
S1	永安机床厂	螺钉	200
S2	机床配件厂	螺栓	400
S2	机床配件厂	螺丝帽	300
S4	工业设备厂	法兰盘	600
S4	工业设备厂	螺丝钉	500
S4	工业设备厂	螺栓	300

表2：连接操作结果

图 7.5　对数据表进行射影和连接操作的结果

(4) 和(union)：两个具有相同字段的表的和，是将各自的记录合并，去掉重复记录所得到的结果。

(5) 并(intersect)：两个具有相同字段的表的并，是同时在表 A 和表 B 中的记录所构成的结果。

(6) 差(difference)：两个具有相同字段的表 A，B 的差 A－B，是将表 A 中与表 3 中相同的记录去掉所得到的结果。

(7) 积(product):表A,B的积A×B是这样的表,其中每一条记录的字段中的一部分属于表A,一部分属于表B。其中的每条记录都是表A和表B中记录的一个笛卡儿积。

以上操作中,最为常用的是选择、射影和连接三种基本操作,但其他操作也时常用到。将这些基本操作根据不同的条件和顺序组合起来,就可以产生各种复杂的操作,根据特定的要求对数据库进行处理。对数据库中的表集合所进行的一系列处理结果称为数据表的视图(view)。视图也可以事先定义,通过定义数据库视图,可以对数据库进行各种预定的处理。基于以上这些基本操作,数据库管理系统通常提供了相应的数据存取和操作用的语言,用户可以使用这些语言描述他所希望的数据操作,数据库管理系统解释这些操作要求,并把它们变换为对实际的物理存储结构上的数据库的操作命令。

许多数据库软件包都提供图形化数据操作的方法,帮助数据库使用者进行数据操作定义或进行操作设计。在一些数据库软件包如 Access, SQL Server 中,对数据库的操作称为查询(query)。用户可以通过图形设计界面,可以直观地设计对数据库的各种操作,并可以边设计,边试验运行并立即修改。

图7.6是在数据库 Access 中定义表之间关系的查询界面。这里关联到的两个表是 Customer 和 Order,从界面上半部可以看到两个表的字段和关键字分别是 CustID 和 OrderID,它们通过同名字段 CustID 相匹配。对这两张表的操作在屏幕下半部说明,结果是产生一个有4个字段的视图。

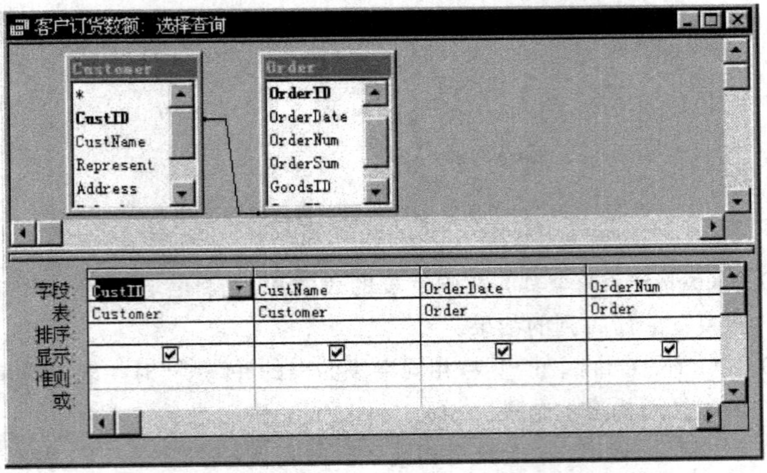

图7.6 数据库软件包 Access 的查询设计界面

尽管现在数据库软件包提供了图形化的查询设计界面,可以将对数据库的操作直观地表示出来。但是图形化查询设计一般只能描述一些简单的操作,比较复杂的数据库操作则难以用图形化查询来表示。在这种情况下就需要用类似于英语的数据库操作语言来定义。结构化查询语言(Structured Query Language,SQL)就是一种标准化的数据库操作语言。这种语言最早出现在美国的一些数据库软件产品中,后来发展成为数据库操作的国际标准语言。SQL 可以为终端用户或单机上的用户所用,也广泛用于客户机/服务器结构的信息系统中。

使用查询语言,可以用简短的查询命令来实现复杂的查询结果,而报表生成程序则能够帮助用户迅速生成所需信息的特定格式。采用结构化查询语言(SQL)进行查询的基本格式见图 7.7。有关 SQL 命令格式的一个简要介绍放在本书后面的附录 A 中,读者如果有兴趣可以参考。

> **结构化查询语言(SQL)进行查询的基本格式是:**
>
> **SELECT ......FROM......WHERE......**
>
> **当用户从一张表中查询记录的某些字段时,在SELECT后面指明各字段名,在FROM后面指定表名,在WHERE后面指定检索条件,数据库管理系统就可以给出符合条件的检索结果。**

图 7.7　用结构化查询语言(SQL)进行查询

7.4　其他类型的数据库

7.4.1　文档数据库

文档数据库早已有之,但真正得到广泛的应用是在 Lotus Notes 出现后,文档数据库便被广泛地应用于办公自动化。

文档数据库不同于关系数据库。关系数据库是基于表的集合,而构成一张表的是不同类型的字段。关系数据库是一种高度结构化的数据集合。而 Lotus Notes 的文档数据库则不需要规定相应的结构化字段,它的信息处理的基本单位是文档,而对于文档的字数、结构等没有严格的结构要求,类似于字处理中的文档。与关系数据库的主要不同在于:文档数据库不能够进行数字运算,也没有对事务处理的支持。

文档数据库与数据的文件系统也不相同。文档数据库仍属于数据库范畴，它的数据具有共享性。同时，文档数据库也提供一系列相应的数据库操作语言，如可以进行全文检索等。

关系数据库和文档数据库均有视图的概念，但是两者的涵义不同。关系数据库中的视图是对于一个或几个表，用关系演算导出的虚表。之所以说视图是一个虚表，是因为一个视图中的数据实际上存储在相应的原始表中。在文档数据库中也有视图，用户通过视图可以浏览文档，看到关于文档的概要信息和文档的状态，然后再进行相应的操作。因此，文档数据库中的视图是对文档中关键词或部分内容的显示，用户仅仅是通过视图快速把握文档的内容。

7.4.2 Web 数据库

随着互联网技术的快速普及，以网络为中心的计算环境逐渐成为企业信息基础设施的重要部件，而 Web 和数据库成为基于互联网的信息服务的基础。这种将 Web 技术和文档数据库结合起来的思想有广泛的应用空间，因此，很快成为数据库开发的一个热点。

Web 数据库可定义为以后台数据库为基础，通过统一的浏览器完成数据存储、查询、发布等维护管理工作的应用软件系统。一个典型的 Web 数据库应用程序包括三个部分：Web 浏览器、HTTP 服务器和 Web 数据库服务器。然而，如果企业仅有一般的关系型数据库，也可以通过中间件等软件方法来实现 Web 数据库的应用。在开发基于 Web 数据库的应用时，通过基于 Web 模式的 DBMS 的信息服务，可以充分发挥 DBMS 高效的数据存储和管理能力，以 Web 这种浏览器/服务器(B/S)模式为平台，将客户端融入统一的 Web 浏览器，为 Internet 用户提供使用简便、内容丰富的服务。

7.5 数据仓库

7.5.1 数据仓库的定义

数据仓库(data warehouse)是数据库技术的进一步发展，在近年来获得了广泛的应用。数据仓库和数据库是用于不同目的的，其结构和用途都有所区别。

数据仓库的数据来自企业的业务活动，数据产生于一个作业性的环境，例如企业的 ERP 系统或事务性处理系统。这个环境中的数据被传送到数据仓库之中，数据仓库的管理机构不断地对这些传送来的数据进行整理，从而得到一些用于管理分析活动的数据。数据仓库概念的创始人 Inmmon 提出：数据仓库应具有以下四个主要特征：

1. 面向主题

数据仓库具有面向主题(subject oriented)的特征，这意味着一个数据仓库必须是根据某些企业关心的主题来建立的。在通常的数据库中，对数据的处理是面向功能的，例如一个金融部门的信息系统的功能是付款、存款、信用卡使用和信用状况记录等。但是对数据仓库来说，它并不面向这类作业性的过程，而是面向一些特定的主题(如顾客、厂家、产品等)来进行数据处理。面向主题的特性意味着数据仓库对于其中的数据内容是有所选择的，对信息的详细程度也是有所选择的，这样可以把与分析问题无关的数据排除在数据仓库之外。

2. 集成化

数据仓库中的数据是集成化(integrated)的。集成化的特性表现在数据仓库具有这样一些功能：名字转换；变量度量的一致性；结构编码的一致性；数据的物理属性的一致性等。

3. 时异性

在通常的作业性环境中的数据是精确的。而在数据仓库中，数据是时异(time variant)的。时异性表现在三个方面：首先，数据仓库中的数据是在一个很长的时轴(5 至 10 年)上表现的数据。而在作业性环境中，数据的时间轴一般不超过 90 天。第二，数据仓库是具有键结构(key structure)的。每一个数据仓库的键结构中都包含着一个时间因素——可能是隐式的，也可能是显式的。第三，数据一旦被正确地记录了就不能被更新。数据仓库中的数据是一个用于各种目的的、长时间系列的快照，而作业性的数据则是当需要时就可以被更新的。

4. 非活性

作业性的数据是活性的，它们可以被插入、更新、修改、删除等等。但在通常情况下，数据仓库中没有更新修改等作业。

粗略地来看，对数据仓库中的数据操作只有两种：一是数据的初始输入，二是数据的存取。这样在对数据操作上产生的必然结果是，在设计层上，可以不必担心对数据的错误删除等发生。在设计的物理层上，程序库可以使得对数据的存取操作优化。另一个必然的结果是它所依赖的环境中的技术是比较简单的。

7.5.2 数据仓库的数据层次性

数据仓库中的数据是按照数据的聚集程度组织起来的。从具体的作业性业务数据搜集开始,按照一些管理者关心的角度(称为维),逐渐将它们聚集成为抽象度较高的数据。这些数据层的分类如下:

(1) 当前详细数据(current detail data):当前详细数据反映了当前发生的、用户所感兴趣的数据。当前详细数据往往是数量庞大的,它是存储在粒度的最底层。当前详细数据一般存储在磁盘上,它可以被快速存取,但对其管理比较复杂,而且成本较高。

(2) 历史详细数据(older detail data):历史详细数据是按照一定的格式存储在海量存储器上的,它们不经常被存取,被存储在一个与当前详细数据相应的详细水平上。

(3) 轻度综合数据(lightly summarized data):轻度综合数据是从底层的当前详细数据提炼出来的数据,一般也存在磁盘上。关联到轻度综合数据的建立的问题包括时轴单位的确定和该类数据应该包括什么内容或属性等。

(4) 高度综合数据(highly summarized data):高度综合数据即压缩的、容易存取的数据。有时候高度综合数据可以在环境下引用,有时候高度综合数据在当前数据仓库之外引用。

(5) 元数据(meta data):元数据类似于数据库中的数据辞典,其中记录着数据仓库的结构、变动以及一些关于数据的记录。它对数据仓库的管理和维护有十分重要的作用。例如:帮助管理人员查找数据仓库内容的目录,将数据从作业性环境向数据仓库转换的引导等。

在图 7.8 中,历史详细数据是 1997 年之前发生的销售数据,所有在 1997 年以前发生的数据都存储在历史详细数据层中。当前详细数据层中包括了从 1997 年到 1998 年的数据,作为一条规则,销售详细数据只有在发生 24 小时以后才被送入到当前详细数据之中,因为在此之前它在作业性环境中还是活动可用的。每周对销售的详细数据要进行一次聚集,聚集的依据是根据产品的子类编码和根据地区编码,根据这些基准产生轻度综合数据。每周的销售详细数据还要进一步按月、按产品的大类进行聚集,成为高度综合数据。而元数据则是有关数据的结构、进行聚集所用的算法、从作业性环境向数据仓库的映射等数据。

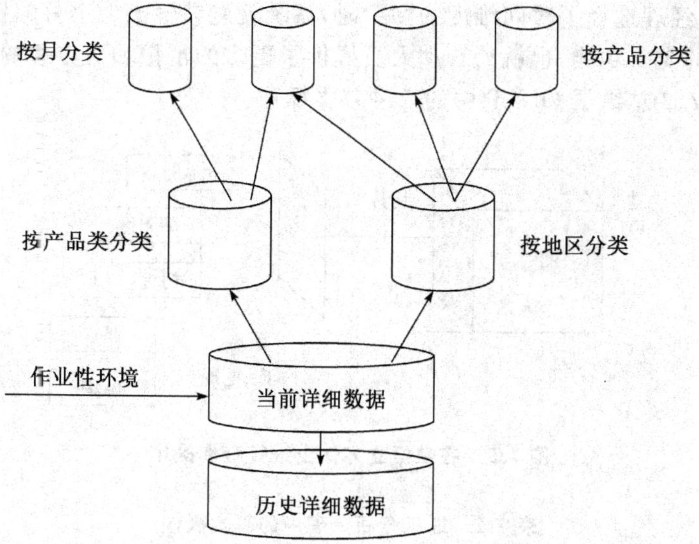

图 7.8 数据仓库的层次化

7.5.3 联机分析处理

联机分析处理(On Line Analytical Processing, OLAP)是一种交互式的数据分析方法,现在已经广泛地使用在各种决策支持系统中。关系数据库一般仅提供静态的数据处理功能,而不能提供实时的用户与机器交互进行数据分析的功能。传统的基于关系数据库的数据处理称为"联机事务处理(OLTP)",例如用 SQL 指定的数据更新。但是,在实际的企业业务中,企业的经理和决策人员等往往需要根据自己实际所看见的数据来进行有关的查询和分析工作,这就需要系统提供更大的灵活性以及各种分析的角度。而 OLAP 是以动态数据分析见长,而且还能提供智能化的数据处理功能,在内部自动对数据进行转换,使得用户可以在交互的过程中获得明确的分析结论。

例如,在图 7.9 中,数据仓库可以提供一个按产品、时间、地区组织的三维数据立方体,而用户可以在上面任意地进行切片操作,从而得到"某一产品销售情况的时间序列变化",或者"某一地区的产品销售分布情况"等数据。另外,企业经理可能需要了解上周的销售情况,根据这次查询的结果,他又发现需要了解一下上个月的销售情况。这就需要系统能够根据用户的需要来实时地进行数据查询。当经理选择了时间维度的"周"时,系统就能够进行上周销售情况的总结，而当经理选择了时间维度的"月"时，系统就能够输出上个月的销售情况。这种灵活的支持功能，也就给管理人员提供了更多的情报和更方便的数据操作功能。表 7.2 总结了 OLAP 中的 5 种基本操作。

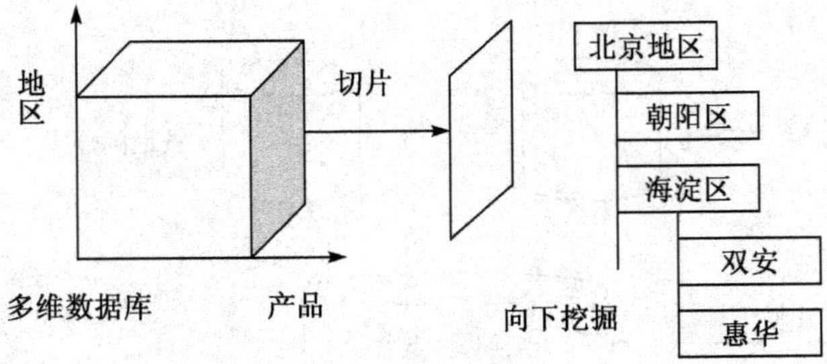

图 7.9　在数据立方体上进行查询操作

表 7.2　联机分析处理中的基本操作

操　作	说　明
切片 (Slice)	切片就是在多维数组的某一维上选定一个维成员后所得到的结果。例如，在一个三维数据立方体(时间，商店，商品，销售额)上选定时间为"2004"，我们就可以得到所有商店所有商品的 2004 年销售额数据。
切块 (Dice)	切块是切片操作的泛化，即在多维数组的某一维上选定一个维成员区间的操作。对于数据立方体的一个切块相当于多个切片叠合起来的结果。例如，在上面的例子中，我们对 2000 年到 2005 年的 5 年数据进行查询。
旋转 (Pivot)	旋转是从不同的角度来观察同一个数据立方体。例如，在一个数据表(时间，商店，商品，销售额)中，将当前显示的行"时间"和列"商品"进行交换，或者将"时间"维与当前没有显示的"商店"维进行交换。这样用户就可以从不同的角度观察数据。
上卷 (Roll up)	上卷是在数据立方体上进行的聚集操作。它是指从某层数据出发，根据某一维的层次，得到其上一层的数据总计。例如，当前操作的维是"地区"，通过对维成员"海淀区"的上卷操作，得到"北京市"的销售情况。
下钻 (Drill down)	下钻是上卷的逆操作。下钻从数据立方体的某一层出发，根据其中一维的概念分层，得到其下一层的数据立方体。下钻是从一般到具体的对象操作。例如，企业经理发现本月中某产品的销售量大幅度增长，他要了解一下这是什么原因。这时他首先指定一个"地区维度"，查看各地区的销售量，结果发现华北区的销售量明显增加。接着他继续查看华北区下级各分店的销售量，直到得出确定的结论。

图 7.10 是一个联机分析处理软件 PowerPlay 的界面，从界面上我们可以看到有时间、产品、销售人员等数据分析维，而每一维又有不同的详细程度。例如在时间一维上有全年、季节、月份等三个层次。用户只要双击相应的数据行，就可以得到下钻的结果。拖动相应的标签，就可以实现数据切片。

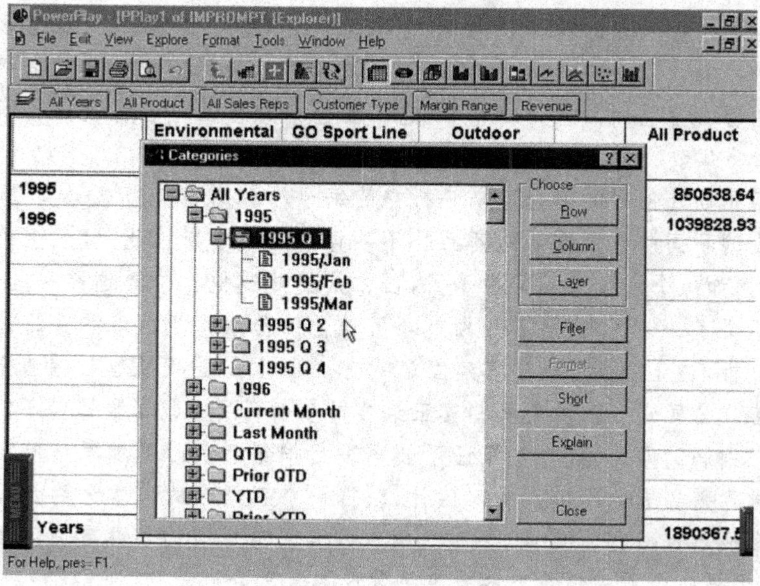

图 7.10　一个 OLAP 的操作界面

7.5.4　数据挖掘

数据挖掘(data mining)是通过某种算法，从大量的事务活动数据中，挖掘出隐含在其中的信息和知识的过程。从发现知识这一点来看，数据挖掘和 OLAP 似乎有些类似，但数据挖掘是通过计算机实现的一套算法自动处理大量的数据，找出数据中隐藏的内在模式。在此过程中，数据挖掘更多的是基于统计学原理和人工智能方法得出结果。

数据挖掘对于某些行业的企业来说十分有用。例如在商店的商品分析中，商店需要不断地关注其主要客户群的构成和客户爱好的变化。如果企业能发现新的客户需求，就可以创造出新的市场。许多商店都已经开始使用数据挖掘方法，在大量数据中找出特定的客户需求，帮助企业进行决策或发现那些能够引导企业未来行为的模式和规则。表 7.3 是对数据挖掘应用的一个总结。

西尔斯公司运用数据挖掘技术

西尔斯公司很早就利用数据仓库技术来分析它们的顾客构成，发现顾客爱好的变化趋势等。西尔斯公司在它的6000万个信用卡持有者数据库中挖掘出一些特定的顾客群，如有的顾客爱买现成的家具，有的顾客喜欢自己制做家具，针对这些特定的顾客群来说就不能采用同样的促销方式。对于那些喜欢自己制做家具的顾客，它们就会给顾客推荐各种工具和新的家具设计方案。

西尔斯还使用数据仓库来分析它的每个顾客的当前需求，发现顾客在其人生的不同阶段所需要的商品是不一样的。西尔斯称此为"人生阶段市场"。例如一个人结婚或买房子了，西尔斯就知道他很快要选购一些家具。如果他买了一台洗衣机，西尔斯就会寄给他一份烘干机的广告。通过对顾客的分析，企业就可能和顾客建立起一对一的联系，进而从盲目销售变为定向销售。公司还可以发现那些真正给公司带来利润的顾客和那些不能给公司带来利润的顾客，这样就保证了公司进行推销活动时更加准确有效地将广告送到需要者的手中。有人估计，获得一个新顾客的成本大约是保持一个顾客成本的5倍。因此，通过数据挖掘和目前已有的顾客建立牢固的关系，对于提高企业的销售额和减少运营成本是十分有益的。

表 7.3 数据挖掘技术的应用和功能

应　用	说　明
市场分割	找到从公司购买某类商品的顾客群的共同特征，将自己的市场进行细分
顾客辨识	发现重要的客户和不产生利润的客户，预测哪些客户可能背离公司而投向公司的竞争对手
欺骗检验	发现哪些交易数据最可能是不正当的数据
直接市场	识别哪些因素应当被包含在数据挖掘清单中，以获得高回报率
交互市场	预测哪些通过WEB来访问的顾客是真正对本公司有兴趣的顾客
模式分析	发现哪些产品或服务通常是被顾客一起购买的
趋势分析	发现本月的情况和上月的情况有什么显著的不同

第 7 章重要概念

数据，数据模型，LDM，PDM，实体，属性，实例，数据项，值域，数据类型，字段，记录，关键字，索引文件，数据库管理系统，关系数据库，表，外部关键字，查询，选择，射影，连接，结构化查询语言，复制方式，触发器，快照，文档数据库，WEB 数据库

第 7 章复习题

1. 说明文件系统和数据库系统的区别，它们分别适合于用在什么环境下？
2. 请解释什么是主关键字？在一个表中可以有多个主关键字吗？
3. 对文件建立索引的目的是什么？
4. 数据库在 MIS 中通常起到什么作用？数据库的优点主要是什么？
5. 使用 ACCESS 数据库建立表和查询，以巩固本章所学习的概念。
6. 数据模型中，表与表之间的关系是如何分类的？
7. 说明对数据表的 6 种基本操作。
8. 解释什么是 SQL 语言？
9. 说明触发器和快照的工作原理。

小组活动课题

考虑一个基于数据库的小型商业应用。例如基于学院毕业生的姓名和通信地址，设计一个毕业生活动的应用系统。向其他同学介绍你的这个系统的主要功能及其商业意义。

第8章　信息系统的开发

本章学习目标

(1) 了解信息系统开发的基本过程

(2) 学习三种常用的信息系统开发方法

(3) 了解对信息系统成本和效益的基本计算方法

(4) 掌握信息系统项目管理的基本概念

信息系统开发是一个牵涉到企业方方面面的系统工程，它是企业和开发商的一个合作过程，也可能关系到第三方企业，如监理公司、咨询公司以及企业的供应商、客户等。信息系统开发过程中也关系到企业的业务流程和组织结构的变革，需要运用先进的开发工具和软件包，同时也牵涉到开发过程的项目管理、资金运用等各方面的问题。正因为信息系统开发是这样一个全方位的系统工程，对开发方法论的研究便成为一个重要的课题。如果缺乏方法论的指导，企业在整个开发过程中不能做到心中有数，与开发商的合作不默契，可能得到一个不满意的信息系统。不但给企业带来了经济上的损失，也造成了未来的隐患。

本章对信息系统开发的组织机构、运作方式，以及开发信息系统的几种主要方法进行讨论。

8.1　信息系统的开发过程

8.1.1　信息系统开发的推进方式

企业的信息系统开发牵涉到许多因素：企业通常要决定如何与开发商合

作，由谁来主导开发；开发过程可能涉及到企业的组织结构和业务流程的变更，也涉及到对于企业员工的培训。在许多情况下，信息化还涉及到企业的战略问题，必须由企业的高层领导做出相应的决策。因此，企业信息系统开发是一个系统工程，必须采取合理的推进方式，同时采取严格的项目管理，对所涉及的各种因素进行管理。有些企业往往误认为信息系统开发是一个单纯的技术性问题，只要开发商的技术水平足够高就能够开发成功，因此在开发过程中过分依赖外部力量，对于开发过程不闻不问。这种天真的想法往往导致最终开发出来的系统无法满足企业的要求。因此，懂得信息化的推进方式，懂得企业管理者在信息系统开发中的角色和任务，是保证信息系统开发成功的重要前提。

站在企业的角度来看，开发信息系统通常采用以下三种方式之一：① 企业自行开发；② 由软件开发公司主导开发；③ 企业和软件开发公司合作开发。三种方式各有利弊。

在许多比较有实力的大企业中，自己本身具有信息技术部门，也有相当的信息技术人才。这一类企业常常由企业的信息部门来主导信息系统开发。采用自行开发的好处是系统的灵活性比较好，可以根据企业不断变化的需求对自己的信息系统进行升级和修改，同时也培养了企业内部的信息技术人才，积累了开发经验。但自行开发的问题是企业如何才能保证自己的信息技术水平不落后。由于信息技术发展更新的速度十分快，企业在技术进步和更新上的压力很大。企业必须在科研、设备、培训等方面不断投入经费，才能保持自己的技术水平。因此，对于大多数企业来说，通常都不是自行开发，而采取后面两种开发方式。

随着专业的软件开发商的出现和普及，目前企业信息系统的开发大多是交给开发商来主导。但有些企业也考虑今后的系统升级等问题，因此采用与软件开发商合作开发的方式。无论是采用承包方式还是合作开发方式，企业在整个开发工程中都应当与开发商紧密合作。根据需要也可以由管理咨询公司等第三方企业参与。另外，还可以让第三方公司作为企业信息化的咨询顾问，或者作为工程监理机构参与到整个开发过程中。如果没有第三方参与，那么通常的推进方式是由开发商先提出一个方案，由企业进行评价和批准。在此过程中，由于双方对于开发信息系统所具备的知识是不对称的。开发商对于企业的业务知识十分缺乏，而企业也不了解开发商的技术知识，这样就可能产生一些不利于工程推进的隔阂和误解，这些认识上的不一致往往给今后的开发埋下很大的隐患。

8.1.2 信息化组织机构

企业建设信息系统时，应首先获得组织上的支持。如果是牵涉到全企业各部门的大型项目(如ERP)，则应当由企业总裁为领导的企业信息化指导委员会直接参与。企业信息化指导委员会应当有负责信息化项目的高层领导(如CIO)、各主要业务部门的负责人以及IT部门有关人员参加。同时，应当根据工作性质分为若干小组，如专门负责信息战略规划的小组、专门负责IT管理的小组以及信息化项目实施的小组等(如图8.1)。信息化指导委员会的职责是推进企业的战略，审议企业信息化的发展战略，听取项目小组对信息化工作的报告，同时对信息化中的重大问题进行决策，例如审批大型的信息化项目，决定有关的资源投入以及是否采取某些创新的重大变革等。信息战略规划组的任务是辅佐CIO工作，提出信息化的实施方案，将CIO提出的设想具体化。工程项目组可以由开发商为主构成，或者由企业内技术人员与开发人员混合构成，负责整个系统的开发。系统管理组负责信息系统的运行和维护，信息资源的管理，对用户的使用提供技术支持。在这些小组中，如果牵涉到各个部门的业务活动，最好有各部门的代表参与。

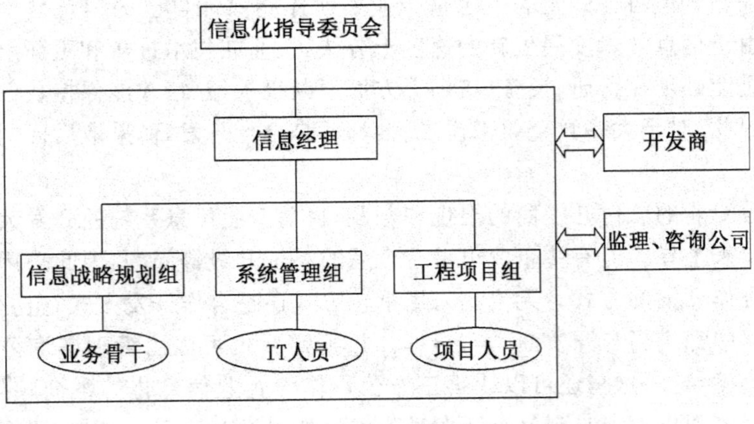

图8.1 信息系统开发的组织结构

在委托外部开发商进行开发的情况下，企业项目组可能是以开发商为主构成的。从技术角度来说，项目开发工程应当是从提高开发公司人员的工作效率以及合理调配资源为出发点，这时企业人员应当积极地参与到项目小组中，配合开发商的要求，提供有关的业务流程资料和信息需求，同时还必须注意工程的工期进度和对质量等方面的要求。开发工程项目小组由项目经理、系统分析师、系统设计师、程序员等角色组成。项目经理是开发队伍中该项目的领导者，一般具有丰富的开发经验，同时又具有与用户方决策人物对话的资格，在重要问题上能协调与用户方的关系。项目经理负责信息化项目的计划和推进，协调开发中的各种工作的顺利进行。项目经理通常应当懂得项目管理知识，其主要职责包括对开发工作进行详细分解，设立各种项目管理计划，决定资金的使用和分配，对开发工作任务的分配，制定任务完成的计划时间表，对技术人员工作进度进行掌握和调整等。对于大型公司和大型项目，则应有专门的管理机构进行辅助管理。

无论采用什么样的组织机构，系统开发人员都要经常和最终用户进行沟通，保持紧密的合作关系。开发人员只有在理解企业的业务活动和管理方法的基础上，才能运用自己的信息技术知识开发出适合用户的系统。而最终用户如果缺乏关于信息资源和信息化的基本知识，就不能很好地与开发商配合。所以双方的沟通就成为开发成功的不可缺少的前提条件。

8.2 信息系统开发方法

信息系统开发牵涉到与企业内部和外部的协调合作，也牵涉到时间、经费和人力资源的分配问题，还牵涉到各种软件、硬件、网络等技术设备的运用和安装，因此信息系统的开发是一项复杂的系统工程，必须采用某种系统的指导思想来帮助开发者推进整个过程，切忌随意地、临时地对其中诸多事项做出决定。信息系统学术界提出的系统的信息系统开发指导思想被称为信息系统开发方法论，简称信息系统开发方法。典型的信息系统开发方法有三种：生命周期法、原型法、利用软件包开发。下面对它们分别加以介绍。

8.2.1 生命周期法

生命周期法是一种传统的信息系统开发方法。20 世纪 90 年代以前，绝大部分企业信息系统都是使用生命周期法开发的。生命周期法的主要思想是将开发过程视为一个生命周期（life cycle），也就是几个相互连接的阶段，每个阶段有每个阶段明确的任务，要产生相应的文档。上一个阶段的文档就是下一个阶段工作的依据。由于信息化的上游阶段的工作对于下游阶段的工作产生影响，故这种方法又称瀑布法。系统开发出来了并不意味着整个系统生命周期的结束，而是进入到系统维护阶段，这时需要根据组织的要求对系统进行修改和维护，保证系统的正常工作。

一个信息系统的开发过程可分为若干个阶段，如系统规划，系统分析，系统设计，系统实施，系统维护等。为了强调数据库设计和程序设计，将整个系统开发分为三个工程（上游、中游、下游）和六个阶段（系统调查、系统分析、系统设计、程序开发、系统实施、系统维护），各个阶段的主要工作内容如表8.1所示。

表 8.1　各开发阶段的主要内容

系统开发工程	系统开发阶段	主要工作内容
上游工程	系统调查	收集企业的信息，明确当前组织所面临的问题，决定为解决这些问题进行信息系统开发所采用的基本策略、基本方法等
	系统分析	调查企业的业务流程，明确用户的信息需求，考虑信息系统的基本结构和工作方式，并对其进行成本效益分析
中游工程	系统设计	进行信息系统的总体设计和详细设计，包括数据库结构、信息处理方式和用户界面等。确定新系统的功能和使用方法
	程序开发	进行物理数据库设计，软件编程，调试，检错
下游工程	系统实施	准备系统规程，实施系统的安装与转换，对终端用户的训练
	系统维护	使用并维护系统，对系统进行评价，计划对系统的升级、改进

在以上每个阶段中，系统开发的主要参与者是有所不同的。例如在系统分析阶段，主要是系统分析师负责。不同的开发人员都有一个主要的任务，就是要产生各阶段的文档。它们既是该阶段工作的描述和总结，同时又是开展下一阶段工作的基础和依据。它们之间的关系如图8.2所示。

生命周期法是一种“面向功能的”系统开发方法。在系统开发的上游阶段，开发人员将调查企业的运营环境、组织结构和业务流程等，并用形式化方法描述企业的信息需求、数据模型和业务流程，使得现实世界的问题成为规范的信息模型表示，系统开发人员通过和企业管理者的讨论，形成双方认可的开发任务书和系统分析报告。根据这些上游阶段的工作，转入到系统设计和开发阶段。根据企业对于业务功能的要求来进行软件和模块的设计，并转换为软件程序。最后在下游阶段主要是进行软件的安装、调试和转换，并进入到系统维护

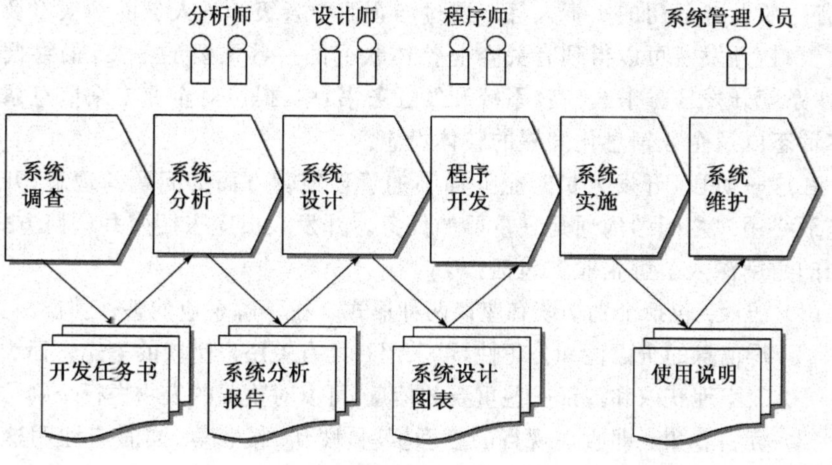

图 8.2 管理信息系统的开发周期

的阶段。生命周期法的特点是强调工程进展的结构化、规范化、文档化;强调在不同的开发阶段中由不同的人员从事专门的工作,产生各阶段的文档。这样,一旦在某阶段发现了问题,就转到其上一阶段进行修正,可以避免较大的损失。另外,从信息系统的软件结构上来看,也是以功能模块为中心来进行设计的。使用生命周期法,各个阶段的资源分配是很重要的工作。在上游阶段只需要少数系统分析人员,而在系统设计和程序开发阶段却需要大量的开发人员,因此需要开发公司采用项目管理的方法,对于现有的人力资源进行充分利用。

生命周期法虽然是一种传统的方法,但对于其后的各种开发方法仍有很大影响,它的一些基本思想仍被一些新提出的开发方法如快速应用开发法(Rapid Application Development, RAD)等所继承使用。过去使用生命周期法开发时,开发人员必须手工作业完成各种文档以及程序设计等工作,开发效率较低。在 CASE 开发工具发展起来之后,这些工作就不需要开发人员手工完成了,而是代之以用软件开发工具帮助开发人员来从事这类工作,从而使开发效率大大提高。下面我们对生命周期法中的 6 个阶段的主要工作分别进行介绍。

1. 系统调查

在系统开发的上游工程中,开发人员首先要对最终用户进行调查,熟悉企业的经营环境、组织结构、业务内容等,了解其希望解决的关键问题。为了解企业的经营环境,可以从行业的一般情况、企业的客户、供应商、主要的合作伙伴和竞争对手等因素的了解开始,继而了解企业的组织结构,企业领导班子的组成，各主要业务部门的负责人等。通过与企业中各级管理人员的访谈以及收集有关资料，开发者可以得到有关企业整体状况的一些重要的信息，最终撰写出一份《系统开发任务书》。在《系统开发任务书》中，提出对企业未来信息系统的基本形态以及企业信息化发展的整体设想。

在这一阶段，开发人员对企业面临的管理经营方面的问题的理解，开发人员和最终用户之间的沟通是最重要的任务。开发人员应采用多种调研方式，从不同的角度深入了解企业。包括：

(1) 访谈：包括个别访谈和座谈两种形式。在了解企业的整体情况时，为求得信息的全面性和公正性，可采用召集有关用户座谈的方式。而为了高效率地获取和验证一些重要的信息，可以对重要的人物进行个别访谈。

(2) 资料收集：即收集现行的管理资料、账册、报表等，同时应注明这些资料在当前业务中所起的作用

(3) 发放问卷：为了深入了解企业管理者对于某些问题的想法，还可以设计有针对性的问卷，向企业中有关人员进行调查。调查的基本方式包括抽样调查和全体调查两种。抽样调查中有随机抽样和系统抽样等方法，回答方式包括判断、填空、选择，问答等。

(4) 现场考察：现场考察是了解用户的最直接的方式。当开发人员对于企业有了一定的了解后，到现场体会一下是非常重要的。在现场一定能发现许多在资料上没有写入的东西。

通过以上各种调查手段的实施，开发人员应当能够回答以下一些问题：

(1) 企业的经营理念、发展目标、竞争战略是什么？企业对自己是如何认识和定位的？

(2) 企业有哪些主要的业务？它的主要客户群是谁？主要的业务协作伙伴是谁？有哪些主要的经营资源？

(3) 企业目前面临的主要问题是什么？企业计划使用信息系统解决什么问题？

(4) 信息系统的主要用户是谁？他们将如何使用该系统？使用系统后对企业原来的业务可能产生什么影响？

根据对于这些问题的理解，开发人员撰写一份《系统开发任务书》，并交给企业信息化指导小组审批。

2. 系统分析

系统分析阶段的主要任务是用信息工作者的观点和方法，将用户提出的信

息需求进一步明确化，对企业的信息处理过程做出清晰的描述，为后续的系统设计打好基础。系统分析是上游工程中一个重要的阶段，这一步的成果往往会影响到以后很长一个时期的系统开发和维护工作。例如，如果在此阶段没有准确地描述用户的信息需求，由此产生的问题就会在今后的开发和使用中暴露出来。而在整个信息系统开发过程中，最容易犯错误的也就是在用户信息需求分析过程。如果系统分析人员在这个阶段的工作不够细致扎实，没有得到完整准确的分析结果，那么开发出的软件必然难以适合用户的需求，最后不得不返工。

在进行信息需求分析时，系统分析人员的主要工作是了解企业的各项业务活动是如何进行的，特别是在这些活动中有哪些信息处理活动。然后，对企业的现行业务和所进行的信息处理活动进行建模。由于在这一阶段所建立的模型只是起到描述系统中各元素相互关系的作用，并不涉及到用什么技术去实现它们，从这个意义上，在此阶段建立的模型称为系统的逻辑模型。

常用的系统逻辑模型描述方法有几种：实体/关系图(Entity Relationship Diagram，ERD)常用来描述静态的数据结构，而数据流图(Data Flow Diagram，DFD)可以用来描述对数据的处理活动。随着面向对象开发技术的成熟，许多软件开发商采用统一建模语言(UML)等面向对象的描述方法，一些软件工具商也提供专用于逻辑建模的软件开发工具，如 Pbwin，S-designer 等。近年来得到人们重视的还有 ARIS 和 IDEF0 两种方法。ARIS(集成化信息系统架构)方法和工具是由德国萨尔大学(University of the Saarland Saarbrucken)企业管理研究所所长及 IDS-Scheer 公司总裁 August Wilhelm Scheer 教授所提出的企业建模方法。IDEF0 方法是 ICAM DEFinition Method 的简称，是美国国防部开发的一套建模和分析方法。无论采用何种方法和工具，都应当在充分理解和认识企业业务的基础上才能够描绘出完整准确的企业逻辑模型，而单纯提高逻辑建模的工作效率或者容易地画出美观的逻辑模型并非是用这类工具的主要目的。建模方法和对象的一览如表 8.2 所示，我们将在后面的章节中进一步讨论系统逻辑建模的方法。

在信息需求分析的过程中，应注意收集和整理企业的两类数据：静态数据和动态数据。静态数据是比较稳定的有关用户单位业务活动记录，如企业中的劳动定额、工资评定标准、生产计划指标、固定资产数据等。大部分静态数据都可以通过现有的信息载体获得，例如从用户单位现有的账本、资料、文档中得到。动态数据则是在具体的工作中产生、记录或修改的数据。例如在信息化以前，生产车间的每天生产状况可能是用写在公用告示板上的方法来记录的，还

表 8.2　系统分析和建模的主要技术

主要建模内容	方　法
数据建模	实体关系图 数据字典
过程建模	业务流程图 程序流程图 数据流图 结构化英语
对象建模	对象关系模型 类说明
综合建模	ARIS IDEF0 UML

有一些信息则是使用电话、口头汇报等方式进行信息交换的。所以这类数据很难从现有的文件中发现，必须通过跟踪实际的作业过程才能发现。

在业务流分析中，可以将每一项业务活动都看作是一个业务处理子系统，并把每一个业务处理子系统都看作是由输入、处理、数据存储和输出所构成的。通过这种描述，就可以将用户单位中有哪些需要处理的数据，当前使用数据处理的方法以及处理能力等事项表达清楚，然后决定其中哪些处理可以用计算机来实现，继而确定整个系统的功能。

3. 系统设计

信息系统设计可以分为总体设计和详细设计两个阶段。总体设计是在明确当前业务流程和系统目标的基础上，设计新系统的基本结构。主要包括：

- 信息系统的整体架构设计
- 计算机和其他硬件设备的配置
- 网络的选择
- 系统软件的选择
- 应用模块的结构和主要功能
- 数据库的选择

在总体设计取得共识后，可以进一步进行详细设计。信息系统整体架构设计考虑的主要内容是计算机系统的构成，网络设备的性能以及网络的构成。计算机系统构成包括所采用的计算机类型和性能。例如，需要在主机上处理的数据量和主机的数据吞吐能力和处理速度。随着全社会网络化的发展,企业不但需要得到有关政府管理部门的信息,还要与行业中的合作伙伴等频繁通信,或通过EDI进行贸易,或建立企业网络主页,发放电子广告等。因此在信息系统基本结构设计中,不但要考虑局域网的结构,还要充分考虑外部计算机网络的发展趋势,考虑如何与企业外部有关部门进行信息交换的问题。目前的发展趋势是通过互联网来实现。

除了主机和网络设备外,还应当充分考虑信息系统的配套设备。如数据采集设备、数据存储设备、数据传送设备、数据显示设备、打印输出设备等。采用这些设备都关系到业务活动的类型和信息系统的工作模式,例如企业的业务是在哪儿发生的?是如何进行处理的?是集中处理还是分布式处理?是实时处理还是批处理?等等。

系统基本架构设计、硬件和软件设计都是技术性工作,要求设计者有丰富的信息技术知识和经验,综合考虑多种相关因素。应根据企业的需求和资源投入,请有经验的信息技术专家、咨询顾问等与企业人员共同讨论决定。为了充分讨论所设计系统的结构和优缺点,最好做几套方案,由用户单位和开发单位一起选择决定。表8.3说明了系统设计的9个主要方面的内容和要完成的基本任务。

表8.3 系统设计的主要内容

工作内容	要完成的工作
系统输入设计	确定信息系统的数据源,估计数据量 选择数据输入设备和决定输入方式
系统输出设计	决定系统的输出设备和输出介质 确定输出内容、格式 确定输出时机
用户界面设计	设计用户界面的风格 编写联机帮助,准备错误信息清单
数据存储设计	建立系统的逻辑数据模型 决定文件的组织形式 生成系统物理数据模型
处理过程设计	程序模块的分解 关于计算过程、处理逻辑的说明

续表

工作内容	要完成的工作
手工过程设计	对业务活动的说明 决定过程执行者、时间、场所、工作方式等
控制方式设计	处理控制，数据的一致性保证 接近控制 输入输出控制
安全性设计	踪迹审计 权限设定 灾难恢复
文档设计	操作手册 系统手册 用户指南

4. 程序开发

程序开发阶段主要根据系统设计阶段的结果，对软件模块进行编程。这一阶段的工作由开发方的程序员来完成，他们的经验、技能和对于系统设计思想的理解水平，会对信息系统的完成质量产生直接影响。在这一步骤中，程序员必须忠实地贯彻系统设计的思想，从细节上加以完善。高水平的程序员对于程序设计技术有深刻的了解，同时能够清楚地理解他要完成的任务实质，编写的程序简捷明快，容易理解，便于今后系统的维护和修正，而初学者却往往会编制一些逻辑思维不强的程序，使得以后的维护人员很难理解和修正。

在传统的信息系统开发中，软件编程往往需要很长的时间。近年来因为新一代开发工具的出现，在程序编制中多采用调用现成组件的方法，使得编程的速度大大加快，系统开发的效率大为提高。

在系统编制完毕后要进行细致的系统调试工作。这一工作通常分成几个步骤：错误检测、单元测试和系统联调。错误检测(debugging)是通过某些测试的方法发现编程中的错误，包括语法错误和语义错误。目前语法错误大多可以由系统自动检测，而语义错误则要程序员来检测。一般的软件开发工具都提供错误检测工具，程序员或监测人员可以在程序中必要之处设置断点，都通过让程序单步运行来监控变量的变化，直到发现错误为止。

单元测试(unit testing)是指对每一个逻辑程序单元进行测试，这通常是设法让程序在一些不太常见的数据输入或操作下进行工作，以保证一个程序单元确实完成了系统设计所设想的功能。这一过程又称为静态测试,目的在于测试该模块是否按设计者的要求动作。

最后,系统联调(system testing)或动态测试则是将整个系统联合起来调试,也就是对系统的各子系统或模块进行联调,看相互之间是否会产生意想不到的影响,是否整个系统在性能上达到了所预想的性能,各个模块的结合是否良好。

当一切测试完毕,还可以进行接收测试(acceptance testing)即让用户对系统进行试验性使用。系统只有得到了用户的认可,才可以正式安装使用。

5. 系统实施

系统实施是将以上的设计结果付诸实现的过程,包括新系统的安装,对用户的培训和系统转换等。系统转换是指用户单位从旧系统向新系统过渡的过程。这里简单叙述一下系统实施中三种形式的系统转换方式:直接转换、并行转换、部分转换。

直接转换(direct conversion)指彻底抛弃旧系统,从一个确定的时间开始使用新系统。这种转换有一定风险,因为新系统可能有隐患,只有在使用中才可能发现和纠正。通常,采用以下两种策略更加安全。

并行转换(parallel conversion)是指让新旧系统并行工作一段后再使用新系统。这是一种安全的策略,因为一旦发现新系统有问题还可以用旧系统来解决。但有时这种策略很难实行,因为它要求工作人员同时用新旧两系统工作,相当于在这一时期内他们的工作量加倍。

部分转换(pilot conversion or phased conversion)是经常采用的策略。实际上,这是以上两种策略的一个混合。也就是将整个系统的转换分成一些步骤,每次转换部分子系统。例如,每次转换一个分店的系统。

6. 系统维护

系统维护可以由企业IT部门人员来负责,也可以交给外部的软件公司负责。现在的发展趋势是将信息系统服务外包。系统维护与信息系统管理的关系十分密切,有关内容将在本书后面的有关章节中详细讨论。

7. 生命周期法的局限性

生命周期法适合用于TPS等信息系统的开发。这一类系统的特点是:信息需求是结构化的、稳定的,需要严格的需求分析、事先定义的规格说明、严格控制开发过程。但生命周期法也有一些问题。包括:

- 需要大量时间来写文档,浪费人力物力。
- 缺乏灵活性,不容易修正。生命周期法中各项工作是基于各阶段的工作文档展开的，这些文档一旦确定后就被“冻结”了，很难根据需要进行修正。

- 不适合面向决策的应用开发。由于面向决策的应用需要不断对已建立的系统进行试错和修正，而生命周期法基本上是基于一系列文档来推进项目的，因此仅适合于定型业务应用系统的开发，而不适合于面向决策的应用开发。

8.2.2 原 型 法

原型法(Prototyping)是一种实用的开发方法，适合中、小型信息系统的开发。原型法的基本思想是假定系统的使用者是缺乏计算机技术知识背景的，因此开发者和使用者在讨论系统的构成等问题时存在着许多障碍。在这种情况下，开发者和用户的合作无疑是非常困难的。因此，一个解决方法就是开发者基于和用户的交谈，得到对于系统的基本认识后，就构筑一个能够反映系统特色的原型系统。然后在此系统的基础上，和用户进一步讨论，得出他们对于系统的真正需求，直到开发者确信已经完全掌握了用户的需求时，才进行正式开发。

采用原型法进行 MIS 开发可以视为是一个四阶段的开发过程，如图 8.4 所示。

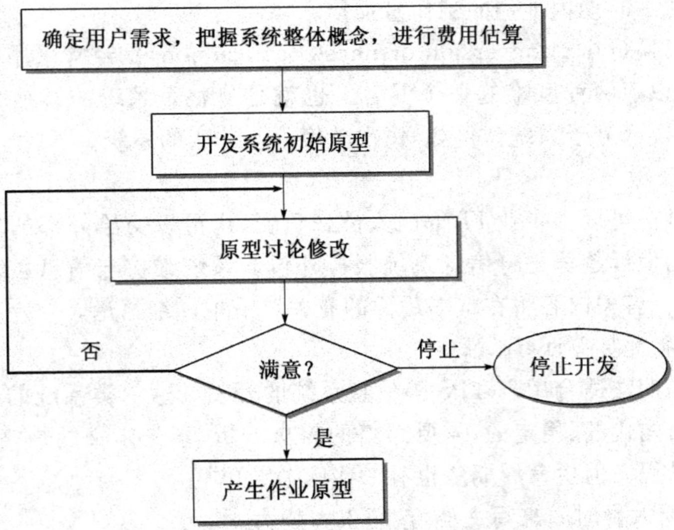

图 8.4 用原型法进行 MIS 开发的基本步骤

1. 确定用户的基本要求

在这一阶段，开发者的任务是设计出若干基本的、同时又是关键性的问题向用户询问，从而得到用户对于信息系统的基本要求。例如：

(1) 确定基本的信息单位，构筑起基本的系统模型。

(2) 明确系统的基本用户界面形式，确定所需的输入数据来自何处。

(3) 决定该系统的功能范围，哪些工作应由系统完成，哪些由工作人员负担。

(4) 估计用户的期望，估算出开发该原型系统的费用。

这一步的关键在于设计者能否抓住问题的本质，建立起简明的系统模型。

2. 开发初步的原型系统

在此阶段建立原型系统。一般原型系统只有数十个屏幕画面和少量试验数据。通常只是单机上的系统，从系统的工作效率上来看也是很不完善的，但其目的主要是为了向用户说明开发者所理解的用户的基本需求，所以对系统的工作效率、界面的完美程度等并不作更多追求。

3. 评价修改原型系统

请用户使用原型系统，让他们实际体验使用系统的感觉，并说明或写下所有不满意之处。用户在这一步将发现该系统和他所设想的系统的差距，从而给开发者更多的信息。

在这一步，开发者要根据用户提供的意见不断修改原型系统，直到下列两种情况之一出现为止：

(1) 用户可能认定按原型开发出的系统不是他们所希望的系统，或开发者认定按目前条件用户的要求无法实现，从而终止开发工作。

(2) 除了规模和效率等可以改善的问题以外，用户对原型系统已经满意。

4. 正式开发

将用户满意的原型系统作为进一步开发的基础，根据原型设计出恰当的系统模型，并确定系统开发计划，正式开始开发。

研究结果认为原型法能够帮助开发者和用户深入沟通，比较准确地获得用户的内在需求，从而避免了因沟通不足产生的开发失败。一般采用原型法的信息系统开发过程中，以上循环过程不多于4～5次。使用原型法的成功关键有以下几点：

(1) 用户对于自己的业务和管理方面经验丰富，能够积极地参与到反复的讨论中来。

(2) 系统开发者有丰富的开发经验，善于取舍，而且懂得如何与用户交流。

(3) 有功能很强的系统构筑工具，可以在短时间内开发出信息系统原型。

(4) 有一套典型的数据，可以用来说明企业的业务活动。

原型法的最大优点在于开发者在正式开发之前就可得到用户的真正需求，而用户能在较早的时点看到系统的模样，从而能够发现问题，提出自己的意愿，从而使得开发方的人力资源得到有效的利用，在这种开发中，一般不需要大规模团队，少数人就可以完成。因此，原型法的成本比较低。但用原型法时对系统的取舍是一个问题。通常大规模的系统和原型系统的差别并非仅仅在规模和处理速度等方面，因此原型法通常仅适合于开发中小型系统。

8.2.3 应用软件包开发

近年来，越来越多的企业趋向于采用现成的软件包来构成企业的信息系统。由于信息系统的复杂性，过去人们一般认为不可能用购买的现成软件包作为企业级的信息系统。但是一些软件公司在 20 世纪 80 年代开发出了制造业企业使用的软件包 MRPII，这种系统被认为是具有革命性的意义。到 20 世纪 90 年代以后，基于软件包的信息系统开始广泛地被企业所采用。

管理软件包通常是根据企业的常规需求而设计为多种典型的应用模式。比较流行的有“会计电算化软件包”、“进销存软件包”和“ERP 软件包”等。这些软件包的共同特点是针对企业典型的业务模式，通用性强。软件开发商通常是汇总了一些企业信息化应用软件的共同特点，针对其中最典型的业务，开发出一些通用的软件模块。这些模块可根据企业的要求拼接为整体的系统。企业也可根据自身的情况购买所需要的软件模块，例如只购买生产、财务和采购模块。然后，软件厂商再根据企业的特定业务，对这些软件模块进行改造和定制，使之最终成为符合企业要求的系统。通常，一个软件包并不能完全适合企业的所有需求，这就要求企业也要对自己的工作方法进行改造。如果软件包和企业的需求比较吻合，就能够较好地实现信息化的目标。所以，如果采用软件包作为企业信息化的工具，就需要将企业的管理模式加以改造，使之标准化，符合软件包中所设计的管理模式。

近年来，基于软件包的信息系统开发方法受到了许多企业的重视。其原因主要是采用软件包的方法显著缩短了开发周期。通常开发一个小规模的 ERP 系统只需要 2～3 个月，一般中等规模的企业也只需要 6 个月到 1 年时间。例如德国 SAP 公司的 R/3 系统是世界上最广泛使用的 ERP 系统，其 82％的项目都是在 1 年以内完成的。另外，在软件开发商开发软件包的过程中已经对管理模式进行了深入的研究，软件包中所体现的管理思想也是许多企业管理经验的总结。这一点对于提高企业的管理水平也有所帮助。从开发成员来看，与传统的软件开发显著不同的是：传统的信息系统开发是以 IT 技术人员如系统分析师、系统设计师等为主，先学习企业的业务知识再进行开发。而利用软件包开发时，则是由懂得管理知识的顾问人员为主，以信息技术人员为辅，同时在整个开发过程中需要最终用户的紧密配合。

ERP 是一个企业级的信息系统，这种软件包的引进比起部门级的软件包来要复杂得多。在引进中的主要困难不是来自系统开发的技术问题，而是在于如何将这样一个抽象的系统与企业具体的业务结合起来。传统的系统开发方法比较适合小规模的应用，在系统开发时一般是由技术人员主导。而 ERP 的引进牵涉到企业的业务范围较大，在业务流程的变化和改动问题上往往需要有企业的高层领导来决策，同时在许多具体的做法上需要由懂得管理的人来主导，因此在系统实施过程中更多的问题是如何正确地引进而不是技术性开发。

如图 8.5 所示，ERP 的一般引进过程可以分为 5 个阶段。下面我们介绍一下各个阶段的主要工作。

图 8.5　ERP 的引进过程

1. 系统规划

在 ERP 实施之前，企业必须要决定引进 ERP 的方针战略。在此阶段，企业的所有高层领导都应当在思想上做好准备，从战略上理解 ERP 对企业的作用。可以通过到已经安装了 ERP 的同类企业观察学习等方式，在未开发之前对系统的功能、作用、工作形态等有所了解，对引进 ERP 的目的、战略和要解决的问题等有明确的认识。

在这一阶段应当做的重要工作还包括对 ERP 厂商的调查和对管理咨询公司的了解。在充分咨询了有关的产品、价格、服务等信息的基础上，企业可以通过招标或专家评审的方式来选择自己的合作伙伴。这一项工作决定了以后很长一个时期中的信息化工作路线，应当经过详细的资料收集和拜访开发商等活动，了解候选 ERP 开发商的业绩、特点、承诺的条款细节，并与之进行面谈。表 8.4 列出了应当考察的主要内容。

表 8.4 对 ERP 厂商的考察内容

事　项	考察内容	项　目
开发商	企业开发能力	企业的资本、开发能力、人员、规模、国际性、发展性、技术能力等
	支持能力	对支持的承诺、系统工程师的能力、对企业业务的理解能力等
合作伙伴	技术水平	咨询公司对于企业管理业务的理解力、对于 ERP 的了解程度、自身 IT 技术水平和能力
	过去的成绩	是否有成功的开发经验
	承诺的内容	提供服务的内容、范围、期间
软件	功能	业务功能的多样性、安全性
	适合性	是否适合本企业的特殊要求
	使用方便性	使用起来是否容易理解、系统维护是否方便
	价格	总体价格,包括用户许可证,软件维护费用等

在系统规划阶段,企业应当成立推进信息化的组织体系(参考 8.1 节内容),根据以上考察的情况,由信息化指导委员会来决定所选择的 ERP 厂商。企业决定和某个 ERP 厂商合作后,由 ERP 厂商提出一份 ERP 实施安排的建议书。为了降低风险,保证以后的合作顺利发展,企业应当积极参与 ERP 厂商的调查活动,双方经过充分的讨论,决定项目的目标和具体内容,明确双方在项目推进过程中的责任和义务,以及有关的 ERP 实施组织结构,项目进度等。以上这些内容必须以文字的形式表达出来,并由信息化指导委员会批准。

2. 系统分析

流程分析就是对企业当前的业务流程进行调查研究,了解企业信息资源的分布和需求,分析当前业务中需要改进的活动,以便在系统设计阶段能够有效地工作。有关业务流程分析的具体内容请参考第 13 章。

3. 系统设计

系统设计是根据业务流程分析的结果,对 ERP 软件中的功能进行设计,并提出针对企业的解决方案。同时,在规范企业流程的基础上,还应当对企业的数据进行整理和编码,做到企业数据的规范化,标准化。

在此过程中,一般还需要根据企业的特定情况进行一些特定功能的设计,即二次开发。信息技术人员在这一阶段要发挥主要的作用。对于以上的工作都需要有详细的文档,以便今后进一步完善。

4. 系统测试

当整个系统设计完成之后,需要用一些模拟数据来对系统进行测试。模拟数据可以用企业的财务数据和主要的生产数据，看是否能够运行起来。特别是对自己二次开发的项目，在此阶段可能要进行测试和改进。

5. 系统切换

当系统测试通过后，就可以切换到新系统。这时仍然要不断对系统进行维护。在一些大型企业中就出现过这样的现象：虽然在小规模的测试过程中没有问题，但是真正投入运行后，就产生了反应速度太慢的问题。另外随着业务的发展和变更，对原系统的更新和完善也是必不可少的。

必须要强调的是：引进 ERP 是一项大规模的系统工程，ERP 系统往往需要投资数百万元到数亿元，而且关系到全体员工的工作和对企业未来很长一个时期的运作产生影响，因此企业必须做周密的计划和严格的控制。企业"一把手"要主持和推动这项工作，同时还要责成得力的助手做细致的调查和科学的管理。ERP 的成功与企业的管理水平关系密切。如果企业自己缺乏上 ERP 的准备，管理上不到位，数据不准确，或者没有得到员工的理解，那么在开发过程中就会有很大风险。

8.3 对信息系统的评价

通常在信息系统的分析阶段，企业会要求开发商提交系统可行性报告，根据开发商所提出的方案，对信息系统的成本、预计效益等进行比较和做出决定。而这一步通常无论对于开发商还是用户都是困难的工作。最主要的难点在于缺乏一种简单明了并且得到公认的信息系统成本/效益计算方法，因此难以给出比较准确的成本效益估计。对此，学术界在近几十年来做了大量的研究工作，提出了各种对信息系统评价的方法和技术。其中最为基础的一些成果如下：

首先，应当全面地计算信息系统的成本。可以将一个信息系统看作是具有从开发、实施、应用直到最后被淘汰替代这样一个具有生命周期的项目。在一个项目的生命周期中，不但要考虑信息系统的设计、开发和实施过程中所发生的成本，同时也应包括在生命周期其他阶段所发生的成本。这样的成本计算方法称为总体拥有成本(TCO)。按照 TCO 的观点，在信息系统建设和使用中发生的费用包括三方面：① 信息系统基础设施的设备购置费用；② 信息系统的实施费用；③ 信息系统的运行维护费用。进一步的细分如下：

(1) 信息系统基础设施的设备购置费。这一类费用包括硬件设备购置费，网络设备费，软件和数据库购置费等；这些费用都是最明显也最容易计算的，一般可以准确地预计，比较集中地发生在系统引进或安装的期间。值得注意的是企业往往重视硬件的性能而忽视软件的作用，不肯在软件上投入很多的资金，这种认识导致企业对软件投资不足，结果使高性能的硬件设备不能发挥作用。

(2) 信息系统开发或实施费用。这部分主要是人工费用，包括管理咨询顾问费用(包括企业战略的制定，业务流程的建模和改造等)；开发技术人员费用(包括系统的安装、调试和升级等)；企业用户的培训费用等。这一类费用过去不为人们所重视，但是随着 IT 人才价格的升高和知识获取成本的上升，现在企业在实施 ERP 时，人力资源成为总成本中不可忽视的部分。国外一般企业的管理咨询费用要比硬、软件设备的费用高。

(3) 信息系统运行维护的费用。这一部分费用虽然发生在系统建设完成以后，但是对于信息系统的规划来说是不能缺少的。主要的费用是对信息系统的管理成本、操作成本和培训成本等。运营成本还包括网络通信的数据通信流量费；使用的电力等能源费用；日常消耗品如软盘、纸张；办公通信费用等。

另一方面，从投资回报的角度来看，应当如何计算信息系统给企业带来的效益呢？尽管信息系统所带来的某些效益是显性的(tangible)和可以量化计算的，但更多的效益却是隐性的(intangible)和难以量化计算的。表 8.5 是对信息技术所产生效益的一个总结。我们将效益分成两类：左边一列的显性效益，通过信息技术引进前后数值的对比，或者通过某些实验性的预测，可以得到比较明确的计算数字。而右边一列的隐性效益通常不能用简单的数据表示，可以采用定性评价的方法，或者采用一些间接的指标来评价。

表 8.5　信息系统的效益分类

显性效益	隐性效益
单位时间内产出量的增加	增强了组织的竞争力
数据处理正确性的提高	增加了组织的灵活性
制定生产计划时间缩短	增加了组织的学习能力
工作人员的削减带来人工成本减少	增强了员工的向心力
平均物料在库存货量减少	增加了工作的满意度
坏账率降低	改善了决策的效果
服务速度提高	提高了顾客满意度
生产提前期缩短	树立起更好的公司形象

联想信息化的效益测度

联想公司在实施了企业信息化之后，在生产方面取得了明显的效益。他们的效益主要来自于两个方面：一是增强了市场应对能力，从而提高了客户满意度，二是改善了内部管理水平。表8.6中所列联想在实施信息化前后的统计数字清楚地表明了企业信息化的效益所在。

表8.6　联想在信息化前后的对比

	效益测度	实施ERP前	实施ERP后
外部市场方面	平均交货时间	11天	5～7天
	应收账周转	23天	15天
内部运作方面	定单平均日处理量	13件	314件
	集团结账天数	30天	6天
	平均打款时间	11.7天	10.4天
	定单周期	75小时	58小时
	结账天数	20天	1天
	加班人次	70人	7人
	财务报表	30天	2～5天

对于可量化效益，最直接的计算方法是使用传统的财务投资评估模型，根据企业的现金流来评价信息系统的效益。例如回收期法、投资回报率、成本—效益比率法等。对这些方法的总结和简要说明如表8.7所示。

表8.7　基于现金流的投资评估

方法名称	公　式	简要说明
回收期法（payback method）	$Y=I/C$	投资回收期等于初期投资和年现金净流入量之比。这里，Y,I,C分别是信息系统的投资回收期（年数），初期投资和预计的年现金净流入量。
投资回报率（accounting rate of return on investment，ROI）	$NB=(TB-TC-D)/L$ $ROI=NB/TI$	首先计算出净利润NB。NB等于毛收益减去总成本和折旧后，与使用年限的比值。这里TB，TC和D分别代表毛收益、总成本和折旧的预计值，L为预计使用年限。然后可以计算ROI。这里TI为全部初期投资。

续表

方法名称	公　式	简要说明
净现值法 (the net present value)	$NPV=PV-IC$	用预计现金流入现值与初期投资比值来计算 NPV。这里，NPV 是净现值，PV 和 IC 分别是预期现金流的现值和初期投资。内部回收率是净现值法的另一种表示形式。内部回收率(Internal Rate of Return, IRR)定义为投资的净现值为 0 时的利率。
成本-效益比率法 (the cost-benefit ratio)	$PI=PV/C$	用现金流的现值与总成本之比来表示成本—效益比率。这里 PI 是成本-效益比率，PV 和 C 分别是现金流的现值和总成本。
效益指数 (profitability index)	$P=PV/I$	效益指数用现金流的现值与总投资额之比来表示。这里 PV 和 I 分别是现金流的当前价值和投资额。

8.4　对系统开发的项目管理

对于开发过程的管理也是一种项目管理(project management)。项目管理一词过去经常是用于工程项目和建筑项目，现在也广泛用于软件开发项目。一般的工程项目常具有这样几个特点：第一，必须在一定的时间范围内完成；第二，受到人力、财力和物力等资源的限制；第三，它需要施工队伍的人员按照一定的计划进行有效的合作。信息系统项目同样具有这几个特点。但是应当看到信息系统项目与通常的工程项目相比有其特性：例如，项目的目标更难以清晰定义，信息系统项目往往在项目启动时不能明确地描述出将来所达到的质量标准，在项目实施开始后客户也可能会提出一些新的要求；同时，信息系统项目牵涉的知识性、技术性更强，如果关键技术的掌握程度不充分，技术人员的变更和调动，都会引起项目进度的延迟。在信息系统项目中，为了按进度完成工作，有时动用更多的开发人员，但这样做并不一定能够解决问题，相反却可能使得开发费用超过预算。因此，信息化项目管理比起一般的工程项目管理来更为困难。

在项目管理中，最基本的管理是根据时间来控制开发活动，也就是进度管理。在开发项目计划书中，首先要说明信息系统开发的所有具体步骤和如何分工，以及各步骤完成的具体日程。因为信息系统开发一般是团队作业，开发队伍中的成员应当互相沟通和协作，了解彼此在各项任务中所担当的角色和分工。因此，每个成员都必须知道于何时开始某项任务，到何时结束，以及在该任务的过程中自己应当做什么。通常，要画出一张任务时间计划表，用来对整个开发计划的进展情况进行监控。实际建立任务时间计划表有多种方法，常用的有甘特图(Gannt schedule)和网络计划图(activity network)等。在实际工作中，还可使用项目管理软件包来帮助建立任务时间计划表。完整的项目管理包括以下 7 个方面：

(1) 人力资源管理：信息化项目是知识密集型的项目，与项目组人力资源关系密切，项目组成员的构成、责任心、能力和稳定性对信息化项目的质量以及是否成功有决定性的影响。项目主管应有效地使用人力资源，明确主要开发人员的职责和任务，提前做好有关人员力量的搭配，尽量使各个工程阶段中人员的波动不要太大。

(2) 成本管理：首先，对项目按系统、子系统以及生命周期分解，分别估算出各个子系统在各个阶段的成本，然后再把这些成本汇总，估算出整个项目的成本。在实施过程中，对实际的费用进行控制，使项目成本不至于超出预算。

(3) 质量管理：信息化项目的质量管理不仅仅是项目完成后的检查，而应包括在信息系统实施过程中的全面质量控制，保证在整个开发过程中各个阶段性工作成果质量。项目小组应组织有关的管理者和员工对阶段性工作成果进行审查和测试，这又称为里程碑式审查。通过保证各阶段性成果的质量，最终保证整体系统的质量。

(4) 知识资产管理：在信息化项目实施过程中，不可避免地要将许多工作成果制成文档或电子化文档。为了获得高质量的文档，需要将此工作制度化、规范化、标准化。另外，这些工作成果中牵涉到企业的知识资产和业务信息。必须设置专人保管，并建立借阅制度，防范这些工作成果和业务信息流出企业。

(5) 风险管理：信息化项目牵涉到组织变革的风险，经济风险，心理风险等。在项目推进过程中应提前对这些风险有所认识，一旦有关问题发生时，可从容冷静地处理解决。

(6) 沟通和范围管理：信息化项目经常牵涉到多个公司的合作，例如，将部分工程委托给其他公司实施。在合作过程中，一定要将各自的工作范围和责任范围书面化，并不断进行信息交换和阶段性成果确认。

(7) 进度管理：在实际的信息化项目推进中往往有各种各样的变动，完全按照计划日程推进工程是不现实的。当项目的进度计划需要调整时，调整的重点应放在对近期内即将发生的活动加强控制；或者对工期估计最长或预算估计最大的活动进行调整。

项目管理中的甘特图

甘特图是项目管理中最重要的工具，自发明以来至今已经有一百多年的历史。在第二次世界大战期间，甘特图用在计划和控制军事活动的项目中，取得了很好的效果。

在甘特图中，用横道来表示项目的进度，不同的任务可以用不同的横道来表示。也可以用不同的色彩表示计划任务的日程和实际任务的进展。有的甘特图还在一项任务的两端加上小三角形，以表示“里程碑”。如果一个信息系统的工程是由一个团队承担，那么将工作分解后，在一张甘特图上就可以清晰地表示出来。

常用的甘特图软件有许多种，微软的 project 软件包也是使用甘特图来帮助用户进行项目管理的。用这个软件不仅能够清晰地表示出项目的进度，而且还可以进行人力资源管理、成本管理等。

第 8 章重要概念

生命周期法，瀑布法，系统规划，系统分析，系统设计，系统实施，系统维护，快速应用开发法，原型法，逻辑设计、物理设计、总体设计、详细设计、业务过程分析，数据存储设计、用户界面设计、处理设计、系统转换，有形效益，无形效益，回收期法，投资回报率，净现值法，成本 效益比率法，效益指数，内部回收率，项目管理，甘特图

第 8 章复习题

1. 说明管理者如何参与信息系统开发。
2. 说明生命周期法的主要阶段和各阶段的主要工作是什么。
3. 用原型法进行系统开发的好处是什么？它适合在什么情况下应用？
4. 将生命周期法与利用软件包进行开发的方法进行比较，说明两者的异同点。
5. 说明在系统转换过程中应当注意哪些问题。
6. 作为企业的高层管理者，对于信息系统的引进应起到哪些作用。
7. 什么是系统设计？系统设计要完成什么任务？
8. 为什么系统开发过程中企业用户要尽量全程参与？
9. 说明信息系统的成本是如何构成的。
10. 说明信息系统给企业带来的效益有哪些。
11. 举例说明为什么隐性效益是难以计算的。
12. 说明什么是项目管理。

小组活动课题

请一个正在开发信息系统的软件企业介绍它的开发团队的构成，以及与用户方是如何沟通的。

第9章 事务处理系统

本章学习目标

(1) 掌握事务处理系统的主要特性

(2) 理解事务处理系统的基本工作过程

(3) 掌握几种常用的编码方式及其特点

(4) 了解商业信息系统的组成、结构和功能

事务处理是管理信息系统的基本功能。早期的管理信息系统多数是单纯的数据处理系统，主要是用计算机来代替人工数据处理，以提高效率和处理的正确性、降低处理成本。现在，事务处理仍然是管理信息系统中的重要成分。对于一个管理信息系统来说，它的事务处理系统设计得成功与否，往往决定了它的基本性质和功能，并且对组织中的各级信息系统用户都将产生重大的影响。

9.1 事务处理

事务处理系统(Transaction Processing System，TPS)是对组织中的基本业务活动信息进行处理的系统。这里事务(transaction)一词是指在企业中日常发生的、具有重复性的基本业务活动信息单位，例如一个商品销售的记录，一条员工工资的记录等。TPS的作用是将企业的各种业务活动处理过程计算机化，自动对组织中的日常事务活动进行记录、传送、分类、统计、汇总，修改数据库或输出事务记录等。TPS广泛地应用在企业、组织的各个职能部门，一些典型的应用如表9.1所示。

表 9.1　TPS 的应用类型

市场营销系统	生产制造系统	财务会计系统	人力资源系统
销售管理 订单处理	采购记录 发货/收货 产品质量记录	工资信息处理 应收账 应付账 成本核算	员工基本情况 培训及资质

企业中各个职能部门都有不同性质的事务性工作。从信息处理的角度来看可以将各种事务活动抽象为一个事务处理过程，由以下一些主要处理活动所构成：① 基础数据编码；② 记录事务活动和输入校验；③ 更新和修改数据库文件；④ 输出报表或提供处理结果（见图 9.1）。

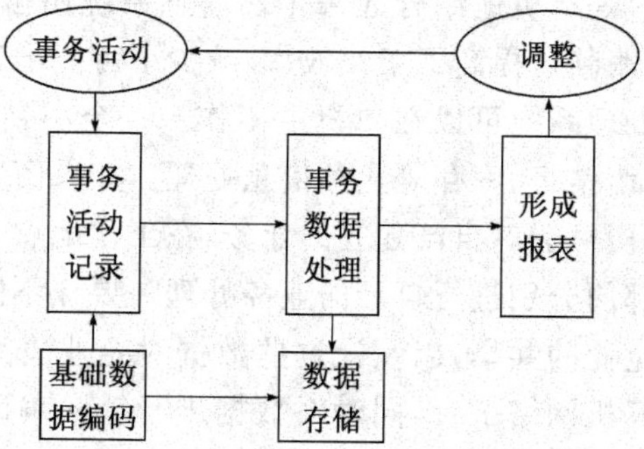

图 9.1　事务处理

现在以一个商店为例来说明事务处理周期中的数据处理过程。商店的基本业务可以分为采购、进货、库存和销售等，这些业务还可以进一步分解为更小的业务活动：例如进货业务中需要对送到货物进行清点、登记和入库；销售业务中包括收款、开发票；库存业务中包括入库、出库、盘点库存、库存调拨等。

为进行以上这些业务活动的信息处理，还需要将这些活动中使用到的基础数据进行编码，例如商店中的部门、商品类型、销售人员等。将基础数据进行编码后，可保证数据的唯一性和被不同用途的处理模块调用时不会产生语义冲突。当事务活动发生时，相应的数据输入到系统中，并进行处理和存储，生成相应的事务文件，根据企业的需要对整理后的数据进行分发和传送。例如，当一项订货业务发生时，有关人员要与供应商签订合同，产生相应的应付账项目，对发到的货物进行清点核对并入库。在此过程中，还要在信息系统上完成相应的数据处理工作：

(1) 负责订货的采购人员启动“开订货单”功能，将商品、数量、金额等填入订货单中。

(2) 在输入过程中，商品信息可以分解为商品名称、供货商名称、商品规格、等级等数据，如果让用户一一输入，效率很低也很容易出错，因此需要尽可能地将信息编码，以保证信息的唯一性。

(3) 打印订货单并发送给供货商。

(4) 计算应付账款，通知有关财务人员执行。

(5) 产生待入库货物清单。库存管理员可据此进行货物入库核对。

这样，信息系统就将一项业务中牵涉到的不同的人(如采购人员，会计人员，库存管理员等)，数据(进货数据，应付账款等)和相应的处理(如录入采购数据，对货物进行核对)等有机地结合起来了。信息系统还自动完成企业中的许多工作(如产生应付账款)，提高了工作效率，减少了可能出现的错误。

最简单的事务处理系统可以在单机上工作。一个小杂货店只用一台微机可以完成所有的进货、销售、库存等业务信息处理。如果商店再大一些，有不同的业务部门，各个部门可能有自己独立的业务，在工作地点上也可能是分散的。这时往往需要在各部门分别进行自己的业务处理。要让不同地点、不同部门中存储的数据进行全企业的共享，以及让这些数据对企业决策发挥作用，就需要建立整个企业的计算机网络平台，同时对数据进行统一编码，将各个部门的业务处理活动有机地整合起来，实现对企业事务的自动处理。

建立事务处理系统对企业来说是十分重要的。首先，事务处理系统可以记录企业的业务活动，提高工作的效率和准确性，快速及时地产生企业运营所需要的各种报表。其次，事务处理系统作为企业与其外部环境的界面，有助于改善企业的服务质量，提高顾客和供应商的满意度。最后，事务处理系统还是企业其他信息系统的基础，例如决策支持系统、经理信息系统等都需要从事务处理系统获得数据。

9.2 数据与编码

9.2.1 基础数据

事务处理系统中经常有一些“静态数据”，即相对稳定的、不因日常的事务发生而改变的数据，这些数据又称为基础数据。例如，商品、职工、部门等都是基础数据。基础数据虽然与企业的日常活动紧密相关，但平时如果没有很好地整理，就可能有格式不规范、相互不一致的问题。例如在一份文件中企业的财务部门被称为“财务科”，而在另一份文件中却被称为“财会科”。在信息系统中不允许这样“一物二码”的情况存在。因此，对基础数据要事先进行收集、分类、整理并编码，然后输入事务处理系统以便使用。编码是管理信息系统中常用的信息整理方法。编码去掉了原数据中的冗余信息，用简洁、明确的方式来表示所要处理的对象，有利于信息交换和提高信息处理的准确度和效率。因此，编码是建立事务处理系统时的必经步骤。

9.2.2 编码的原则

对企业事务活动进行编码时要考虑的主要因素包括代码的通用性和系统性。企业的业务活动不能脱离其经营环境的限制，因此应考虑国家或行业已规定的标准编码和其他现成编码。如果现成的编码不能满足自己的特定需求，还可以考虑在此编码的基础上加以扩充。

采用自行编码时必须考虑编码的系统性，编码尽可能简明，要反映出所代表实体的性质，便于计算机处理。编码既不能有太多冗余，又要留有一定的发展余地，以便今后的扩展。例如某企业中职工的工作种类不超过10种，如果只考虑目前的情况，只用1位十进制数字代码就可以了。但随着企业业务的增长，分工的加细，以后可能需要2、3位编码才能满足需求。在开始设计编码时就要考虑到这一点。

9.2.3 常用编码

1. *顺序码*

顺序码是一种简单实用的编码。顺序码本身没有任何语义，它仅仅是用顺序数字或字符简单地与所要编码的实体相对应。如在表9.2所示的员工家属关系编码标准中，用“0”表示“本人”，“1”表示“配偶”，“2”表示“儿子”，“9”表示“其他”。

数字码是一种常用的顺序编码方案，其所有的码位都由十进制阿拉伯数字构成。数字码不但简明易懂，易于扩展，而且能发挥计算机的强大排序功能。其缺点在于编码空间较大时难以记忆。数字和英文字符的编码称为混合码。英文字符编码在每1码位上有更大的表达空间，也有助于表示语义，但是存在个别字符容易与数字相混淆的问题。

表 9.2 家属关系的编码

代码	家属关系	代码	家属关系
0	本人	5	父母
1	配偶	6	祖父母
2	儿子	7	兄弟
3	女儿	8	姐妹
4	孙子或孙女	9	其他

2. 层次码

有时，我们需要将事物进行某种分类，这时可以用层次码方案。编码时先将编码对象分成若干个层次，再将它们对应到相应编码。即按照一定的基准将对象分层后，将第一层对象对应到若干位，然后再对应第二层对象，……这样用若干位数字就可将对象及其分类明确地表现出来。这种编码简明易懂，易于机械处理，且可以追加，插入，被广泛使用在商品编码、图书分类、文件整理等事务处理中。

用这种编码体系，同层的类目之间必须是并列关系，且不得重复和交叉。下位类与上位类之间是隶属关系。如 GB 2260-80“中华人民共和国行政区划代码”分为三层：大类用于表示省（或自治区、直辖市），中类用于表示地区（或市、州、盟），小类表示县（或旗、镇、区），每一类都用 2 位十进制数字表示。

3. 表意码

表意码是将产品的某些属性的含义用代码表示出来，这样看码便知道产品的属性。例如，用编码反映螺丝钉的规格时，可做如下设计：5 mm 的螺丝钉按长度划分有 1 cm，1.2 cm，1.5 cm，等，则可以设计螺丝钉的编码为 510，512，515 等。这样可以望码便知其意，当产品的其他编码发生变化时，该部分可以不作变化。

4. 复合码

复合码经常由两个以上的部分所构成，其中一部分是用于分类的，另一部分是用于标识的。因此复合码经常是将顺序码和表意码结合构成。例如在一编码方案中，牵涉到钢材的生产厂家的部分用顺序码，而钢材的规格尺寸用表意码构成。如 10LZ030 代表某钢铁厂生产的冷轧 30 mm 钢板。

9.3 事务处理过程

9.3.1 记录事务活动

记录事务活动是进行事务处理的起始步骤。在事务处理系统中,操作者通常使用计算机键盘和鼠标输入事务活动,也可能使用某种专用数据录入设备,如数字键盘、条码扫描设备等。采用何种输入设备应根据业务形式和数据处理的要求来确定。下面是一些典型的例子:

- 在一个航空公司的订票系统中,顾客可能直接到柜台订票,或者是通过电话订票。订票数据牵涉到航班、价格、等级、旅客姓名等信息,需要保证准确无误。因此该事务数据由服务人员手工录入,并口述信息内容请顾客确认。
- 在银行的交易活动中,顾客先填写一张原始凭证,写明自己要求的服务种类、金额等信息,然后由工作人员根据原始凭证录入到信息系统内进行处理。
- 对于不涉及金额交易的事务,或者单笔金额数量较小但不断发生的事务,为提高效率,减少顾客等待时间,可用光电感应设备录入方式。如超市、商店、图书馆的图书借阅等。

一般来说,数据录入处理的要求是方便、快捷,提高效率,尽可能在短时间内完成相应的业务信息处理。有时也重视反馈和回应时间(如银行的取款处理)。一般这类处理都是重复性工作,对于用户界面显示的要求较低。另外,如果用手工输入数据,操作员反复地敲击键盘或点击鼠标,容易产生疲劳感和录入错误,甚至可能引起职业疾病。

9.3.2 数据检验

由于在数据录入时操作员可能疏忽,输入设备可能不可靠,记录的介质因年久而老化,或者在传输过程中有噪声混入等原因,在事务活动记录过程中可能产生错误数据,而错误数据有可能产生严重的后果。经常发生的数据错误类型包括:数据遗漏、数据错位、数据格式或内容错误等。所以通常在数据录入的同时或在完成数据录入后,系统应进行检错和纠错,这一过程称为数据检验或合法性校验。合法性校验通常包括:

(1) 录入的数据是否有遗漏。如对应该顺序录入的数据,可以用一段程序来检查是否缺少一个序号记录。

(2) 数据的格式检查。如数据长度是否超过或不足规定的长度,数据类型是否与规定的类型不符等。

(3) 数据的范围检查。检查数据与企业在有关方面的规定有无冲突,有无语义上的错误。如录入的交易账号必须是企业认可的账号,订货量不能为零或负数,员工年龄不能小于 18 岁等。对这类数据在每一次更新时都要进行常规检查,看是否在变动时产生了非法数据。

合法性校验可以通过系统提供的校验规则自动进行。在许多开发工具或数据库管理系统中都提供预制的检验模块。如在 Access 数据库的表创建过程中就可以定义两种校验规则:字段有效性规则和记录有效性规则。字段有效性规则用于自动检查输入字段的值。如对员工年龄字段可以设置检验规则,使得员工年龄范围在 18 岁到 65 岁之间。记录有效性规则定义后,在每一次保存新记录时系统都会自动进行校验。与字段有效性规则不同的是,记录有效性规则可以同时检验表中的若干字段。这在对比不同字段值时非常有用。例如,可以为“订单”表定义一个记录有效性表达式:“〔到货日期〕<=〔订购日期〕+30”,程序就会自动检查该记录的“到货日期”是否是在订购日期以后的 30 天之内。图 9.2 是在 Access 中设置字段校验规则的界面。

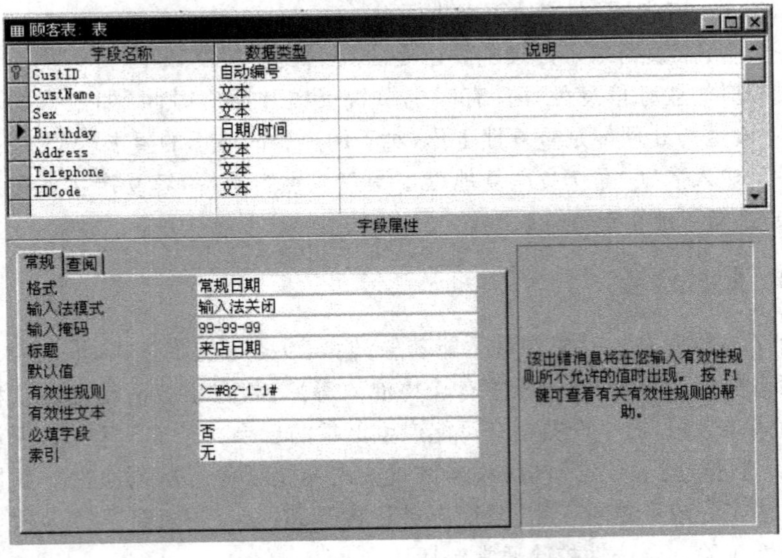

图 9.2 在数据库中有效性检验规则的设计

人-机结合校验方法通常有目视校验法和重复校验法。目视校验法是用人工对照的方法校验，让操作员手持单据与系统的显示一一对照确认。重复校验法是对重要的数据用重复录入的方法来保证其正确性。例如设计银行储蓄用户的密码输入模块时，通常让用户连续录入两次，经过计算机对照无误后记入系统的数据库。这样做可以避免在录入时因用户的击键错误而产生错误数据。

9.3.3　更新事务文件

事务数据被录入到系统后，进一步地处理包括对关联文件的添加、更新、删除和查询等。例如在一项交易业务发生后，需要录入分类账数据，同时对总账进行变更，在相应的账目文件中添加一条记录。

数据文件可分为主文件和事务文件两种类型。主文件(master file)是一个子系统中存储数据的主体，其中存放着有关实体的相对稳定的信息。例如在人事信息系统中的公司员工记录文件，存储着员工姓名、性别、出生年月日、住址、技术能力等有关信息。事务文件(transaction file)由描述事务活动的记录所组成。也是变更(修改，增添、删除)主文件中的记录的依据。根据业务的需要，在事务活动发生时，有时立即对主文件进行修改，有时则将发生的事务活动记录下来，形成事务文件，然后利用事务文件和主文件的对应关系，按照有关的规定对主文件进行修改。例如，对订单的处理并不是每当一张订单产生时都马上处理，而是将它们记入一个订货数据文件，然后定期用它对主文件进行变更处理。典型的数据处理还包括以下方面：

(1) 存储数据。事务处理系统中的数据是与日俱增的，因此对数据的存储需要事先统一规划，否则业务所产生的大量数据容易因疏于管理而泛滥，也可能因为错误的处理而将有价值的数据丢失。常用的方法是根据时间段将事务数据分类，当前数据保存在磁盘上，历史数据可以转移到其他介质，如磁带机或移动磁盘或光盘中。

(2) 组织数据。将事务数据以某种系统的方式整理和组织起来。数据归类是根据数据的性质(如事务活动发生的时间、地点等)存入相应的文件进行保管。例如商店中的事务数据可以根据产生的时间分为详细数据、历史数据、汇总数据等。建立索引是为了提供快速处理的需要，为原数据建立各种索引，使查询者可以从不同的维度进行查询。另外，数据组织还包括对数据的归类、排序、转换、化简、合计等。

(3) 分析数据。例如，从数据分析过程中发现值得注意的变化(如某种商品的销售量显著减少),为决策提供信息。

(4) 维护数据。数据处理工作并不是一劳永逸的。对事务数据需要经常进行维护,数据的整理和维护需要由数据库管理员等专职人员负责。

对数据文件的处理方式可分为联机实时处理和批处理两种。联机实时处理(On Line Transaction Processing,OLTP)是指当事务活动发生时,数据立即被录入到信息系统中,并引起系统进行有关主文件的修改处理。航空公司的订票系统常设计成这种方式,以便在不同的订票站点提供实时订票服务。联机实时处理的响应时间是一个重要的指标,过长的响应时间说明系统的处理能力不足,或网络的通信速度不能满足要求。联机实时处理的优点在于系统对输入数据总是立即处理,主文件始终保持着最新状态。但如果业务量不大,主机就只能处于等待状态,浪费 CPU 时间较多;如果业务量过大而这些业务又分布在不同的地点,主机就可能因太忙而产生错误。另外,错误的数据一旦进入了系统,就会对主文件产生变更。因此对 OLTP 需要有完备的错误恢复措施、明确的操作规程和严格的权限控制。

批处理(batch processing)方式是另一种常用的处理方式。在批处理中,先将事务数据积累到一定数量,然后一起处理;或是到了一定时期才一起处理。前者是不定期进行的,后者是定期进行的。如对商店中商品销售情况的总计可采用每天下班时的定期处理,而对于订单处理则可以采用不定期处理的方式。批处理方式也用于打印报告、账票的输出等。

批处理方式的优点在于计算机工作效率较高,处理过程中 CPU 不必为等待输入输出浪费大量时间,而且批处理可以在夜间进行,这样提高了设备的利用率。但缺点在于数据处理时效应差,删除记录或修正错误不能及时进行,必须和数据文件对比才能发现错误。例如,一个员工离职时,他的保险数据没有及时处理,这就可能造成员工已经离开企业但其保险费用并未中止缴纳的情况。

9.3.4 报表输出和提供查询

事务处理系统对企业内各管理部门提供相应的报表,如产量报表、市场销售量、现金流报表或者归纳整理后的数据、图表等。报表可以定期发送给有关管理人员。对系统的一个基本要求是在适当的时间,以适当的方式,对特定的数据使用者提供适当的数据处理报告。因此,在设计一个事务处理系统输出报表时,应当重点考虑信息接受者的特点是什么?报表的形式和内容是否适合他的要求？可以从以下几个角度来考虑报表的作用：

(1) 作为事务活动报告，用以确认企业某项事务活动完成与否。例如订单处理报表的作用是可以让主管确认一份订单是何时处理的。

(2) 作为指导性信息，指导某项事务活动的进行。如每周输出一份畅销商品和带销商品排序情况，可以使店面销售人员更好地促销。

(3) 向企业领导提供决策参考消息。如一份各地区销售情况总和报表可以让总经理掌握市场销售整体情况，以决定新的战略。

应当从用户的信息需求角度出发来设计报表。一些研究结果表明：定期报表如果是数字过多，表达不清晰，往往不被经理所认可，造成不必要的资源浪费。因此事务处理的输出方式应当仔细地考虑，对应企业内不同业务的信息需求采用适当的形式。例如可以设计成为专为某部门提供的信息报告，给用户提供一些定制报表的功能。

查询/检索功能可以进一步分为简单查询功能和复杂查询功能。前者是在重复性较高的业务中进行的查询。例如对商品目录的查询、对人事档案的查询等。对这种数据处理的要求和录入/更新处理基本相同：主要追求快速回应和正确的数据检索结果。复杂查询是指非重复性的查询工作，如 DSS 和 EIS 中采用的数据查询。在这种查询中，用户的要求事先无法确定，往往要求设定多种查询条件，或者让用户与系统对话，并可能超越事务数据文件进行查询。例如，查询特定商品的销售情况，可能根据商品名、地区名、时间带等不同的条件来查询，也可能需要用更为灵活的查询手法，如 OLAP 等方式来帮助用户。

人的认知能力的局限性

心理学的研究指出：人的信息处理能力是有限的。纽约尔和塞蒙曾提出了一个人的信息处理模型，将人的记忆能力分为短期记忆器和长期记忆器。他们发现：短期记忆器的信息处理速度很快，但不能长期保存所记忆的信息；而长期记忆器的写入速度很慢，通常要反复多次地学习才能够记忆。但是其记忆容量却几乎是无限的。另外，根据米勒的研究，适合短期记忆器处理的符号长度是5～9个，一般限度是7个。随着符号长度的增加，人的信息处理效率将下降。但也有例外，如经过训练和反复实践后，有人能够短期记忆长达75位的数字。米勒因此将此现象称为“魔术数字7±2”。

9.4 商业信息系统

商业信息系统是在商场、百货店、超级市场、零售商店等商业贸易企业以及和这些企业相关的批发、仓储、流通等部门中使用的信息系统。作为一种典型的事务数据处理系统，商业信息系统具有的许多基本功能都是很有代表性的。本章我们略微详细地讨论一下这一类系统的工作原理。

对商业信息系统的基本要求是能够提高商品销售的效率、使得计价过程自动化。现在许多商店和超级市场等都采取开架销售方式，使用 POS 系统和条码作为数据采集设备，从而使得商品销售更加快速、便捷。但商业信息系统不但能够实现计价过程自动化，而且能够根据事务数据进行统计计算，帮助企业管理人员对商场的经营情况做出正确的判断，了解和掌握企业在订货、销售和业务管理等各个方面的情况。下面我们来看商业信息系统的几个重要部分。

9.4.1 POS 和销售管理系统

POS 是 Point of Sales 的简称，其译法很多，如销售时点管理，销售点实时管理等。POS 机常用来指电子收款机（Electronic Cash Register，ECR），而 POS 系统则是指用电子收款机构成的销售管理信息系统。电子收款机是一种广泛应用的数据输入设备，由显示屏幕、电子或机械钱箱、内置打印机和内部微型计算机等部分构成，其常见功能如表 9.3 所示。

表 9.3　ECR 的主要功能

功　能	说　明
记录和汇总	对商品进行销售记录、折扣计算、退货、更正、消除等
商品管理	能登记营业员、部门和商品名称、类别、价格等信息
打印	具有打印收据功能
统计计算	有的 ECR 能进行客流量统计、计算税金、管理非营业收支等
磁卡读入器	有的 ECR 可使用磁卡支付
通信	联网后可构成实时销售管理系统

由于 ECR 具备了这样一些综合性的功能，因此它是构成销售管理系统不可缺少的组成部分。在进行商品销售时，在 ECR 中事先登记信息有助于提高销售效率。ECR 中具有价格代码对照表 PLU(Price Look Up)，营业员事先

将商品价格登录到 PLU 上，销售时只要用条码读取器读入商品代码，机器根据 PLU 就可以找到该商品的价格，并显示在屏幕上。在 ECR 上还能存储和获取有关人（如商品销售者和购买者类别代码）、钱（产品的价格，总价）、物（如商品名称，类别，购买的数量）、时间（何时进行的交易）等数据，这些数据立即被送入系统进行加工处理，就可以给管理者提供有关的决策信息。

9.4.2 条码

条码(Bar Code)是用一些宽窄不一、黑白相间的条形码进行排列组合，用以代表信息的一种方法。条码读取错误率极低，读取速度快。与键盘录入相比，采用条码后速度可提高 5 倍以上。与其他自动识别技术相比，条码的识读设备及印刷的价格都相当便宜。条码标签制作容易，对印刷技术、设备和原材料无需特殊要求。条码可以作为一种识别符号单独使用，也可和有关设备结合起来构成自动识别系统，还可以和其他控制设备结合实现系统的自动化管理。

常用的条码方案有许多种，如通用商品码（Uniform Product Code，UPC 码）、欧洲物品编码（EAN 码）、CODABAR 码等。1973 年，美国率先在国内的商业系统中应用了 UPC 码。UPC 码是一种长度固定的连续型数字式码制，其字符集为数字 0～9。1977 年，欧洲经济共同体各国按照 UPC 码的标准制定了 EAN 码，EAN 码与 UPC 码兼容，而且两者具有相同的符号体系。

通用商品码的字符集中每一个符号都由规则排列的两个条和两个空表示。通用商品码分为标准版和缩短版两种，标准版由 13 位数字排列构成，主要用于商品标识；而缩短版由 8 位数字构成，主要在生产和商业部门内部管理中使用。标准版通用商品码的结构如表 9.4 所示，可以分为 4 部分：

(1) 前缀码(3 位)，用来标识国家或地区名。代码由国际物品编码协会统一分配规定，以保证全世界都通用。

(2) 制造厂商代码(4 位)，由各国物品编码组织统一编码。

(3) 商品特性码(5 位)，用于标识商品的特性，如颜色、质地、重量等。它由制造厂商或批发公司来统一规定。

(4) 校验码(1 位)，用来校验前 12 位代码的正确性。

表 9.4 通用商品码结构

13	12	11	10	9	8	7	6	5	4	3	2	1
前缀码			制造厂商代码				商品特性码					校验码

9.4.3 销售管理系统的结构

根据商品类型和经营规模的需要，销售管理系统可以有不同的体系结构。一种最简单的销售管理系统方案是供小型零售店使用的，仅用一台智能化的ECR构成。在进行销售时商品的代码、单价、数量等信息被存储到ECR中，再通过电话线传送到银行的用户账户上。在这种结构中信息系统没有前、后台之分[①]，使用的仅仅是ECR内部具有的信息存储和管理功能。ECR把经过它收集的信息直接送到银行，由银行提供全面计算服务。

一般中小型商场的销售管理系统多用由多台ECR和服务器构成的C/S结构。这类系统的结构如图9.3所示。系统分为前、后台两个部分，通过通信线路相连。前台是由多台ECR构成的多路数据输入系统，后台是一个计算机局域网，其中服务器对前台发来的数据进行事务数据处理，或进行统计分析处理等。服务器中还存储着商场的各种业务信息和管理信息等。在商业活动的政策变化（如对某类商品打折销售）时，服务器可以将调整后的数据发送到前台收款机中。同时它还可以通过通信线路和银行相连。

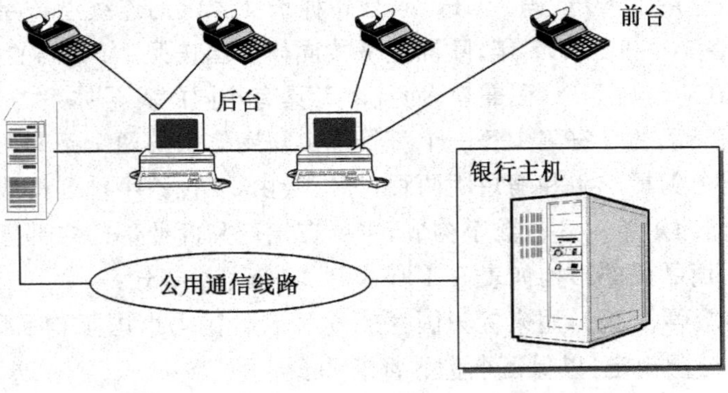

图9.3 中小型商场商业信息系统

对一个商店来说，销售管理还仅仅是其业务的一个部分，商业信息系统需要将销售与采购、库存等业务都管理起来。实现这类系统的方法之一是采用现

① 前台指用收款机直接和顾客打交道的场所，进行商品销售、收款结账、顾客信息收集等。后台指商场中对前台终端收集的数据进行处理的场所。通常用计算机将数据进行统计、整理、分析等处理，也包括库存管理、进货、贴条码等一些准备性工作。

成的面向中小商店的软件包和微机局域网。例如用“进销存”软件包,可以容易地在一个若干节点的局域网,或者仅仅在一台微机上进行商业信息管理。这种软件一般有进货管理、客户管理、仓库管理、商品管理、销售管理等功能,将小型商店的几项主要业务都包括在其中。除了完成日常事务处理以外,系统还可以提供一些分析功能,辅助管理人员进行管理活动。典型的事务处理和管理辅助功能如表 9.5 所示。图 9.4 是一个进销存软件包中的销售订单查询结果,操作员可以在这里根据业务员和购销方式,查找出订单一览表,这样马上可发现货、款、票是否已经结清。

表 9.5 商业信息系统的功能

	功 能	说 明
事务处理	销售管理	售出商品录入,商品分类,收款,合计
	查询	根据不同管理人员的业务分工和职权范围,查看有关的进货、销售、库存、员工业绩等情况
	库存管理	商品的入库、出库、库存量管理等,进货、调拨、退货、报废、盘点等活动
	商品管理	商品的编码、定价、调价、向供应厂家订货,减少不必要的订货手续,使得工作流程简化
管理辅助功能	销售分析	帮助管理人员根据销售情况,制定合理的进货和销售策略。例如,发现哪些商品是畅销产品,哪些是滞销产品,从而采取相应措施
	库存分析	制定适当的库存控制指标,以求适度的库存量。对于连锁店等,POS 系统还可以帮助管理人员实现商店间的商品调配等
	人员分析	将营业员的代码事先输入到机器中,系统可以精确记录每个营业员的工作时间以及他们经手的每一笔销售额,从而得到对人员管理的第一手数据
	成本分析	对商品流转的各阶段发生的成本费用进行核算。如在进货、销售、盘点等阶段进行核算

使用主机的 POS 系统是大型商场经常采用的方案。大型商场通常指营业面积达一万平方米以上的商店,有数十台至数百台收款机同时工作。在这种结构中需要有一台处理能力较强的后台主机,根据业务处理的需要也可能配备若干台部门级服务器。整个商场的主要业务信息都由主机来处理,而服务器各自承担一部分收款机的数据整理工作。主机通过通信线路与外界银行相连,对于销售数据进行计算和结算。这种方案可以更好地发挥主机和服务器的作用,不

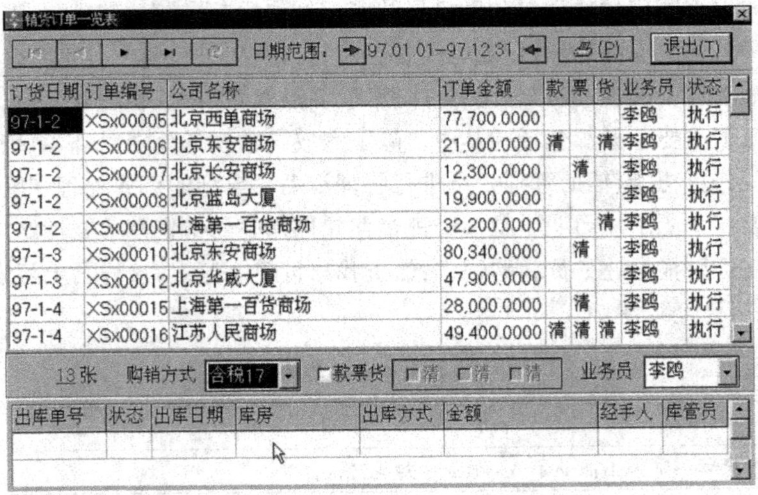

图 9.4　进销存软件包的一个查询结果

但能够给顾客提供多种快捷的服务，而且能迅速对商场的情况做出统计和判断，在订货、销售、管理等各个方面提供全面的服务。

9.5　无线射频标识(RFID)

RFID 是一种近年来受到广泛重视的新技术，可以用来记录事务活动和自动识别物体，在物流、库存、生产和销售等企业活动中有广泛的应用前景。目前，许多商业界的领先企业都已经试验性地引进了 RFID，如沃尔玛已经要求其主要供应商都要采用 RFID，美国国防部也要求其供应商在产品上使用 RFID。一些研究指出：随着 RFID 的推广和普及，将来有可能在事务处理方面产生革命性的变化，企业能够做到在物体移动的过程中快速准确地识别出来，由此所带来的应用可能性和巨大的市场目前还很难预计。

9.5.1　RFID 系统结构

RFID 有多种外形和不同的应用形态，但无论何种应用，一个 RFID 系统基本上是由以下三个部分所构成的：

1. 电子标签

电子标签又称为变频发射器(transponders)，是用来标识物体的部件。电子标签内部包括一个微处理器和微型天线，它可以存储和读写数据，例如产品的标识、有效期、处理和存储的设备、服务和历史等，可记录数据量远远超过条码。

对于电子标签的一种常用的分类方式就是分为有源的和无源的标签。电子标签使用无线射频(radio waves)与读写器通信，因此，它需要微量能源才能工作。有源标签使用内嵌的微型电池，可以用自己的能源发出信号，传递的范围目前可达一百多米。无源标签内部无电池，而是靠反射读写器发出的射频来通信。无源标签的发射信号只能在10英尺(1英尺=0.3048米)内有效识别。

2. 读写器

读写器(readers/writers)类似条码扫描器，其作用是与电子标签通信，读出或写入数据。读写器可做成各种形状，如PC卡片型、手持型、嵌入模块型等。读写器通常由两部分组成：天线部分的作用是向电子标签提供电源，同时进行数据的发送和接收；另一部分是控制器，对数据进行编码、解码以及和软件系统进行通信。

读写器可以用极快的速度连续读取大量标签数据。因此，它可以用于自动获取数据，大大减少读取物体数据的时间。在自动仓库中，当一个装满货物的大型包装箱通过读写器时，读写器可在瞬间读出箱中所有商品的标识，而且不需要人工干预和接触商品。国外的试验表明：比起传统的条码来，RFID可以节约80%的数据读取时间。

3. 软件系统

RFID系统的第三个部分是其中的软件。在软件中最重要的是编制时所依据的业界标准。软件系统通常包括一个前端管理程序，用来控制读写器，一个中间件将读取的信息送到服务器，另外还需要运行后台数据库应用系统。

9.5.2 EPC编码

全球电子产品编码(EPC global)是一个主要的RFID标准设定组织。该组织已经提出了一个基于互联网的供应链模型，目的在于给供应链以端到端的能力。该模型的核心内容是EPC电子产品代码(Electronic Product Code，EPC)。现在，许多制造商开始在他们的产品中加上用这种代码的RFID标签，每一个标签中包含着一个唯一的EPC 96位的代码，它是UPC条码的后继，可以用来唯一地标识该产品。

EPC的一个例子如图9.5所示。由此可以得知，EPC可以辨别2.6亿个企业，680亿个物品代码，具有普通条码所难以比拟的数据标识能力。

01	113B9D6	32C5A1	509CBD60E
8 bits	28 bits	24 bits	36 bits
Version of EPC	Manufacturer Identifier	Product Identifier	Item Serial Number
	More than 268 million unique IDs possible	More than 16 million unique IDs	More than 68 billion unique IDs

图9.5　一个EPC代码的例子

使用RFID的商店试验

麦德龙(Metro)集团是欧洲最大的零售商之一。近年来，它已经在德国开设了一家“未来商店”，在商品的摆放和进货、库存管理等方面全面试验RFID的作用。

商品在发送到商店之前，货物被Metro配送物流系统(MDL)分类装箱送到中央仓库的货盘上。每个货箱和货盘都有一个包含货架内商品的条形码和货盘数量的智能芯片。仓库人员把这个数据读入一个与未来商店相连的电子RFID商品管理系统中。当商店要求补货时，装上货的货盘被运到中央仓库的出口区域，在那里有一个称为“RFID门”的发射器来记录商品标识。此时，库存管理系统把商品的状态从“存货中”变为“运输中”。

当未来商店收到货物时，员工把货盘从卡车上搬运着穿过商店后门的另一个RFID门。扫描器可以每秒最多识别35个标签。这时，商品状态变为“店铺已收货”。然后大多数商品在仓库临时存放。每个存放位都安装了一个智能芯片。在将每个货箱放在货架上时，用一个手持扫描器读取、匹配箱子上的芯片和货架上的芯片。员工现在能准确地知道每件商品放在哪里了。

当货物被运到销售区，箱子穿过另一个RFID门时，在这里读取芯片并把商品状态改为“上架”。当员工把箱子清空并把商品都放上货架时，从箱子上取下智能芯片并在将空箱子移到仓库以前使其状态变为失效。

9.5.3 RFID 发展的前景和障碍

尽管 RFID 有很好的发展前景，但是要广泛地得到应用，目前仍然存在一些障碍。最大的问题来自于制造成本。RFID 的成本可以分为三部分：

标签成本：无源的标签成本大约 50 美分，但是需要在制造量大于 100 万枚以上时才能实现。

读取器的平均成本为 1 000 美元，而某些高端产品高达 3 000 美元。

中间件的成本也变化很大。例如，软件 TagsWare 价格为每个天线 150 美元，而 objectStore accelerator 的 RFID 价格是每个 CPU 许可证为 25 000 美元。

另外，在一些应用（如使用 RFID 的仓库）中还需要特殊的设施，如使用 RFID 的叉车、传送带、库存货架和分类机器等。和条码比较一下就知道两者的差异十分显著：传统的 UPC 条码标签的平均成本低于 1 美分，一个读取器大约不到 200 美元。同时，条码也不需要其他特殊设备。从这一点来看，RFID 要想得到进一步的发展，降低成本将是一个关键因素。

第 9 章重要概念

事务处理系统，数据处理，主文件和事务文件，数据采集方法，基础数据、编码方法，顺序码、表意码、复合码、合法性校验，字段有效性、记录有效性、人机结合校验、联机实时处理，批处理，系统审计，系统权限和角色，信息报告系统，商业信息系统的构成，通用商品码、POS 系统、ECR、PLU、“进销存”软件包，RFID，EPC 电子产品代码

第 9 章复习题

1. 事务处理系统中对文件有几种操作？
2. 说明一种你知道的编码方法，并评论该编码方法的设计是否合理。
3. 对批处理和联机事务处理进行比较，并说明它们各适合用于什么业务。
4. 事务处理系统有哪些常见的功能？举例说明。
5. 什么是合法性校验？如何进行合法性校验？
6. 报表的作用是什么？
7. 在事务处理系统中为什么要编码？
8. 有几种常用的编码方法？
9. 说明 POS 系统中主要的设备性能，以及它们在商业信息系统中所起的作用。
10. 在什么情况下应使用条码和 POS 设备？
11. 说明什么是“进销存”软件包中的基础数据。
12. 说明为什么 RFID 会给事务处理带来革命性的变化。

小组活动课题

调查一种使用条码的信息系统的构成成分以及制作和使用条码的全过程。

第10章　办公自动化系统

本章学习目标

(1) 掌握办公自动化系统的主要功能

(2) 掌握工作流的定义和描述方法

(3) 学习工作流参照模型的基本概念

(4) 了解群件系统的工作原理和基本的应用

(5) 了解知识管理系统的工作原理和基本的应用

办公自动化系统(Office Automation Systems，OAS)是一种常见的信息系统形态。简单的办公自动化系统是在PC-LAN上用软件包加上通信软件直接构成，而复杂的办公自动化系统则与整个企业的业务活动及工作效率紧密相关。本章中将介绍办公自动化系统以及协同工作系统的研究成果及其在企业管理上的实际应用。

10.1　办公室工作的性质

10.1.1　什么是办公室工作

什么是办公室工作？如果我们从信息处理的角度来看，办公室是一个组织对其信息集中处理的场所。办公室中的主要工作包括信息的发布和汇集，文档的创建和管理，以及各种行政管理工作，因此从信息处理的角度来看，办公室的工作人员都是某种信息工作者。随着信息技术的普及，白领工作者在劳动力中所占的比例不断增加，这种转变一方面使得个人掌握的工作技能和工作性质发生了变化，另一方面也带来了相应的社会责任和人际关系的变化。

在办公室出现后很长的一段时间中，行政管理工作者们的工作是以经验为基础的、以处理人际关系为中心，他们的日常工作形式是打电话，听汇报，发布命令等。亨利·明兹伯格在1973年做的一项研究发现，大部分高级经理的工作都是以行动为中心的，他们基本上采用一种传统的工作方式，主要靠直觉和关系去工作，和外界以及下级的直接联系需要花费高级经理1/3的工作时间。

从20世纪80年开始，由于企业信息量的增长和处理方式的变化，企业的高层管理者开始使用计算机从事日常工作。同时，现代企业办公室的工作也迅速普及了计算机化，以增强与内外机构及有关人员之间的沟通，实现数据的共享和协调，设计科学合理的业务流程。办公自动化系统就是应此需要而产生的。

办公室文秘工作的变迁

19世纪时，英国的办公室事务员以男性居多，办事员和经理的工作并没有严格的区分，对办事员的要求是"语言知识、会计知识、商业细节，精力充沛、敏捷果断"，而技术性知识对他们来说并不重要。

到20世纪中叶，随着工业社会的迅速进步，企业中文档处理量的大量增加，办公室的打字、簿记、文秘、电话接听等工作需要越来越多的工作人员。办公室人员的构成也发生了变化。随着商业教育的普及和简单的信息处理技能的需要，办公室工作变为主要由年轻女性担任。

20世纪末，传统的以文档工作为中心的手工信息处理方式正在被基于计算机和通信设备的文秘工作方式所取代。普通的办公室文秘人员必须了解计算机知识，掌握有关的打字、扫描、排版、打印、复印、电传、电子邮件、图像和语音处理、短信发送等多方面的信息处理技能。在计算机上工作成为办公室文秘人员的基本工作方式。

10.1.2 办公室工作的信息处理

办公室是企业中信息汇集和进行处理的场所，无论是企业总经理的个人办公室，还是上百名工作人员一起工作的大型业务办公室，都需要处理大量的信息。不但要对企业内各部门传来的信息进行处理，还要与企业外部的机构进行交流，提高信息处理的效率对于办公室人员来说十分重要。传统的办公室工作主要依靠手工的文档处理和电话，大多数文档工作是繁琐而枯燥的重复性工作。电话传递信息时也容易产生错误和偏差，不能将详细的信息保存和记录下来。

在办公室中的信息处理工作中，经常采用某种分工合作的工作方式。例如经理和秘书为了交换信息的方便，可以将工作地点设在相邻的办公室或套间中。现代生产企业中经常有所谓后台办公室，就是将与企业某项基本业务有关的各种办公活动（如订单处理、账务处理、文档记录等）都在一个大型办公室内解决。

办公室中的工作性质和工作者的职责有密切的关系，可以根据工作者的职责划分出不同的信息处理角色。办公室中常见的信息处理角色包括：① 决策者。该角色对于某项工作有批准或否决的权力；② 监控者。例如项目办公室的工作人员主要负责管理和监督各个项目的执行和进展情况；③ 知识工作者。如市场策划人员、作战参谋人员、总经理的专业助理等。他们的工作性质是为决策者出谋划策，提供有助于决策的资料，为减少不确定性做好分析和辅助性工作；④ 事务人员。事务人员是办公室中具体工作的执行者，如数据输入、核对检查、会议记录等。在一项大型的任务中，有时需要不同的角色合作完成，每个人各自担当其中一部分工作，这也可以看作是一个工作流。

表 10.1 是某企业对其办公室各种工作的详细分类，以及对它们各自所占比例的统计结果。表中的第 3 列是在这些工作中目前常用的信息技术支持手段。

表 10.1　办公室工作与信息技术

办公室中的工作分类	百分比	信息技术支持
文档处理 （起草、抄写、修改文档，保存、收发、整理和查找文档，制作表格和图形，制作演示幻灯片，制作图片等）	40%	文字处理 表处理 数字图像化
日程安排 （计划、制定日程和工作日历，发放通知等）	10%	电子日历、日程计划 电子邮件 工作流
信息交流 （通过电话、传真、信件等方式，与组织内外的有关人员进行信息交流）	30%	PBX和数字电话设备 语音邮件 EDI
数据管理 （对企业内部资产、资源、个人或群体、物品设备的数据管理，对有关外部顾客、客户、供应厂商的管理）	10%	数据库 客户关系管理
项目管理 （对某项目进行计划、实施、评价、控制，对资源的管理，人事决策等）	10%	项目管理软件

10.2 办公自动化系统

通过对办公室工作性质的分析可以看出：提高办公室工作效率和质量的一个重要手段就是使用办公自动化技术并将它们与各种工作进行很好的结合。由于个人计算机上的办公软件包（如微软的 Office 软件包）可以极大地提高个人信息处理的效率和质量，已经成为办公室工作的必备设备。最常用的功能包括文字处理、表处理和演示软件。办公室事务工作者所需要的技能如表 10.2 所示。

表 10.2 办公室事务工作者所需要的技能

文字输入	汉字输入有多种方式，如拼音输入、五笔输入等，一般的办公室工作者至少应掌握一种输入方法，对输入的速度和正确性均需要有一定要求。语音输入和手写输入软件正在逐渐成熟。
文档处理	文字处理软件的主要功能包括文字格式设定，页面格式的设置，公式、图形、表格的编辑，以及文字查找、替换、检错、特殊字符输入等。
表处理	基本的表计算软件使用方法包括对数据和公式的输入，对单元格式的设置，各种表格的创建，完成简单的数据计算和图表输出等。
演示软件	能够根据商业活动的要求，制作出思路清晰、美观大方的演示稿。
图形和影像处理	基本的图像扫描工作和文字扫描识别等，对于搜集和整理企业外部的经营环境信息往往是十分重要的情报获取手段。
电子邮件	电子邮件能够通过计算机网络实现非同步的信息传送，费用低，速度快，操作方便，一些企业使用电子邮件后发现他们与客户的联系更加方便可靠，企业公关和营销的效率得以提高。

面向办公室人员的软件包的作用主要是提高个人信息处理能力，而办公自动化系统的作用则是以网络技术为基础，运用群件等实现办公室综合功能的电子化，办公工作流程的自动化。办公自动化系统是面向办公室工作人员的信息系统，它可以根据组织的需要将办公室中的信息处理集成起来，对办公室中的信息收集、信息加工、信息传递、信息存储、信息利用、信息反馈等进行整合的处理。从技术上来看，办公自动化系统在硬件上包括各种数字化的办公设备，如电话、电传、传呼机、文字处理机、打印机、复印机等；而办公自动化系统中的软件则包括文字处理、群件、文档处理系统、办公日程管理系统、电子邮件、知识管理等。

让我们来看一个在政府机关某部门中使用的办公自动化系统的实际例子。在该部门中，大量的日常工作是公文的起草、修改、编辑、校正、收发、归档、整理、保管和销毁等，文件的处理要花费工作人员大量的时间和精力，又难以对大量文件妥善管理，迅速查询。为解决这些问题，该部门引进了一个公文处理系统。该系统的主要功能包括：

(1) 帮助工作人员起草、修改、编排和打印各种文档，包括通知、公函、会议纪要、报告、日志等。

(2) 帮助工作人员进行文档处理流程管理。对系统中文档指定一些附加的信息，如文档号、主题词、类别、保密级别、有效期等。这些信息用于对文档进行各种处理，如收文、发文、办理、催办等活动，同时也可以用来进行文件的借阅、批示、销毁等。

(3) 虚拟文件柜管理。系统提供一个虚拟文件柜对计算机文件进行保存，对大量文档进行查找、调看、统计查询等。

比起公文处理系统来，办公自动化系统还有更加广泛的应用领域和更多种类的信息处理功能。一些商品化的办公自动化系统中包括领导日程管理、日常办公管理、会议管理、公共信息管理（如公告栏、论坛等）、个人信息管理（如个人工作绩效记录、评估等）、固定资产管理（包括车辆、会议室、文件物品借用等）、技术信息管理（如图书期刊管理、科研项目管理、内部刊物管理等）、人事信息管理等。

用于不动产拍卖的信息系统

文档管理和图像化可以使用在需要保存大量档案的单位，例如银行、房地产契约管理部门，人事部门等。使用光盘塔技术和大容量磁盘技术，就可以将大量信息保存到一台计算机上。这将给企业带来很大的效益。

美国芝加哥的一家房地产公司，其业务是拍卖房地产项目。过去他们的做法是将一批可分期付款的房地产项目收集在一起进行拍卖。买主们聚集在一个房间里，准备拍卖的项目文件和分期付款文档也陈列在房间里，文件陈列的时间很长，因为要让买主们看文件，有时文件还会被买主偷走。

后来该公司将文件用计算机图像化方式来显示，而且买主能够提前一个月看到文件，他们可以更清楚地了解关于不动产的一些关键细节，有助于进行更为公平的竞争。

> 该企业设计并实施了一个办公自动化系统，他们购买了大容量磁盘和高质量扫描仪，整套系统花费了1百万美元。同时，他们用6个星期的时间，将270万份文件扫描到系统中。该公司的投资得到了回报。他们从此抛弃了纸张文件，并从一个小拍卖公司成长为全国规模的大公司，甚至帮助政府进行一些大规模贷款项目的竞标。

10.3 工 作 流

10.3.1 工作流

工作流是经由多名办公室人员协调完成的、相对稳定的业务活动，偶发的活动构成的集合不属于工作流的范围。一个工作流也可以看作是一些基本活动的集合。将这些基本活动在办公自动化系统上进行，能够产生以下效益：

(1) 节约资源。传统的办公室工作方式浪费纸张、场所和人力资源。一份文件可能要在不同部门备案，需要多次抄写或复印。而电子化的申请单填写完毕后就可以共享。

(2) 提高准确性和速度。电子信息在复写和转发中准确性高，不会产生在抄写中产生的错误。如果文件中内容不够详细准确，计算机可以自动检查。

(3) 传统的文件方式中，由于审批者工作忙使得申请搁置、遗忘，甚至造成损失等现象经常发生，而有关人员也无法了解目前的工作进度，而电子化的工作流可以随时查询。

(4) 通过活动分析，可以发现不必要的活动。可以进行活动价值分析，使得企业中的业务流更加合理，降低成本[①]。

通过业务活动分析，可以详细地描述出工作流中的基本活动。例如某公司的采购业务是这样规定的：采购科的工作人员在采购某项材料时，需要打报告提请采购科科长批准，然后需要通知财务科主管人员和库存检验人员。如果是大额采购，必须得到主管经理的同意。图10.1是这个业务活动的工作流。

① 关于这一点请参照第13章的内容。

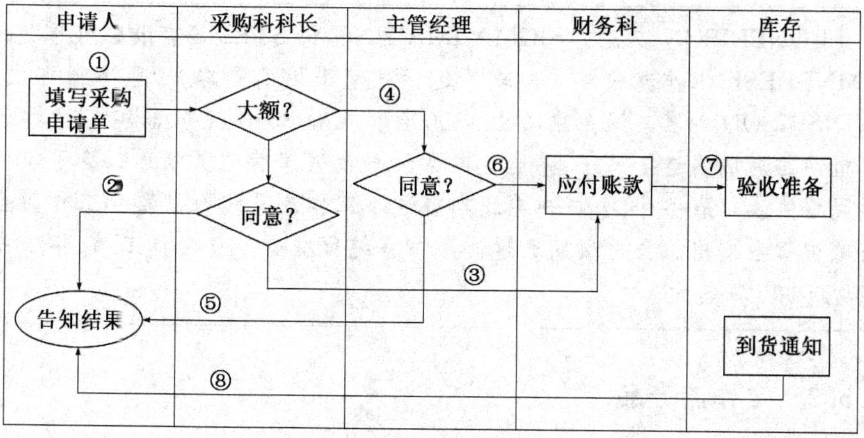

图 10.1 一个设备购买申请工作流

① 申请人提出购买设备的申请；② 如果在采购科科长可批准的范围内，则采购科科长直接答复可否；③ 如果可购买，采购科科长通知财务科，向供应商付款；④ 如果超过采购科科长可批准的范围，则将申请和科长意见转给主管经理；⑤ 主管经理给予答复；⑥ 主管经理向财务科发出批复意见；⑦ 财务科将订购信息发给库存部门；⑧ 库存部门将到货情况通知申请人。

如果通过分析明确了以上工作流，就可以使用办公自动化软件来实现。一个直接的解决方案是采用专用的工作流系统。所谓工作流系统，就是以工作流的定义、执行、管理为主要功能的办公自动化系统。工作流系统通过直接定义业务关联的活动以及活动之间的相关关系，可使得信息和数据在有关的业务活动中得到流畅的运用，业务活动的可视性和工作效率得到显著改善。

燃气公司中的工作流系统

CONEDISON 是一家资产达 50 亿美元的美国燃气公司，它的 1 300 名服务人员在 20 个办公室中为 300 万名煤气用户服务，他们管理着 100 万份文件。在这样庞大的机构中，当一份文件被传送到某人的办公室后会得到什么处理？没人知道。公司一直在寻求一种能够降低成本、提高效率和改善服务质量的途径。后来，公司决定采用工作流软件改变他们的工作方式。

工作流软件通常和图形技术及文档管理技术一起使用。图形技术和文档软件可以把纸张资料如文件、报告等转为可存储、可存取的电子形式。它们是实现无纸化的重要工具。

CONEDISON 安装了 SIGMA IMAGING SYSTEMS 有限公司开发的 OMNI-DESK 工作流软件。该软件运行环境采用的是客户/服务器方式。CONSDISON 的客户服务中心由 1350 台微机和 85 台服务器构成，这些计算机通过局域网连接起来，并通过电话线与数据库管理员相连。除了能提供更好的客户服务外，公司领导还期望这个工作流系统通过整合工作为企业减少营业支出。公司预期通过使用该系统可减少 150 名员工，每年节省 200 到 300 万美元。

10.3.2 工作流产品

下面我们来学习若干工作流系统的术语，这些术语是国际工作流管理联盟(Work flow Management Coalition, WfMC)所定义的，是有关工作流系统的重要概念。

- 业务流程：业务流程可以看作是这样一个系统：它通过一系列相互连接的活动(如决策、信息处理)实现组织的特定目标。
- 工作流：工作流是指使用信息和网络技术，实现业务流程的全部或部分自动化。具体来说，就是遵从一定的流程规则，实现文档的创建以及各种信息或工作任务的自动传送。
- 工作流管理系统：指使用在网络上工作的特定软件系统来定义、管理和执行工作流。它是信息系统的一种特定的模式。
- 工作流产品：是商业化的用于工作流管理的软件。

我们知道，一个特定的工作流产品是由某个软件厂商所设计的，每一种产品都有其独特的界面、功能和特征。另一方面，一个企业中可能有多个工作流，不同的业务或许需要不同的工作流产品来支持。这就关系到如何对各种不同的工作流及其产品进行分类的问题。企业为了选择适合自己的工作流产品，也需要对工作流和工作流产品的分类有所认识。

对工作流产品的分类可以从许多不同的角度来进行：例如工作流的性质，参与工作流的工作者，工作流中活动的特征等。目前根据 WfMC 的研究，对于工作流产品主要基于两个维度来分类：该产品中的工作流与企业基本业务的关系以及企业业务的多样性。根据前者可以分为两类：与企业基本业务直接相关的工作流和间接相关的工作流。例如在一个商业性企业中，其基本业务是商品的采购和销售，那么一个营销部门的工作流就是和企业的基本业务直接相关的。根据另一个维度即企业业务的多样性，则可以将工作流产品分为具有多样性的非重复性工作和具有单调性的重复性工作两种类型。如果用横轴表示企业业务的多样性，纵轴表示与企业业务的相关性，我们就可以得到一个如图 10.2 所示的 2 维矩阵，不同的工作流产品可以划归到这个 2 维矩阵中的某一个象限中。

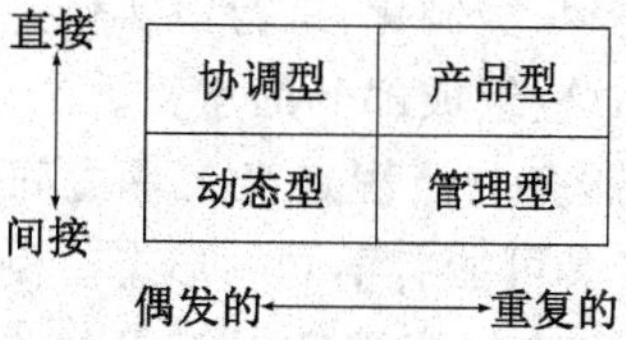

图 10.2　对工作流产品的分类

右上角象限称为“产品型工作流”，它是最重要的一种工作流。因为这个象限中的工作流与企业的基本业务直接相关的，同时在其活动特征上又具有重复性。这样的工作流一般与企业的主要产品（或服务）有紧密的关系。如生产制造型企业中的生产计划科中的工作流便属于这种类型。

右下角象限称为“管理型工作流”，这类业务活动虽然与企业基本业务不直接相关，但具有重复性。一个典型的例子是生产制造业企业中的管理工作流。对这类工作使用工作流产品的目的在于提高工作效率。

左上角象限称为“协调型工作流”，这与企业业务直接相关的非重复性工作，需要增加知识系统，以人机结合方式来完成。可以用工作流结合企业业务再造来完成。

左下角象限称为“动态型工作流”，与企业业务不直接相关，也不具有重复性。这类工作流为什么还需要工作流产品呢？事实上，对这一类工作流系统采用的出发点并不是提高工作的效率，而是从工作的性质出发考虑，可以将工作做得更好。例如在某些决策活动中可能需要使用一类分析模型，这时工作流产品便可以提供强大的支持功能。

10.3.3　工作流参照模型

随着 IT 业的发展，越来越多的工作流产品得到应用。但是不同的 IT 厂商所提供的产品各不相同。那么对于形形色色的产品是否需要一个共同的概念框架呢？答案是肯定的。这就是国际工作流管理联盟所提出的概念框架。

国际工作流管理联盟提出的工作流参照模型包括5个接口，分别与工作流的核心部分即工作流执行服务部分相连。所谓工作流执行服务（Work flow Enactment Services）是一个工作流系统的核心部分，在它内部可能有若干工作流引擎（或工作流机）。工作流执行服务的作用是创建、管理和执行工作流。工作流引擎是工作流执行服务中的实际工作机构，提供工作流实例的执行环境，将执行流程的定义进行解释和实例化，运行该实例并管理运行流程。下面我们简要介绍一下这些接口和对应组成部分的意义。

接口1是工作流执行服务与流程定义工具之间的接口。对于不同的工作流系统来说，其流程定义工具可能有不同的形态。例如，可以是图形化的方式，也可能是某种表格的方式。这些流程定义工具的作用都是创建工作流流程。在这类工具中通常都提供一种工作流流程定义语言（WPDF），例如一种典型的WPDF称为Wf XML语言。用WPDF定义的流程可以看作是一个概念网络，它包括构成流程的活动、活动之间的关系、指示流程启动或完结的信息以及有关活动自身的信息（如活动的执行者、参与者、与该活动相关的应用程序和数据等）。WPDF是一个工作流产品的重要组成部分。

一个工作流由若干个为完成特定目标的任务和相关数据所组成。任务是最基本的执行单位，任务间存在执行次序和依赖性等约束关系。执行次序规定了任务间启动的先后顺序，分为并行方式和串行方式。依赖性规定了在发生提交和废弃时，任务之间的约束关系。为了描述任务间的复杂约束关系，可以将具有相同关系的任务定义为任务组，若干个任务组构成一个工作流。因此，一个工作流模型可表示为一个有向图，其中的节点表示任务，有向边表示控制流和数据流。这里的控制流由任务间的约束关系定义，数据流由任务间的输入输出来定义。

接口2和接口3是工作流执行服务与应用软件之间的编程接口（Work flow APIs, WAPI）接口。接口2是与客户机应用软件之间的接口，接口3是与所引用应用软件之间的接口。一个工作流产品不但要提供工作流处理，还经常需要与其他应用软件整合，例如电子日历、日程计划、电子邮件等。通过参照模型中的这2个接口，应用软件就可以与工作流执行服务进行整合。

接口4是与其他工作流执行服务之间的接口，它定义了多个工作流执行服务之间的通信机制。如果一个工作流引擎希望另一个工作流引擎执行一段业务过程，就可以通过这个接口传送背景信息和数据。接口4的重要作用在于它为工作流引擎之间的相互可操作性提供了一个可参照的标准。

最后，审计和监控工具与工作流执行服务之间的交互通过接口 5 来进行。该接口标准的确立，有助于在不同的工作流产品之间的审计取得一致性。通过该接口，工作流引擎可以分析异构工作流产品中发生的事件，例如 WAPI 事件、内部工作流管理引擎操作和应用功能等，用以控制系统的运行。

工作流和外部系统之间的数据交换主要通过三个接口来进行：工作流客户应用（接口 2），调用的应用程序（接口 3）以及工作引擎相互交换（接口 4）。以上概念的总结如图 10.3 所示。

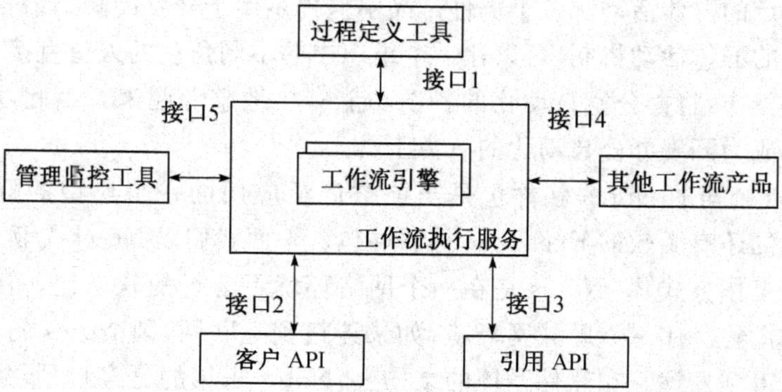

图 10.3　WfMC 提出的工作流参照模型

10.4　群　　件

现代企业中的业务多半是群体性的活动。一项工作任务往往不会从头到尾由一个人来做，而是通过人们的分工协作来完成。这种群体活动的形式可能是多种多样的，在活动中每个人都承担一定的任务或担任某种角色。销售经理可能提出一种新的销售方式，助理人员负责策划具体方案，对这个设想进行论证；当这个工作完成后，销售经理又要写一份正式报告，提交给企业高层领导讨论；最后，将讨论通过的报告修改后，由销售部门分工执行。在这样一个工作过程中，每个成员都要在其中担任一定的角色，又要和其他成员进行信息交互。如果没有很好的信息交互途径，也可能产生职责不清、分工不明等问题。

群体工作有多种形式。同步模式（synchronous mode）是指在同一地点、同一时间内进行的群体决策、集体设计等群体活动。典型的同步模式群体活动是与会者在一个地方进行面对面的会议。如果工作是在同一时间内执行，但群体成员却位于不同地点，则称为分布式同步模式(distributed synchronous mode)。电话会议，互联网上的会话以及电视会议都是这一模式的例子。如果工作是在不同时间进行的，则称为异步群体工作模式(asynchronous mode)。例如执行某任务的员工必须留下一些信息给其他的员工。

10.4.1 OA 开发工具——群件

群件(group ware)是一种用以支持群体活动的通用软件开发工具，可以用来开发特定的群体活动。一个群件产品不但提供用于开发的脚本语言，还包括一些现成的群体活动机制，可以让一个组织中的不同角色的人员直接使用它进行有效的工作，将办公室自动化的各项功能有机地整合起来。因此，群件出现后很快就成为开发办公自动化的有力工具。

Lotus 公司的 Notes 软件包是当前被广泛应用的一个典型的群件产品。与之类似的还有微软的 Exchange 等软件包。下面我们以 Notes 为例说明群件的功能和工作方式[①]。Notes 是在一个网络环境下运行的软件包。在硬件上，Notes 要求至少有一个局域网环境，如果连接到互联网，则 Notes 的功能就可以更好地得到发挥。在软件系统的结构上，Notes 采用的是客户/服务器方式。在 Notes 中有一个服务器方的软件，它主要负责数据存储和管理工作，而客户端软件则提供各种应用界面。例如在 Notes 中内嵌电子邮件功能，Notes 的服务器软件完成邮局的收发任务，而在客户机上的 Notes 软件则提供用户邮箱，进行邮件的撰写和收发任务，用户只需要和用户邮箱软件打交道，而服务器的邮局软件则通过与邮箱软件通信，将邮件通过网络传递到其他用户的邮箱中。从 Notes 的 Domino 版开始，客户端软件已经和浏览器结合起来了，Notes 的用户可以用普通的浏览器来调用系统提供的各种功能。其基本工作原理如图 10.4 所示。

Notes 在客户机上的用户界面称为“工作台”，在一个群体中工作的成员先在要 Notes 系统中登录，然后才可以在客户机的工作台上开始工作。在工作台上的每一个群体活动应用都表现为工作台上的一个矩形图标。在 Lotus Notes 中，一个应用也是有关用户可以操作的文档集合。图 10.5 是一个工作台，上面在公司文件的选项卡中有三个应用。

---

① 关于该软件包的细节可参照 Lotus Notes 附带的技术手册.

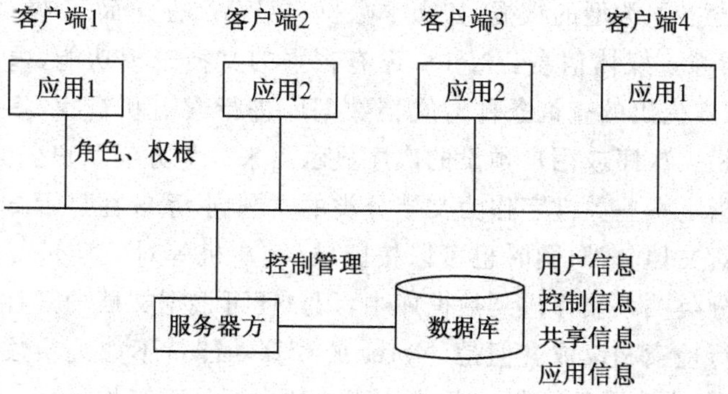

图 10.4　Lotus Notes 的工作原理

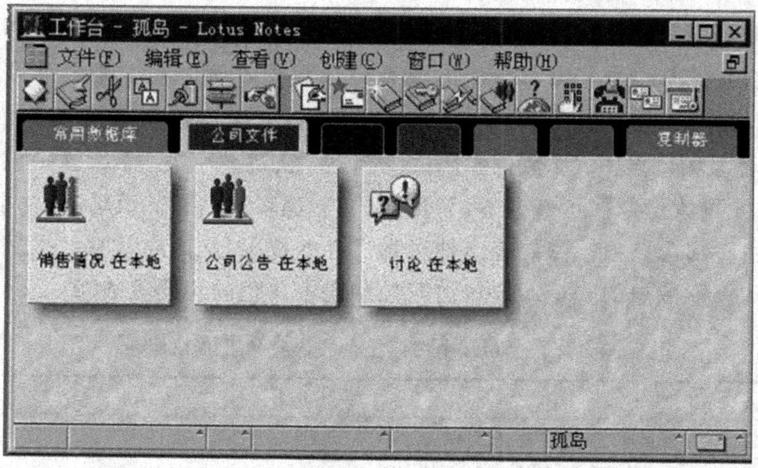

图 10.5　Lotus Notes 的工作台和数据库

10.4.2　数据处理权限

Notes 是以支持群体活动为其主要目的，因此其内部数据库中包含着一个群体成员的作业文档集合。而对于特定的应用来说，每一个群体成员都应当有他特定的权限范围。个人文档只有创建者自己才能看见和编辑，而对共享文档，每一个被授权的人都可以进行相应的处理。

和传统的关系数据库不同，Notes 数据库中基本的数据存储形式是文档数据库，数据以 Rich Text 格式文档存储。和通常的文本文件相比，Rich Text 文档中可以包含多种类型的数据，如文本数据、WWW 的页面、影像数据、图形数据、声音数据等多媒体信息。Notes 还有很强的文档管理功能，内置全文搜索引擎，可按用户提出的查询条件对文档数据库进行索引和查找，将符合条件的全部文档按相关次序或用户预设的次序显示出来。为方便用户分类和检索，系统允许用户指定一些关键字作为文档分类的主题词，系统在显示文档时按这些主题词自动对文档分类；同时也可以按区域、客户机等对文档进行分类。由于这些文档的分类关系被存入到数据库中，用户便可根据文档的某种分类或是文档的内容进行检索和读取。但是，Notes 的计算功能就不如关系数据库。从这个意义上来看，它主要适合做一些非计算性的文档处理工作。

在 Notes 上工作的成员，对于系统中的数据文件可能有不同的处理要求，对他们的权限必须要提供精确管理的机制。例如一份工资文件，主管财务经理可以随时调看，而员工本人却只能看到自己的记录。为实现这一点，Notes 用访问控制表(ACL)来记录系统中的所有用户权限。例如某个用户准许以什么方式(例如创建、读、写、删除等)访问某些资源。ACL 控制的资源分为 4 级：① 服务器；② 数据库；③ 数据库内的文档；④ 文档的字段。Notes 提供了不同的权限(如可读、可写、可修改等)和角色(如创建者、编辑者、读者等)功能，使得每一位用户都可以根据需要确定他对某文件的权限，从而在共享数据进行合作的同时又保证数据的安全性。对访问控制表中角色的说明见表 10.2。

表 10.2 Notes 中访问控制表中角色及其权限

角 色	说 明
储存者	只能向数据库存入文档
读者	只能读数据库的现有文档
作者	可以在数据库创建一个新文档，可以读数据库的现有文档，但是不能修改现有文档
编辑者	可以读、写和修改数据库中的现有文档
设计者	可以更新或改变数据库的设计和结构
管理者	是数据库的拥有者，并且可以对 ACL 增加或删除用户

10.4.3 Notes 的应用

Notes 是一个具有强大功能的群件应用开发平台。为了开发特定的应用，Notes 提供两种方式：一是标准化的群体活动模板，用户可用这些模板快速开发应用系统。二是开发语言，让用户根据自己的需要来开发特定的应用。

Notes 中预置的模板有几种基本类型，如文档库型、记录跟踪型、讨论型和工作流型等。一个模板中已经根据常见的群体活动设计好了其角色、权限、信息流向以及控制方法等。用户只需按照系统预设的内容，在模板的相应的参数中填入群体成员的标识符即可。例如，可以用“公告”模板来创建一个公司的公告，只要将群体中有权发布公告的用户和应当接受公告的用户(或用户组)填到模板的参数中，就完成了一个公告应用的创建。有权发布公告的用户登录到系统后，打开这个应用，将有关的事项信息送入系统，而其他用户只要一登录到系统就可以看到公告内容。

为了支持群体活动的数据共享，Notes 还提供数据复制功能。这对于通过群件系统进行协调性工作的群体活动特别重要。例如一个写作小组由三位成员组成，他们在不同的地点工作，各自分担一本书中的一部分写作任务。这时他们通过 Notes 建立了一张公用的术语清单。为了保证三个人所用的术语始终具有一致性，他们希望只要任何一个成员对清单上的某个术语进行了修改，这个文档的最新版本就要在其他两人的计算机中同时更新。在这种情况下就应当使用 Notes 的数据复制功能。通过指定他们所用的这个清单具备数据复制功能，当一个成员担任的写作内容更新时，其他两个成员的文件也会自动更新。这就节省了很多繁琐的通信和抄写工作。

Notes 中的工作流模板可以直接用来设置一个工作流。这里对一个工作流的设置要确定三类有关的参数：角色、规则和路径。即群体中的每个成员在工作流中扮演什么样的角色，对工作内容有哪些规定以及相应的工作必须经过什么样的路径。以前述的采购活动为例，其工作流应用的创建流程概略如下：

- 角色：我们将工作流中的角色设计为申请人、营销部门经理、企业主管、财务经理、库存管理员等5种。这和实际工作中的角色完全一样。
- 规则：对相应的人、工作等确定约束规则。例如营销部门经理所应遵守的规则是10万元以下的设备，则有权批准，同时通知财务经理。否则应将申请转发到企业财务主管处。
- 路径：例如申请人的申请书只能发到营销部门经理处，而营销部门经理的处理结果却可能发到申请人、企业主管和财务经理处。

当这些信息都明确了以后，我们就可以在 Notes 中定义这个“申请购买设备”工作流中的每一个角色。然后，用程序来实现其中必要的规则和路径。这些工作用群件来完成是十分方便的。

图 10.6 是用 Lotus Notes 的讨论模板开发的一个案例讨论应用系统的屏幕画面。其中左半部是分类列表,右半部是模拟讨论情况,其中有两个关于案例“餐厅里的信息系统”的不同意见,以及一个对讨论的总结。对文档的分类是按关键词“系统”来进行的。

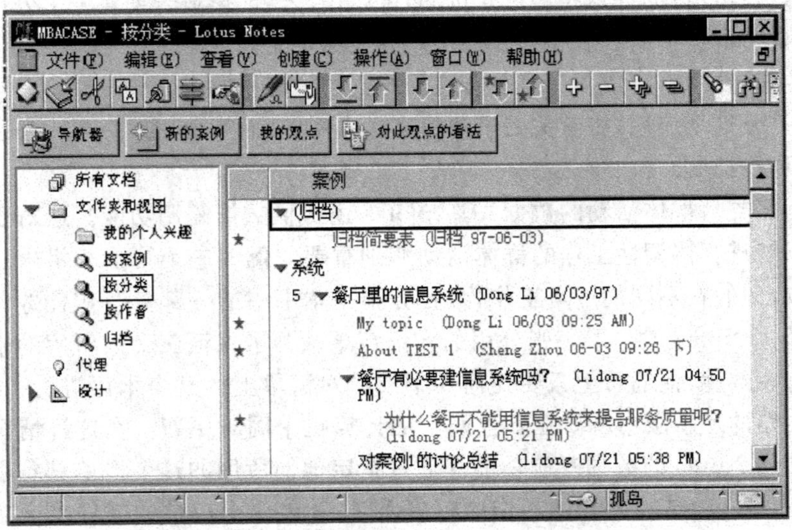

图 10.6　用 Lotus Notes 开发的案例讨论系统

如同其他办公室工作一样,案例讨论也是一个稳定的工作流。在这个工作流中有教师和学生两个角色。通常案例的主持人是教师角色,他具有较大的权限,如可以发布案例,可以对学生的提问进行回答,也可以就学生对某个案例提出的看法进行批改。案例的其余参与者都是学生角色。学生可以读取案例,可以就某个案例提出自己的观点和看法。从信息传递路径来看有几条。首先,由教师制定新案例发给学生。然后,学生读取案例后,可以就某个话题发表自己的观点。每一个学生都可以提出观点,还可以就某个人提出的观点发表自己的意见,比如“对观点的补充”、“对观点的反对意见”等。学生可以将自己的观点整理后发给老师,作为作业提交。最后,教师将意见归纳总结后再发给学生。最后,这个工作流中的规则是对于各个成员行为的一些限制。例如学生不能修改他人的文档,而教师却可以对学生的文档进行删除。图 10.7 是一个学生就案例的一个观点提出自己意见的画面。

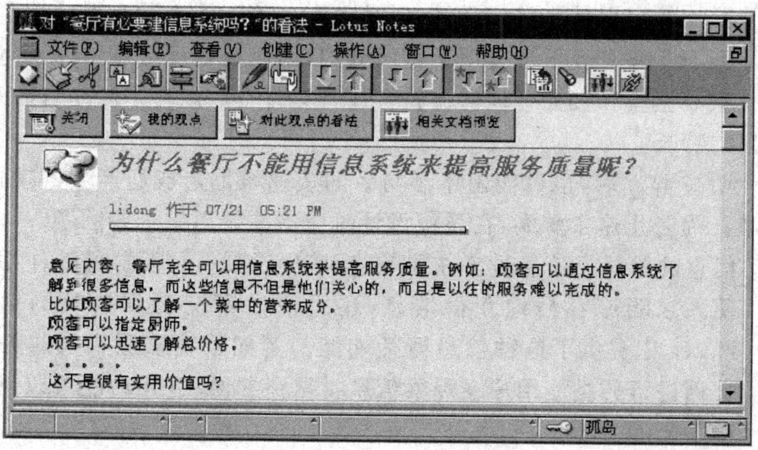

图 10.7 Lotus Notes 的文档

10.4.4 应用系统设计策略

使用群件可以方便地构成一个企业的特定的办公自动化系统。例如我们可以把日程调度、日历、工作流、应用程序、电子邮件和多格式文档等结合在一起,创建一个适合于某种特定需求的办公自动化应用系统。表 10.3 列出了一些典型的群件应用例子。

表 10.3 典型的群件应用

应用业务	说　明
企业内部会议	可以在网络上进行虚拟会议,可以在联机情况下开会。OAS 可以提供视频会议设备,也可以自动创建和保管会议记录
购买流程审批	购买一个设备往往需要经过多个不同部门的审批,可以用工作流模板来实现
论坛	建立虚拟论坛,论坛参加者可以在不同的地点进行发言,或对其他参与者的观点进行讨论
调度	例如在车队通过调度程序记入某车在某日某时的工作,司机在不同地点可以接受指挥
日程安排	总经理不在现场的情况下,秘书接到上级的开会通知。她可以在日历文件上记入会议名称,系统会自动在总经理个人的日程表上增加开会提醒时间,自动给有关人员发出通知
产品服务跟踪	对客户的问题解答,产品维护历史等

尽管群件的应用是非常广泛的，但是也有一些应用不适合用群件开发工具来进行。例如群件一般不适合用于数值处理，因此在处理金额、账票等业务时，还是用关系数据库和表处理软件比较合适。有时也可以将两者结合起来，发挥它们各自的特长。

企业引进群件后，也可能由于参与者的快速增加造成所产生的文档过多，信息泛滥。为防止这个弊病，在系统设计时应当注意以下一些问题：

(1) 信息的概括。信息过多往往是造成混乱的原因，而群件的作用不仅要使大家能够容易地获得信息，还要使大家能看到概括的信息。在 Notes 中提供了这种信息概括功能。例如系统按照不同的关键词对文档进行分类使用户在观察信息时得到方便；查找功能可以迅速找到所需要的文档。

(2) 设计合理的信息发布路径和送递范围。对大量信息的分发必须事先确定合理的路径，确定分发的范围。有些重要文档是需要保密的，不能随便改写、传阅或拷贝。这些都必须在设计时就充分考虑到。

(3) 信息过滤。过滤能有效地减少信息工作中的浪费，有助于去掉信息中的不确定因素。例如 Notes 中提供的视图设计、导航等功能，都是用来帮助用户建立合理的信息过滤机制。

虚拟办公室

虚拟办公室越来越被企业所重视。神州数码等一些公司对于某些部门已经取消了固定办公桌，员工们主要依靠笔记本电脑办公，他们在办公室里没有固定的座位，需要时在任何办公桌上插入计算机就可以工作。

虚拟办公室带来的好处是：员工可以节省通勤时间，按照自己的生活习惯工作。公司可以节约租借办公室的费用。从技术上来看，员工可以从家里通过电话线上网，直接对公司的计算机进行操作。这种访问还可以通过两种方式来进行，一种是连接到公司的客户机上再与服务器对话，还有一种是通过第 3 方提供的计算资源来工作。

但是，一些员工反映：总在自己家里工作会感到孤独，缺乏与同事在一起工作的愉悦。有些企业的管理者感到对员工失去了控制。因此，目前虚拟办公室仍没有得到广泛使用，一些正在尝试这种工作方式的公司认为：成功的关键因素是要求员工每星期有一定时间要到公司工作。

10.5　知识管理系统

知识管理系统现在已经被广泛地集成到办公自动化系统中。这种系统的特征是提供了知识共享和知识创新机制，从而使员工的知识创造能力得到提升，使企业中的知识可以得到积累和充分利用，使员工在办公自动化系统中的地位更加主动，提高了企业的整体创新和竞争能力。

知识管理系统可以看作是一系列 IT 工具的组合。这些工具各有不同的目的与功能，下面我们从三个主要的应用角度来描述它们。

10.5.1　知识的获取工具

IT 可以帮助使用者找出组织内外有哪些重要的知识？它们储存在哪里？有哪些专家？如何去寻找知识。在这方面主要的 IT 工具包括：智能代理、知识地图、专家黄页等。

1. 智能代理(intelligent agent)

用来协助用户完成某些特定目的及任务的一类软件程序，它本身具有某种程度的智能，能够记忆用户的浏览习惯，主动提供类似网站，帮助用户快速地获取知识。一种称为智能索引代理(intelligent indexing agent)的软件可以自动扫描大量文件，并将主题、关键词、内容等做成索引的方式，让用户可以利用索引来搜索文件及相关网站。

2. 知识地图(knowledge map)

作用是将有关的知识进行系统的组织、映射、归类，从而使用户在知识管理系统的帮助下可以更加有效地运用知识。例如，根据某行业中的背景知识，将主要的企业(包括自己)的情况(也就是需要分类的知识)分为创新者、领先者、尚可竞争者、奋力挣扎者和危险者等不同角色。接着，识别在各个知识层面上各个公司的优势和劣势，从而弄清楚自己公司在何处处于落后或领先于竞争对手的地位。利用这些信息，可以重新确定公司的商业战略重点的相应位置。

3. 专家黄页(expert yellow page)

作用与此类似，是将专家的有关信息系统地组织起来，使得用户能够便捷地发现有关问题的专家，并可以通过其他功能(如电子邮件或可视对话系统)来和专家直接对话。

这些方法不仅使知识更加可用，而且有助于确定企业所积累知识的重点和优先次序。有效的知识管理战略利用知识地图可以帮助公司建立具有竞争性的知识定位，但知识库的整理和积累则是一项长期的工作，需要有知识战略的指导以及系统开发者的仔细规划。

10.5.2 知识的创造工具

许多IT工具都可以用来支持跨地域的知识交流，例如一个团队中的成员可能分布在不同的地点，但通过IT工具，仍然可以在一起讨论、聊天、开会及交换各种心得。这一类工具包括电子视频会议、网上社群、BBS及在线学习(e-learning)等。

这方面的IT主要是支持组织内部的知识创造。主要包括：数据挖掘、协同过滤系统、计算机辅助设计(CAD / CAM)、案例推理系统、模式仿真、头脑风暴支持软件、群件、BBS、聊天室、虚拟现实软件等。有的是从资料中发掘知识；有的是支持员工开发新技术；有的是让员工通过仿真了解事件的因果关系；有的则是通过互动产生出新的效应知识。

英国石油公司的视频会议

英国石油(BP)公司的专家们在意大利使用视频会议系统解决了一个发生在拉丁非洲的有关石油钻探设备的故障问题。要让专家坐飞机到现场去解决故障将会花费许多时间，但通过视频会议系统，他们就可以在远方看到现场的问题所在之处并立即商讨解决问题的方案。尽管通过视频会议系统还不能获得结构化的知识或者分发知识，但它使相关信息（本例中是石油钻探设备的状况）的实时传输十分便利，以便能应用分散地存在于组织中的技能。视频剪辑对于某个人而言可能是简单的信息片断，但是对那些能够把它加上前因后果、经验和解释的专家来说，它将变成可用的知识。

10.5.3 知识的整合和利用

还有一些知识管理工具主要用于支持多种流程的整合。例如，支持多种形态知识及多和流程功能的企业门户网站（Enterprise Information Portal，EIP）。根据ARC Consulting(2001)的定义，所谓企业门户网站是“企业为了支持整体的运作，整合了企业内外部各种结构与非结构、静态与动态的信息资源与运用，利用单一接口，以个性化的需求呈现，并依据企业不同的目标战略与对象，而有不同的形式与支持重点。”

企业门户网站一般包含下列一些功能：

1. 信息搜索功能

企业门户网站的信息搜索（information search）功能，主要利用目录式（directory）查询、关键词查询（keyword search）、全文检索（full-text search）及概念式查询（concept-based search），并利用自然语言及知识地图来协助使用者快速、正确地获取所需的信息与知识。

2. 内容管理功能

对于企业一些静态的信息内容，包括各种表格、文件、手册、资料、报表，企业门户网站应具备能汇集内容、整理、搜索等功能，也应具备分类、索引、自动摘要（automatic abstracting）及网页的内容管理（contents management）、内容检阅、权限的设定、版本的控制与通告等各种功能。

3. 协同运作功能

企业员工与顾客、企业与上下游厂商、合作伙伴之间，都必须能通过企业门户网站进行沟通与协同（collaboration）运作之互动。支持企业门户网站的沟通功能包括讨论区、文件共享；支持协同运作的功能包括群体工作区、时程管理、资源管理、流程管理。这两种功能可快速地为群体合作的任务进行编组、资源分配、分派任务与进度的把握，并提供信息、知识共享的平台。

4. 个性化功能

企业门户网站提供个性化（personalization）的功能，通过设定让使用者能利用网页所提供的单一入口特性，并依据个人兴趣、喜好、专长、职权所设定的信息，而不必到各个不同的网页及档案夹寻找。

某企业的知识管理系统就是以企业门户网站作为用户界面，并且和技术服务以及原始资料两层进行通信。该系统的架构见图10.8[①]。

① 林东清著. 知识管理理论与实务. 北京：电子工业出版社，2005，p. 354.

图 10.8　某企业的知识管理系统架构

第 10 章重要概念

办公自动化系统，公文处理系统，工作流、WfMC，产品型工作流、管理型工作流、协调型工作流、动态型工作流、工作流参照模型、工作流执行服务、工作流引擎、工作流流程定义语言、群件，计算机支持的协同工作，同步模式，分布式同步模式，异步工作模式，群件开发工具、Lotus Notes、群件角色，知识管理系统，智能代理，知识地图，企业门户网站

第 10 章复习题

1. 办公室中的信息处理工作有哪些主要的特性？
2. 办公室中文秘工作者应当掌握哪些信息处理技能？
3. 对你所在的办公室工作进行归纳分析，仿照表 10.1 做出一张总结表。
4. OA 系统的主要特点。
5. 说明什么是工作流。
6. 对工作流产品应如何分类？
7. 说明什么是工作流参照模型，其中主要接口有哪些？
8. 说明群件开发工具 Notes 的系统构成。
9. 群件中如何保证每个用户都能够按照权限工作？
10. 说明智能代理的作用和用法。
11. 说明什么是知识地图，如何通过知识地图来组织知识。
12. 说明什么是企业门户网站。

小组活动课题

提出一个在你们企业中实现办公自动化系统的解决方案。

第11章　决策支持系统

本章学习目标

(1) Simon提出的决策活动模型

(2) 决策支持系统的主要特征及其与MIS的区别

(3) 决策支持系统的三个层次和主要类型

(4) 决策支持系统的内部结构及其主要成分

(5) 群决策支持系统的定义及其软、硬件构成

(6) 高层主管信息系统的特征和主要功能

(7) 联机分析处理和数据挖掘

本章讨论在管理领域中常见的另一类信息系统即决策支持系统。决策支持系统的建设和开发不仅需要有关信息系统的结构和技术，也涉及到有关决策者、决策过程和决策方法等广范围的研究领域。本章将重点讨论它的基本概念及其典型应用，同时学习高层主管信息系统和群决策支持系统的基本知识。

11.1　人的决策活动模型

11.1.1　Simon模型

决策是决策者的思维活动过程，决策支持系统是在此过程中为决策者提供数据、信息和分析工具的信息系统。为了构筑这样一个对人的决策活动提供有效支持的信息系统，首先应当懂得人是如何进行决策的。

诺贝尔奖获得者、著名的管理学家Simon将人的决策过程概括为一个四

阶段(phases)的模型[①],各阶段之间的关系如图 11.1 所示。

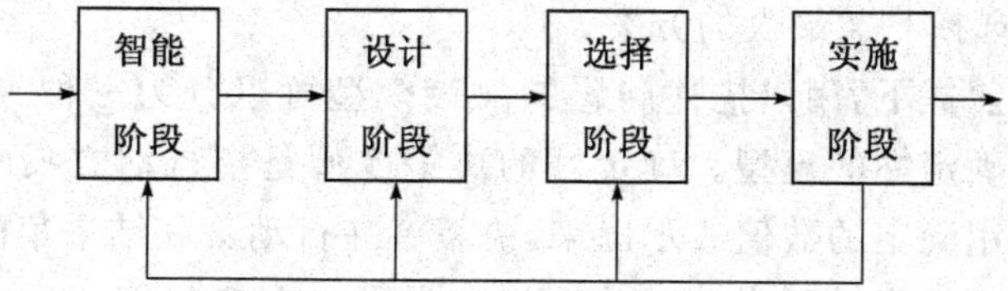

图 11.1 Simon 的四阶段决策模型

(1) 智能阶段(intelligent phase):决策者在进行决策活动时,首先要意识到需要决策的问题或可能性,发现可用于决策的信息以及有关的约束条件等。

(2) 设计阶段(design phase):决策者分析有关的信息,设计行动方案或用于分析问题的模型,并据此得到可行解的集合。

(3) 选择阶段(select phase):决策者在可能的决策方案中进行选择。

(4) 实施阶段(implementation phase):按照所选的决策方案实施决策活动。

Simon 的这一理论较好地描述了人在现实活动中的决策过程,得到人们广泛的应用。应当注意的是该模型具有很高的抽象性。在实际决策活动中,人们在决策四阶段中的活动是各种各样的,在某个阶段的活动也可能导致返回前面阶段的活动。同时,对于复杂问题,人们常进行问题分解,将问题视为一个由若干个子问题的集合,而解决每一个子问题都需要不同的描述方法和相关的数据集合。

11.1.2 程序化和非程序化决策

现实中的一种决策活动是采用数量模型来描述问题,继而经过分析得出最终的决策结果。将决策问题描述为决策者、行动方案和结果的形式化表示称为规范化模型(normative models)。也就是说,决策活动建筑在这样一些假定上:

(1) 决策者具有完全理性。决策者的决策过程是符合逻辑思维的,例如在对于两个方案的选择过程中,应当选择对自己有利的方案。

(2) 具有完备信息。即所有与问题有关的信息都已包含在模型的描述之中。

---

① Herbert A Simon, The New Science of Management Decision, Harper and Brothers, New York, 1960.

(3) 按照某种普遍被认可的标准来选择方案。例如对于可能的方案，决策者将选择收益最大的方案。

在这样的前提下，用以描述问题的决策模型可以分为三种：确定性的、风险性的以及不确定性的模型。确定性的决策模型是指行动方案的集合和结果的集合都可以用确定的数值表示出来，决策者在行动集和结果集的组合中进行选择。风险性决策指模型中的某些环境变量是一个概率值。考虑一个影响决策的自然状态集合 $\Theta=\{\theta_l,\cdots,\theta_m\}$，这里各种自然状态 θ_j 出现的概率是已知的。对于所选择的一种决策方案，因自然状态的不同可能产生多种结果。不确定性的模型与风险性模型类似，但是模型中各环境变量出现的概率 θ_j 是未知的。

根据一些心理学家和行为科学家的研究，人在进行决策时并不总是理性的。心理学家和行为科学家观察了许多人在决策中的心理和决策行为，他们的结论是：人往往是依靠直觉来进行决策的。人在做决策时，往往不会去得到完备的信息，也不会做长时间的分析和计算，而是依赖自己的经验和直觉。

Festinger 提出的认识的动摇理论①认为：决策者在进行决策时，对一个持肯定态度方案会考虑到它不利的一面，而对那些否定的方案也会考虑到它有利的一面。因此，决策者对自己的决定一般会抱有疑虑。

另外，决策者的行为会自觉不自觉地加强对自己所选择的方案的信心。而作为企业，也可以用一些方法来强化客户对自己的信心，例如对自己的产品进行积极的宣传等，这称为“强化认识效应”。另一个研究课题是决策与承诺的关系。通过对决策过程中承诺的效果进行研究后，学者们发现：如果决策者在采取行动之前进行过承诺，会使得他的决策更细致，失败更少。

根据决策活动的特征，可以将决策分为程序化的和非程序化的。程序化的决策是指：决策目标是明确的，决策过程是常规的，能够事先确定一系列决策准则，按照这些准则可以得到明确的决定。非程序化的决策是缺乏决策准则时进行的决策，它既包括那种一次性的决策(以往没有类似的决策经验)，也包括那种虽然有多次类似的经验，但每次决策都需要制定不同的准则，以至于没有常规的决策准则的决策。

程序化的决策也称为结构化决策。如果一个决策活动的一些决策阶段是结构化的，而另一些决策阶段是非结构化的，那么称该决策活动为半结构化的

① L. Festinger, “A Theory of Cognitive Dissonance”, Row & Peterson, Evanston, 1L, 1957.

决策。如果一个信息系统仅通过提供简单的数学模型(如库存模型,订货点模型等)帮助管理者解决管理问题,那么这类系统能够帮助管理者做结构化决策。对于非结构化决策,仅有预先制定的模型还不能满足决策者的需要,需要有更为灵活的对话和信息处理机制为决策者提供支持。

11.1.3 决策活动的层次性

安东尼(Anthony)提出:根据决策者在组织中的地位和决策的性质,可以将各种决策活动分为战略性决策、管理性决策以及作业性决策三种①。战略性决策是指将对组织的整个活动产生较大影响的决策,例如企业的购并。通常它们属于非结构化的或半结构化的决策,因为在战略性决策的各个阶段,输入输出都无法明确规定;决策产生的影响对组织全体的影响很大,以至于无法预测每一步的结果;同时也不存在标准的解决过程。

作业性决策指对组织常规业务问题的决策。这类决策符合结构化决策的条件,通常企业基层和生产第一线的决策,诸如日常的会计业务处理、订单处理、生产车间中的派工等都属于这类决策活动。这类决策符合结构化决策的条件。

管理性决策处于二者之间,其中一部分是属于结构化决策,而大多数活动属于非结构化决策或半结构化决策。例如企业中管理会计的预算问题。

11.2 决策支持系统

在上面的讨论中我们说过传统的事务处理系统或管理信息系统对于非程序化的决策难以提供有力的支持。20 世纪 70 年代初期,针对当时企业普遍应用的信息系统的不足,Scott Morton 提出了"管理决策系统"的概念②,他将管理决策系统定义为一种"交互式的计算机系统,可以帮助决策者使用其数据及模型来解决非结构化的问题"。20 世纪 80 年代中期,R. H. Sprague 等人进一

---

① R. N. Anthony, Planning and Control Systems: A Framework for Analysis, Harvard University Press, Chambridge, 1965.

② Scott Morton, M. S. "Management Decision Sytems Computer Based Support for Decision Making", Division of Research, Harvard University, Cambridge, Mass, 1971.

步完善了这个概念。他们提出决策支持系统应具有以下主要特征：①

- 数据和模型是 DSS 的主要资源；
- DSS 是用来支持用户作决策，而不是代替用户作决策；
- DSS 主要用来解决半结构化及非结构化问题；
- DSS 的目的在于提高决策的有效性而不是提高决策的效率。

20 世纪 90 年代，Turban 提出：DSS 是一种用来增强决策者的决策能力的工具。DSS 适用于这样一类决策问题：决策者需要根据一些数据来做出判断，但问题又不能完全表示为某种算法在计算机上执行。DSS 还意味着这种系统一般是采用联机方式的、具有图形输出方式的软件系统②。

为了清楚地理解 DSS 的本质，可以将 DSS 与 MIS 的特征作一个对比。DSS 在以下三方面与 MIS 有本质上的区别。首先，DSS 适合在面临即时性的、不可预测的问题时使用。例如，DSS 可以用来对企业并购这种关系到企业前途命运的重大决策问题进行分析，而 MIS 只能适用于解决日常的业务问题，或者按照常规对数据进行处理，产生预定格式的报告。其次，因为 DSS 具备模型库和提供很强的模型库管理功能，决策者可以使用 DSS 中的模型对问题进行分析，可以在系统上修改或操作模型，参照所产生的结果来评价决策方案的合理性。而 MIS 中的模型一般是预先编制在程序中的，用户只能使用而不能灵活地修正它们，或者需要由专业程序员和专家来修正它们。最后，DSS 在复杂的问题环境下使用，决策者使用 DSS 的目的主要是提高问题解决的有效性。例如他可以在需要时创建一个模型，试验改变某项决策的效果。而使用 MIS 的目的却主要是提高工作的效率，对企业确定的业务进行处理。表 11.1 给出了 DSS 与 MIS 的一个简单比较。

表 11.1　DSS 与 MIS 的比较

比较项目	MIS	DSS
特征	信息处理	支决策
目标	效率	有效性
处理技术	以机为主进行处理	以人机会话为主进行处理
驱动方式	数据驱动	模型驱动
信息的特征	响应组织全局的需要	响应决策者的特殊需要

① R. H. Sprague Jr. A Framework for the development of decision support systems, MIS Quarterly, Vol. 4, 1980.

② E. Turban etc. Decision Support Systems and Intelligent systems, Prentice Hall, 1998.

依据 DSS 的结构特点和运用目的，对于 DSS 有以下几种分类方法。

11.2.1 根据系统的特征来分类

根据 DSS 的主要决策资源和工作方式，可以将其分成面向数据的 DSS 和面向模型的 DSS 两种基本类型。面向数据的 DSS 主要面向有大量数据处理要求的企业，其最主要的功能是自动对大量数据进行"智能化"处理，帮助决策者迅速地检索和有效地进行数据分析工作。例如，商业智能软件大多属于面向数据的 DSS。这种 DSS 适用于对股票市场状况分析，对电信公司的客户分析等。在这类企业中 业务活动产生大量的数据，并需要做各种处理分析。

用 DSS 从数据中挖掘石油

位于休斯顿的阿纳达科石油公司是一家美国石油勘探及生产公司。阿纳达科石油公司每 5 个小时就要在世界上某个地方开采一口新井。为了决定一口油井的位置，公司的地质工程师需要查阅许多数据库，包括磁场数据、重力数据、现有油井中的传感器传来的信息，以及对地表岩石结构进行勘测的结果等。做这类工作需要处理大量的数据。例如对墨西哥海湾一块 9 平方英里海底的勘测产生了 5～6 GB 的数据；而在阿纳达科石油公司多达 20 000 GB 的数据库中有大量的勘探结果。

过去，公司的工程师们经常在大量数据库中查询，或者在 Excel 电子表格上读这些信息。而近年来他们采用了星火公司的数据挖掘软件，能从大量地震数据中预测到石油和天然气的地下位置，并同时完成所有交叉测绘工作，以寻找石油的储藏位置。

星火公司的承诺是"简化决策程序"，公司的工程师贝恩说："如果没有数据挖掘软件，我每天要处理大量的数据。而这个软件使我变得非常聪明或者说是非常成功。它的理念是帮助我们以最经济的方法找到石油。我们喜欢说我们在有石油的地方开采，而不是在可能有石油的地方。星火公司的软件能帮助我们更快地找到答案。"

面向模型的 DSS 主要提供基于模型的分析功能，诸如模拟功能，优化功能等。这类 DSS 通常有很强的模型库管理系统，针对某一类问题，用户可在线进行模型操作，在与 DSS 的交互过程中找到问题的解决方案。例如在交互式财务计划系统(Interactive Financial Planning System,IFPS)中有许多常用的财务数学模型,用户可以通过简单的命令使用它们。同时,对于复杂的问题,用户可以用一种类似于自然语言的建模语言生成所需模型,也可以在与计算机对话的过程中不断修改该模型,并指定其中的某个变量进行 WHAT-IF 分析等。

11.2.2 根据使用目的分类

Sprague 提出:根据使用范围可以将 DSS 分为专用 DSS、通用 DSS 和 DSS 开发工具三种类型。专用 DSS 是针对特定的决策环境和特定的需求所开发的 DSS,例如为解决社会保险问题专门开发的 DSS。专用 DSS 又被称为"最终版的 DSS"。通用 DSS 常被称为 DSS 生成器,可以用来快速、方便、经济地生成各种专用 DSS。这类 DSS 通常用在需要快速生成决策模型的环境,而 DSS 本身的开发通常需要较长的时间。由于专用 DSS、DSS 生成器都是使用 DSS 开发工具开发的,DSS 中也包括专用的 DSS 开发工具。从开发的角度来看,DSS 开发工具主要是提供各种在生成专用 DSS 和制作 DSS 生成器时需要的比较固定的模块,如表计算、统计分析包、图形功能、屏幕管理和数据库生成和操作语言等。它们三者的关系如图 11.2 所示。

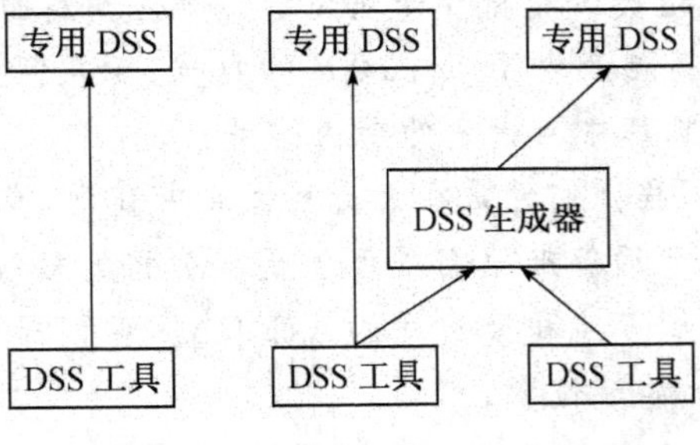

图 11.2 DSS 的三个层次

11.2.3 根据使用形态分类

根据使用形态可以将 DSS 分为常规的 DSS 和动态的 DSS。常规的 DSS (institutional DSS)通常用在反复出现的决策环境中。例如,根据某股票证券市场的特点所开发的证券分析系统。由于这种系统是在购买股票证券日常业务中不断使用的系统,其工作形态是比较稳定的。尽管也需要根据决策环境的变化情况适当地修改其中的模型,但由于决策者面临的问题是重复性的和类似的,一般不必对其中的模型做太大的改动。

动态的 DSS(Ad hoc DSS)用来处理偶发的、很少重复的问题,因此系统必须具有快速构造模型的能力。例如管理咨询公司用这种 DSS 生成企业模型来评价某个企业的效益状况;物流分析系统用于对特定的企业生成企业物流模型,分析该企业物流中的问题所在。解决这样的问题,不但需要系统具备用于数据分析和建模的决策资源,同时还需要提供方便的操作功能和对话功能,让用户有效地组织这些模型并很快地形成一个分析系统。

11.3 DSS 的结构

作为一种软件系统,DSS 应具有什么样的结构? Sprague 等提出的 DSS 结构是比较典型的一种观点,其核心在于 DSS 的各个主要成分以及它们相互之间的关系。如图 11.3 所示,一个 DSS 的主要成分是可以互相通信的、有机关联起来的三个子系统:数据管理子系统、模型库管理系统和会话管理子系统。它们的功能分别如下:

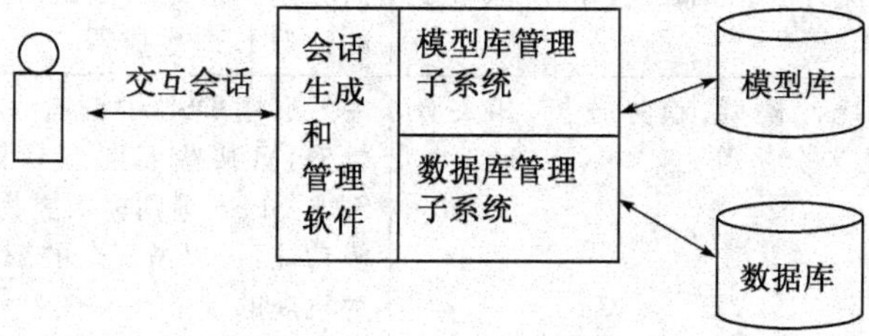

图 11.3 DSS 的核心成分

11.3.1 数据管理子系统

数据管理子系统的主要组成包括数据库、数据字典和数据库管理系统。数据库基于某种统一的数据模式组织和存储问题领域中的数据,数据字典对于数据库中的数据内容、记录形式、格式和约束条件等进行记录。数据库管理系统(DBMS)则提供各种数据管理功能。

数据库中的数据通常可分为:事务数据,内部数据,外部数据和个人数据。事务数据记录企业日常发生的活动,如会计的现金收支账,市场投放货物的销售量等。根据数据的来源划分,数据又可分为内部数据和外部数据。内部数据的大部分都是事务数据,而外部数据来源于企业外部的经营环境,对于企业的各层次的经营决策具有参考价值。如企业所在的行业的统计数据，市场调研的结果，税务条例，政府的法律和规定等。个人数据是为特定的决策者收集和使用的数据，例如仅提供给财务总监的企业财务报表。对这类数据，通常 DSS 中应当有严格的保密措施和存取规则，以确保数据的安全性。

11.3.2 模型管理子系统

模型管理子系统包括模型库、模型库管理系统、与 DSS 其他子系统的接口等。模型库中一般应包含在特定的领域中解决问题所需要的常用数学模型，这些模型决定了系统可提供的分析能力。一些通用 DSS 中的通用模型如表 11.2 所示。

表 11.2 DSS 中常用的模型

模型类别	模型例子	说　明
财务模型	现金流计算、内部回报率计算、投资分析	财务模型是 DSS 中最常用的，也有专用的财务 DSS 生成器
统计解析模型	基础统计模型、趋势分析、相关计算、方差分析等	一般通用 DSS 中都有一些基础的统计模型，而某些面向统计问题的 DSS 如 SAS、SPSS 等则提供更为强大的统计建模功能，可以做复杂的统计计算，并表示为直观的图形
时间序列类	成长曲线、移动平均、指数平滑法、马尔可夫链	同上
多变量解析类	回归分析、主成分分析、因子分析等	同上
投入产出类	投入系数计算、逆阵计算、价格分析、诱发系数、依存度、综合系数	同上
数理规划	线性规划、整数规划、二次计划、非线性规划	如 LINDO 是专用于线性规划问题的软件包，可作为 DSS 生成器

模型库管理系统(Model Base Management System, MBMS)是该子系统的核心部分，所有模型库中的模型都受 MBMS 的控制。MBMS 也提供与用户会话的渠道，用户通过 MBMS 可以方便地操作模型。因此 MBMS 所提供的功能也经常被笼统地称为模型操作功能。MBMS 的模型操作功能包括：

(1) 模型构建。MBMS 提供某种建模手段，帮助用户迅速地构建决策模型。常见的建模方法包括建模语言、表计算形式或图形化建模。构建的模型可能是一个全新的模型，也可能是在某一个已有模型的基础上进行修改加工所构成的模型。

(2) 模型库维护。MBMS 对模型库中的模型必须有一套系统的管理工具，管理者可以用来对模型库进行管理维护，如对模型的登记、分类、删除、拷贝，对模型目录的创建、修正、删除等。

(3) 模型操作。例如将某些模型进行合并以构成新的模型，对模型执行情况进行跟踪的功能。模型跟踪在执行模型时十分重要，因为这时常需要了解执行的中间结果，以便发现特定的问题所在。

(4) 模型结果分析。MBMS 还提供对模型执行的结果进行分析、评价的工具。例如用敏感度分析方法对某一产品销售模型进行分析，从中发现敏感的变量。

有四种模型分析功能在 DSS 中是最常用的：因果分析，目标追寻，风险分析和模拟仿真。下面来看它们的作用：

(1) 因果分析(what-if analysis)：因果分析的作用是允许用户对模型中的某个决策变量进行改变，从而观察目标变量所发生的变化。例如，决策者先构建一个公司预算模型。然后，尝试将产品的价格提高 1%，看看计划中利润可能增长多少。

(2) 目标追寻(goal-seeking)：目标追寻是因果分析的逆运算，即根据给定的结果计算出决策变量的值。例如，一个购买房地产的用户可能会问：这套房子 40 万元，我想用 20 年分期付款支付，第一笔现金支付 5 万元，那么我每月需要支付多少？由于房子的总价格是各月分期付款的函数，所以这里是用已知的目标值来求出决策变量值的逆运算。

(3) 风险分析(risk analysis)：风险分析是对不确定的环境变量设定设想的概率，从而观察对目标变量的影响。通常可以采用伪随机数发生法进行模拟后再进行分析。

(4) 模拟仿真(simulation)：模拟法可以用来描述现实决策环境的状况。例如可以模拟顾客到达商店的情况，然后分析设置多少服务窗口最为合适。最常用的模拟法是蒙特卡罗法，使用计算机发生的伪随机数对现实情况进行模拟。

11.3.3 会话管理子系统

会话管理子系统由系统提供的用户界面以及相应的信息处理机构所组成。该子系统的作用是使得用户与计算机进行会话的过程更为自然流畅。

用户界面的基础是计算机硬件设备和软件。用户界面中的信息包括文字的、图形的、听觉的和触觉的各种形式。

会话管理子系统处理的信息分为动作信息、响应信息和处理参照信息。动作信息是指对该子系统而言所有可能的用户输入信息集合，包括键盘输入、点击鼠标和从其他设备(如声音识别装置)输入的信息。响应信息是指系统上所有可能的输出信息集合。例如用于财务决策的 DSS 多以报表形式作为输出主要手段。随着图像处理和自然语言处理技术的进步，用户界面的输出将逐步改变为使用图像和自然语言等更容易被接受的形式。处理参照信息是用户在使用 DSS 时需要参照的信息，这些信息可以使用户更有效地使用系统。处理参照信息包括系统提供的联机使用手册，用户可以以命令行的形式或以超文本形式使用。用户界面的输入输出可以由专门的软件来处理，负责这项工作的是会话生成和管理软件(Dialog Generation and Management Software，DGMS)。DGMS 提供以下一些功能：

- 以菜单、会话窗口、选择表等各种形式与用户进行会话。
- 接受、存储、分析各种实用信息(如对输入信息的跟踪等)。
- 以适当的形式(如图表、文字、声音等)显示数据。
- 提供辅助功能，包括文本信息和提示信息以及诊断或提出建议等。
- 提供使用数据库或模型库的接口。
- 提供窗口软件以及各种操作调整手段的表示。
- 提供彩色图形功能、立体图形功能、动画功能等。

11.4 群决策支持系统

群决策支持系统(Group Decision Support System，GDSS)是一种会话型的计算机系统，它将计算机软、硬件设备和群体成员融合为一体，用来支持群体的决策活动。

11.4.1　群体决策活动

现代企业中的决策都是群体活动的结果，重大决策往往不是由总经理一人单独做出，而需要决策机构成员在充分交换意见的基础上通过某种机制（如进行表决）来决定。一般群体决策活动要经过以下 4 个阶段：

(1) 了解问题阶段：在此阶段中，所有成员都在探讨问题的实质，对问题的解决提出不成熟的看法，这时他们一般不会做正面的承诺。

(2) 冲突阶段：在此阶段中，组织的成员已经明确了解到问题的实质，常常会为解决方案的优劣而争执。

(3) 浮现阶段：彼此之间的分歧仍然存在，但对于彼此可以相互接受或可折中的观点有所认识。

(4) 合作阶段：群体成员达成协议，对决策形成了一致性的意见。

在这几个阶段中，根据问题的复杂性、决策成员的知识结构、彼此之间的了解信任程度的不同，做决策所需要的时间可能有很大不同。群体决策往往是非常费时、费事的。一些调查结果说明：30％的会议都是低效的。造成这种现象的原因有：

- 缺乏事先准备好的会议议程
- 缺乏必要的信息
- 缺乏好的决策方案
- 花费很多时间提出问题，却不设法解决问题
- 会议为少数人所控制，其他人没机会发表意见

在群体决策中使用 GDSS 是否可使这些“固有的”问题得到改善和解决？由于抱有这样的期望，GDSS 研究从 20 世纪 80 年代中期以来受到了 IT 业的重视，并研发出许多实用性产品，在企业的实际决策活动中逐渐发挥了重要的作用。

11.4.2　群决策支持系统的构成

虽然商品化的 GDSS 有多种形式，但最普遍的还是专用于决策活动的电子会议系统。这种 GDSS 又称为决策室（decision room），其使用目的在于改善群决策活动的效果和加速决策的时间。GDSS 并非仅仅是一套计算机系统，在房屋的结构，桌椅的布置，计算机屏幕的摆放等方面都有相关的设计要求。决策室一般同时具备公用视听设备和个人会议准备工具。前者如电子

白板，公共屏幕，音响或电视装置等，后者主要是个人计算机上的各种软件工具，当然要有计算机网络的通信功能和管理功能的支持。GDSS除了提供公用数据和私有数据以外，还备有一些特定的软件工具。常用的GDSS软件工具如表11.3所示。

表11.3 常用的GDSS软件工具

工具名称	功能说明
电子征询	电子征询是以电子征询表格形式将问题发给有关与会者，产生提案，收集对提案进行评论的意见。常在会议之前的计划期间使用，以便发现与会者所关心的问题，保证一些重要的计划信息不至于在开会时没有讨论到。
头脑风暴	头脑风暴原是一种群体活动的方法，它鼓励与会者自由发表自己的思想，禁止对任何思想的批评，以促使创新思想的产生。GDSS提供的头脑风暴法工具可让与会者使用计算机准备提案，在会议网络上同时地、匿名地提出。
观点组织	观点组织工具可以帮助用户组织目前已提出的观点、意见、主张等。例如根据某个主题将若干提案分类，将相近或有关的提案联系起来，以使得所讨论的问题更清晰、更有条理。
投票和优先级别设置	投票工具用来帮助决策者们总结群体的意见。优先级别设置工具让与会者对不同的方案设置优先级别，以便系统对不同方案的支持情况进行统计。由于DSS提供对个人意见的保护也可以询问综合结果，在参与者的意见和群体意见或与上级领导的意见相反时，他可以保留他的意见，而计算机系统则负责为这种意见保密，从而使得管理者可以得到比较可信的决策结果。
群体意见形成	群体意见形成工具使与会者可以围绕一个议题形成最后的文字材料，对其中重要的措辞和句子等进行推敲。系统可帮助用户记录与会者的意见，并提供一些结构化的技术手段来产生固定格式的合同、文档等。

图11.4是一个实际应用GDSS的例子。屏幕上显示出了使用该系统时的几个主要步骤：首先主持人用它创建一个会议议程，然后与会者们用头脑风暴工具发表意见并对某些方案进行讨论，第3步进行意见归纳和排序，最后投票表决。GDSS对所有这些活动都给出了一个预定的时间范围，并且提供各种有关的工具支持。

由于GDSS的用户可能是具有不同知识背景的决策者，因此系统的易学性和易用性十分重要。GDSS一般具有友好的界面和方便操作的功能，还备有专用的数据库、模型库、知识库以及面向问题的程序设计语言等。GDSS中也有专门设计的通信库，使得群体中的每一个成员都可以方便地与其他成员进行讨论。这不但对于在时间和空间上分离的群体决策活动来说十分有用，对于在同一时间同一个地点的决策活动来说，提供与会者彼此之间的即时信息交换功能也是十分必要的。

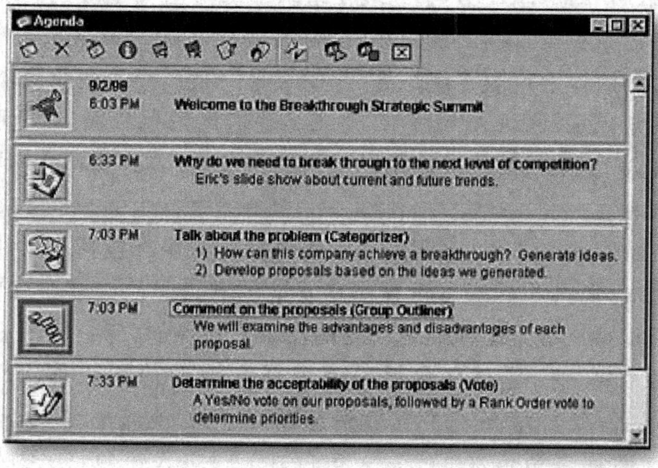

图 11.4 一个 GDSS 的屏幕画面

11.5 经理信息系统

经理信息系统(Executive Information Systems, EIS)也称高层主管信息系统等，是综合了决策支持系统和信息报告系统的特色而形成的一种专为组织中高层管理者使用的信息系统。EIS 的作用是提供给高层主管经过过滤、处理、组织起来的信息，使他们能更为迅速、更为有效地得到一些“关键的”信息，诸如表明企业运作状态的关键绩效指标，与公司的关键成功因素相关的情报，有关重要竞争对手的活动情况等。这些信息有助于高层主管及时发现企业当前问题所在，找到新的发展机会以及预测未来的发展趋势。对于 EIS 的开发人员来说，这些信息是否存取方便，是否反映了主管人员的真实需求，便成为 EIS 设计成功的关键问题。

11.5.1 经理的信息需求

明兹伯格(Mintzberg)研究了经理在组织中的角色[1],他提出高层管理人员在组织中的角色主要有10种,并可以分为三大类。第一类是人际关系角色。例如在社会上和法律上代表了组织的"组织形象"角色,作为企业全体员工的带头人的"领导"角色和"联络人"角色。第二类是信息角色。例如"监听者","传播者"和"发言人"。第三类是决策角色,包括"创业者"、"处理动乱者"、"资源分配者"和"谈判者"。

安东尼(Anthony)提出:高层经理的每项活动几乎都包括了对计划信息和控制信息的要求,而这些活动离不开信息系统的支持。从许多研究中也发现,高层领导的工作特点决定了他们对信息的需求是特殊的,与一般的业务人员的信息需求有很大区别,需要有专用的信息系统辅助他们工作。McLeod 和 George 认为,用信息处理(发送和接收信息)的角色的观点来看,企业经理可以分为5种:① 监控者角色,② 代言人角色,③ 联络人角色,④ 领导者角色,⑤ 发布者角色。另外,企业经理信息获取的媒体有11种,分别是:① 外出,② 未计划会议,③ 电话,④ 计划内会议,⑤ 期刊杂志,⑥ 备忘录,⑦ 信函,⑧ 非计算机报表,⑨ 计算机报表,⑩ 商务用餐,⑪ 其他。这样,当考虑为企业经理提供信息时,就可以用各种不同的信息渠道或媒体与他的信息角色组合,如此可有效地提供经理所需要的信息。

11.5.2 EIS 的特性

早期的EIS大多是一个报表摘要系统。这种系统的主要作用是处理报告给主管人员的信息,将传统的固定格式报表变为在计算机上灵活显示的形式。主管人员可以在自己的桌面上用较少的时间快速浏览各种报表。以后,在这类系统中又吸收了DSS的特点,加强了人-机交互和信息的图形表示功能,并且加入了分析工具和对信息的处理手段。EIS在界面设计,结果表示方式和内部的数据存储、数据处理等方面都考虑到主管人员的信息需求特征,提供各种特定的信息处理工具。常用的工具包括:

(1) 关键成功要素(CSF)。由于主管人员不可能事无巨细地处理各种事情,抓住关键成功要素是他们普遍采用的方法。在EIS一般应当有一

---

① Mintzberg, H., The Manager's Job: Folklore and Fact, Harvard Business Review.

套企业的关键成功要素指标，这些指标主要有三方面来源：来源于组织内部，来源于行业以及来源于组织所在的环境。关键成功要素可以通过不同的表示形式提供给主管人员，其中关键绩效指标(Key Performance Indicator，KPI)是常用的方法。典型的KPI如表11.4所示。

(2) 状态访问(status access)。状态访问功能让高层主管通过系统及时掌握企业的最新情况。高层主管可以从一个类似于仪表盘的图表中看到企业运营的状态，并随时可以观看有关企业关键变量的一些最新报表。有的企业高管可能需要按小时或按天的作业跟踪情况或处理报告，而大多数高管的注意力放在最新数据上。

(3) 分析(analysis)。企业高层主管可能需要一些方便的数据分析功能，例如观察不同地域的销售情况有什么不同？高层主管对信息的分析可以使用EIS的内嵌函数，如现金流量计算函数或预测公式等。有的EIS与现成的DSS软件结合起来，让主管人员可以从EIS上直接使用DSS中的模型。

(4) 例外报告(exception reporting)：例外报告功能基于这样的思想：主管人员没有足够的时间去一一了解企业各部门的运作情况，而是将注意力放在例外事件的处理上。因此，企业只要发生了例外事件，就应当在该功能上反映出来。例外事件可以由主管人员事先设置。

(5) 信息导航(navigation of information)：使得大量数据便于使用和快速处理。

表 11.4　典型的 KPI

KPI	说　明
利润情况	包括根据部门、产品、地域等统计的利润情况，与竞争对手利润的比较
财务比率	平衡表分析，现金储备情况，投资回报率等
市场情况	包括市场份额，产品价格，顾客潜力预计等
人力资源	包括转职情况，员工对工作的满意程度调查等
经济分析	包括汇率，股票证券市场情况，行业发展趋势等
客户情况	包括对客户的了解情况等

从系统结构来看，EIS很多是在数据库系统和通信软件的基础上构成的，普遍采用客户-服务器结构。系统安装在服务器上并进行大量数据的处理，处

理结果可以从高层主管的微机上浏览或下载。EIS 的数据大多来自于企业的 ERP 或管理信息系统等,从分散的信息系统中获取大量数据到 EIS 数据库中进行整理和计算是一个繁杂的预备工作。另外,一些办公自动化功能(如日程安排等)也可以加入到系统中,这样 EIS 就具有更强大的功能。EIS 的典型结构如图 11.5 所示。

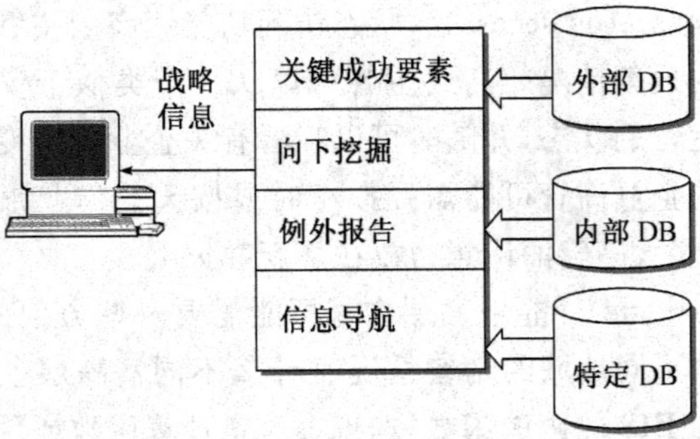

图 11.5　高层主管信息系统结构

第 11 章重要概念

Simon 决策模型，理性决策，直觉决策，结构化决策，非结构化决策，半结构化决策，战略性决策，管理性决策，作业性决策，决策支持系统，面向数据的 DSS，面向模型的 DSS，DSS 生成器，制度化的 DSS，动态 DSS，GDSS，EIS，关键成功要素，关键绩效指标，例外报告，向下挖掘，信息导航，联机分析处理，数据挖掘

第 11 章复习题

1. 用一个实际决策活动的例子来说明 Simon 模型的各个阶段。
2. 决策者具有完全理性的假定有什么局限性？举出一个反例。
3. 用认识的动摇理论说明决策者的某个行为。
4. 决策支持系统和管理信息系统主要有什么不同？
5. DSS 有几种主要的分类方式？
6. 决策支持系统提供哪些手段辅助管理者解决半结构化和非结构化的问题？
7. 决策支持系统的主要成分是什么？它们之间的关系如何？
8. 什么是 GDSS？GDSS 有哪些主要的硬件配置和软件工具？
9. GDSS 为什么能够有效地提高会议效率？
10. 经理信息系统的主要特征是什么？
11. 经理信息系统如何帮助高层主管进行决策？
12. OLAP 与 OLTP 的相同点和不同点是什么？
13. 数据挖掘和 OLAP 有什么不同？

小组活动课题

一个公司需要对它的产品进行利润估计。预计该产品的生命期为 5 年，总产量为 5000 个。其他情况如下：

① 产品单价：第 1 年为 5.5 元，考虑到通货膨胀率，以后每年估计以 5% 的速率上涨。

② 销售成本：第 1 年是当年销售额的 65%，以后按 2%的速率递减。

③ 各年度中销售量占总产量的百分比为：10%，22%，32%，22%，14%。

④ 其他费用第 1 年为 2000 元，第 2 年后为上年度费用的 5%。

⑤ 毛利为销售额和销售成本之差。

⑥ 推销费用按销售额的 16%计算。

问题：

1. 请用 Excel 做出该模型，输出下表，计算公司的总利润是多少？每年利润及其占总利润的百分比是多少？每年销售额占总额的百分比是多少？

	第 1 年	第 2 年	第 3 年	第 4 年	第 5 年	合计
销售量						
单价						
销售额						
销售成本						
毛利						
推销费用						
其他费用						
利润						
利润率						

2. 如果第 1 年价格定为每件产品售价 5 元或 6 元，对公司分别会产生何种影响？

3. 讨论对该模型和预测系统可能的改进。

第 12 章　企业资源计划系统

本章学习目标

(1) 懂得什么是 MRP、MRPⅡ和 ERP

(2) 能说明制造业企业的生产管理业务特征

(3) 掌握制造业 MRPⅡ的工作原理

(4) 能说明 MRPⅡ的基本子系统

(5) 懂得 ERP 的典型产品和引进方式

企业资源计划（Enterprise Resources Planning，ERP）系统是近年来流行的一种企业信息系统的统称。它的前身是从制造业企业中的物料需求计划（Material Requirements Planning，MRP）系统和制造业资源计划（Manufacturing Resources Planning，MRPⅡ）系统发展而来。现在成为企业信息化的一种主要途径。本章介绍 MRP，MRPⅡ和 ERP 的一些重要概念。

12.1　物料需求计划（MRP）

12.1.1　生产方式

一个制造业企业中一般由生产制造、库存、采购、销售、财务会计等多个职能部门构成，其业务活动比较复杂。生产活动的计划性很强，以计划—执行—检查—改进为基本的管理流程。生产制造业中有许多企业是大型企业，一个企业中达到数千甚至上万名员工，相应的产品种类、设备数量也很多，生产工艺复杂。这种制造业企业的信息处理远比一般的商业性企业的信息处理复杂，信息系统不但每天要处理大量业务活动信息，而且还要为企业的各个部门的生产活动提供计划性的信息服务。这就需要从整体上考虑各种资源的合理调配和使用，通过一系列的预测、计算来产生生产计划，提供给各级生产部门和员工个人使用。另外，对于生产中出现的偏差也要及时地进行分析，找到产生偏差的原因，采取必要的措施，及时对计划进行调整。

一般来说，根据产品，企业的生产方式可分为：① 集约型生产：即产品可以分解为各种更小的部件、零件等；② 分解型生产：产品是从原料分解出来的。如石油可以分解为汽油、轻油、柴油等等。而根据生产过程和订货方式，又可以分为：① 订货生产(Make To Order，MTO)。如玻璃加工业等，需要先有订货，然后再决定生产计划。② 备货生产或现货生产(Make To Stock，MTS)。根据对市场的预测生产，属于大批量生产，如自行车等。

尽管不同的制造业企业的产品、生产方式和管理方式各不相同，但它们在传统的工作方式下，都面临着这样一些问题：

- 编制生产作业计划所需时间过长，难以对应市场需求的变化。
- 原材料、在制品的库存量过多，造成资金积压。
- 对生产进度把握不准，不能按时交货。
- 产品制造成本高，产品价格缺乏竞争力。

靠传统的数据处理方式来解决这些问题是无能为力的，部门级的信息化也不能根本解决问题。只有采用企业级的信息系统，将生产制造、市场营销、财务会计、库存等各职能部门的信息统一管理起来，才能实现企业运作的迅捷控制。

12.1.2 制造业企业数据资源

制造业企业中的数据资源从概念上可分为三大类：静态数据，动态数据，中间数据。

(1) 静态数据是不受生产活动直接影响的、相对稳定的数据。如企业的组织结构、员工个人情况、产品目录和规格、产品工艺流程、设备的工时定额、财务的会计科目等。静态数据可以在生产活动开始之前就准备完毕，如仓库代码和货位代码等应当是事先确定好的。信息系统运行时需要经常使用静态数据，但很少直接改动。

(2) 动态数据是在生产活动中，随着业务的进行而产生的数据。例如在库存系统中，在制品的库存量是根据生产的进展而改变的，每天都可能发生变化，企业管理人员必须经常关注这一类数据的变动。

(3) 中间数据是由计算机根据以上两类数据，根据一定的原则计算出来的中间结果。如物料需求计划的结果是一种中间数据，它是根据静态数据和动态数据计算出来的，对管理和决策起着支持的作用。因此可以说，静态数据和动态数据都是系统的输入，而中间数据则是系统的输出。

从业务流程的角度出发，制造业企业中的主要业务数据如表12.1所示。

表12.1 制造业的主要业务数据

数　据	说　明
计划指标数据	包括生产数量指标、产品质量指标、劳动出勤指标、物资供应指标、成本指标、销售数量指标等。各项计划指标是企业生产活动的依据，也是企业各职能部门的子目标。
物料产品数据	物料包括生产所需要的原材料，也包括自制的和外购的零、部件，以及中间产品和最终产品等。
工艺数据	用来说明对物料进行加工时所遵循的加工路线、加工设备信息、加工时用的图号和装配方法等有关工艺要求等。
生产能力数据	车间、班组的生产能力数据、工作中心数据、工时定额、生产日历、各设备的能力和设备利用率、所消耗的能源和需要的人力等。
库存数据	包括仓库编号、货位编号等仓库信息以及库存量限额、盘点间隔期、计量单位、安全库存量、订货点、经济批量、标准周转率、入库时间等。
财务数据	包括各种会计科目，管理费、开支等资金消耗限额和实际消耗情况，销售员码、计划价目表、折扣计算等与销售管理有关的信息，单位成本、采购费等与成本有关的信息。
客户、供应商数据	包括客户编号、名称、地址、联系方式、联系人等一般信息，也包括信用额度、信用评级、折扣率、付款方式、银行账号、发票类型、税额计算方式等交易信息。

将以上基本数据尽可能地准备齐全，保证它们的正确性和一致性，这是企业实施ERP的重要步骤，同时也是一项艰巨的工作。在实施信息系统的上游阶段，实施队伍要组织专门的人力对这些数据进行全面的检查整理，将所有静态数据输入到计算机内，以便系统各模块调用。

12.1.3 物料需求计划

MRP即物料需求计划(Material Request Planning)的简称，是第一代的生产管理系统，大约出现在20世纪70年代，主要用以解决生产中所需要的物料计划问题。为制定生产某产品所需要的物料计划,传统的方法是运用经济批量法、订货点法等数学模型,根据生产消耗的速率来计算经济订货点和安全库存量。但是,在实际生产中,企业对某种物料的消耗并不能保证是稳定的,在这种情况下用订货点法计算时只能取一个时间段的物料消耗率的平均值,难以计算出合理的订货量。另外,对于多品种、小批量产品的生产,由于需求是离散的,物料是彼此相关的,在制定生产计划时就要花费很多人力。例如在机械行业,一家大型机床厂生产的产品有许多种,每一种产品又需要许多不同的部件,各种部件可能是外购的,也可能是自产的。这样,当制定产品生产计划时就可能涉及到数万种零部件的计算。即使动用大量人工计算出了准确的结果,计算时间也需几个月。因此,传统的方法不可能对所有的零部件都准确计算,结果使得大量零部件积压在仓库中,增加了库存管理费用,造成资金周转缓慢。

物料需求计划系统是用来解决上述问题的一个尝试。如图 12.1 所示,物料需求计划可以看作是一个输入输出系统,其输入包括主生产计划、库存数据、订货数据、企业基本数据和产品结构数据;其输出包括采购计划和生产作业计划。

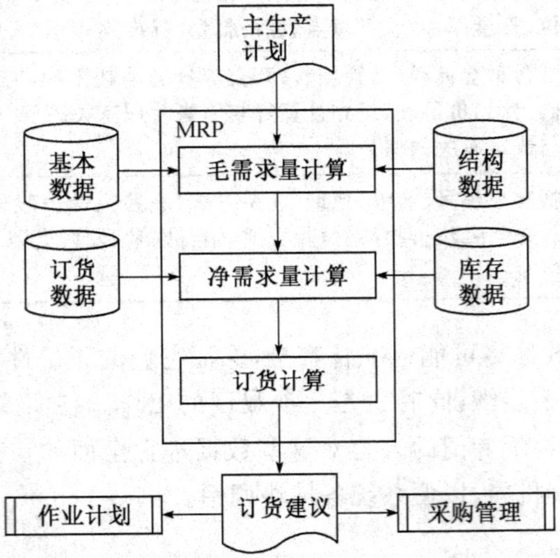

图 12.1　物料需求计划系统

订货点法

订货点法是制造业中常用一种计算安全库存的方法。所谓订货点，就是指当某物料的库存量下降到一定数量时就应当发出订单。它可以用以下公式来计算：

$$R=L*U+S$$

这里，L 是供应商交付物料的时间（订货提前期），U 是物料的消耗速率，S 是安全库存量。例如，供应商要用 10 天时间交货，而物料的消耗速率为每天 15 个。安全库存量为 75 个。这样，当该物料的库存量下降到 225 个的时候，系统就应当通知有关部门发出订单。

12.1.4 MRP 的计算原理

在 MRP 中，物料需求分为两种基本类型：独立需求和相关需求。独立需求是指对一种物料的需求是独立的，与其他物料无关。相关需求则指某物料是与另外一些物料有关的，若缺少了另外的物料，该物料就无法构成。例如一个台灯底座是相关需求物料，它需要在其中配上变压器和固定螺丝等物料。独立需求量比较容易计算，一般根据产品的计划量或以往的经验或预测得到；而相关需求的计算则需要根据产品的结构和其他信息进行计算后得到。

相关需求可用一棵产品结构树来描述。产品结构树的树根就是最终产品，该产品可以从树根逐层向下分解，分为若干层。我们称它们为部件、组件、零件和原材料等，或用层号来表示，树根层号为 0，下面第 1 层物料号为 1.1，1.2，…；第 2 层物料号为 2.1，2.2，…。如果一个物料有若干个下层物料，则将该物料称为“父件”，而相应的下层物料称为“子件”。父件与子件物料之间的相关关系又称为垂直相关的关系，没有子件的装配便没有父件。但有些物件并不是垂直相关的，如计算机和配套的打印机电缆虽然不存在装配问题，但必须同时提供给用户。这种非装配物料的相关关系称为水平相关关系。

使用 MRP 进行物料需求量计算时必须参照物料间的相关需求关系，需要将产品各物料之间的结构关系输入到系统中。可以用图表的形式表示物料之间的关系，然后再进行相应的计算。产品结构有两种基本的表示方法：① 图示法：用产品树来表示一个物料及其相关物料之间的关系；② 列表法：用列表来表示物料之间的关系。通常用图示法比较直观，而用列表法可以清楚地表示出物料的数量关系。表示物料关系的表又称为物料清单（Bill of Material,

BOM)。例如,一个产品“台灯”是由灯管、灯座和灯体三部分组成的,这三部分又由一些其他零部件组成。产品的树状结构如图 12.2 所示,相应的表结构如表 12.2 所示。

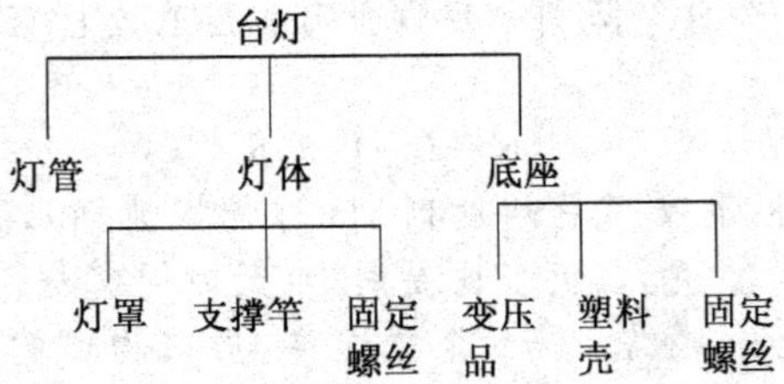

图 12.2　产品结构图

表 12.2　产品结构的表形式

名称(n)	代码(c)	子件代码	依存量(x)
台灯	101		
灯管		201	1
灯体		202	1
底座		203	1
灯体	202		
灯罩		301	1
支撑竿		302	2
固定螺丝		303	2
底座	203		
变压器		304	1
塑料壳		305	2
固定螺丝		303	4

根据产品结构图表,可以计算出所需要的非独立需求物料数量。这需要将图表中所有相同规格的非独立需求物料数相加。在本例中,与台灯相关的物料有灯体和底座,它们都用到代码为 303 的物料“固定螺丝”。在计算时就应当将所有代码为 303 的物料相加得到固定螺丝的总数。

通过以上计算得到的非独立需求物料数量是物料的毛需求量,还要计算出它们的净需求量。毛需求量是根据主生产计划中列出的产品计划需求量和产品物料相互关系计算出的各物料需求量,而净需求量则是考虑了库存情况、计划接收物料等信息后,最终算出的在某时段的实际物料需求量。计算净需求量的一个重要因素就是时段。当我们仅考虑产品结构时,我们并没有涉及到时间因素,但实际二 MRP 必须回答在某个具体时段上某物料是否有足够库存,如果需要订货的话,应当在什么时间订货等。所以,在计算时还要将时间分段(简称期),按照规定的时间单位来计算各种物料的净需求量。物料 Y 在第 i 期的净需求量 Y_i 可以用下式来计算:

$$Y_i = X_{i-1} + A_i - S_i$$

其中 X_i 表示第 i 期期末库存量,A_i 表示计划第 i 期期初到货量,S_i 表示第 i 期计划需求量。当 Y_i 为负值时,说明在该期该物料将不能满足计划要求,需要根据该值决定该物料的订货量,并根据订货提前期(或自制所需时间)来计算应发出订货单(或开始自制)的时间。如果某一物料是一个独立需求物料,那么根据上式计算结果即可进行订货。但如果它是一个相关需求物料,MRP 就必须根据以上结果再计算其子件的数量以及应当在何时进行订货或制造。因为子件是父件的函数,所需父件的数量和时间也就决定了所需子件的数量和时间。

在明确这些基本概念后,可以通过上面的例题来看看如何计算净需求量。在表 12.3 的净需求量计算中,灯管是台灯的子件,因为台灯的计划产量为 200,而库存量为 100,所以其净需求量为 100。因为每个台灯需要一个灯管,所以灯管的计算中将其父件的净需求量直接作为它的计划需求量。其他物料的计算原理与之类似。

表 12.3 净需求量的计算

物料名称	代码	S_i	A_i	X_{i-1}	$f(Y_i)$	Y_i
台灯	101	200		100		100－200＝－100
灯管	201		50	20	(100)	50＋20－100＝－30
灯体	202			20	(100)	20－100＝－80
底座	203			150	(100)	150－100＝50

表 12.4 仅计算了产品结构图中第 1、2 层物料在一期内的净需求量。我们还必须计算对各物料提前订货或开始生产的时间,即提前期。我们用 t 表示提前期,当物料是订购时,t 表示从发出订货单到收到订货的时间;当物料是自产时,t 表示从开始加工到完成的时间。那么,根据物料在第 i 期的净需求量,就知道它在 $j(j=i-t)$ 期的计划需求量:

$$S_{i-1} = -Y_i \qquad (\text{if} \quad Y_i < 0)$$

计算某产品的提前期时,应当从产品完成时刻开始,从计算最终期的需求量开始倒计时向前计算。如果它有相关的子件物料,则从树型结构自上而下逐级计算。首先计算出最终产品所需物料的订货开始时间。然后再对 $i-1$，$i-2$，…期物料进行计算，直至第一期为止。例如，在上面的例题中已知第 i 期需要 80 个灯体，设准备它的子件物料需要提前 2 期，所以在第 $i-2$ 期的物料需求可以这样计算(参见表 12.4)：

表 12.4 第 $i-2$ 期物料需求计算

物料名称	代码	S_i	A_i	X_i	$f(Y_i)$	Y_i
灯罩	301	80				0－80＝－80
支撑竿	302			80	160	80－160＝－80
固定螺钉	303			100	160	100－160＝－60

因为对底座的净需求量为 0，所以对于底座的子件就不用计算了。但以上是设物料灯体的 3 个子件所需提前期均为 2 周所得出的结果。事实上各个零件的需求时间不同，加工、外购等所需时间也不同，所以用这种方法并不能得到准确的结果，必须进一步对每一种元件都分别进行计算。最后，计算得出各产品在每一时期的预计库存量，应生产的批量以及生产的开始时间、装配时间、完成时间等。

例如一个物料 A 需要两个子件 B，从装配一个 A 到完成需要两周，从订购一个 B 至到货需要 3 周，则对 A，B 的计算如表 12.5 和表 12.6 所示。

表 12.5 物料 A 需求计算

	1	2	3	4	5	6
S_i	20	10		30	30	10
A_i			40			
X_{i-1}	40	20	10	50	20	0
X_i	20	10	50	20	－10	－10
提前需求量			10	10		

表 12.6 物料 B 需求计算

	1	2	3	4	5	6
S_i			20	20		
A_i						
X_{i-1}	30	30	30	10		
X_i	30	30	10	－10		
提前需求量		10				

这样，根据 MRP 的输出，就可以得到有关物料的这样一些明确的信息（图 12.3）：

- 目前仓库中是否有这种物料？
- 在未来的某日，按生产计划需要多少？还缺多少？
- 对缺少的物料，是采用外购还是自己生产？其数量各为多少？
- 对缺少的物料，应该何时订货，何时交货？

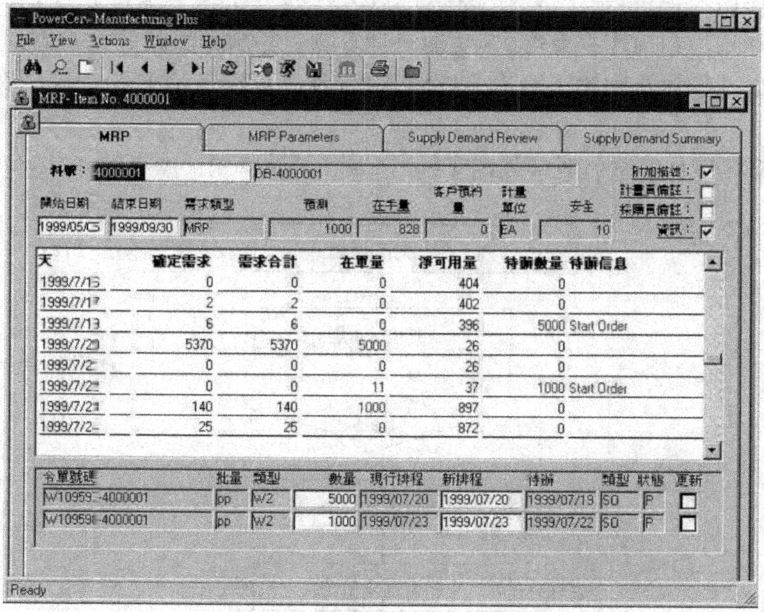

图 12.3　MRP 输出的一个画面

12.2　制造业资源计划系统

12.2.1　闭环 MRP

MRP 的进一步发展是制造业资源计划（Manufacturing Resources Planning，MRP）系统。为了与 MRP 相区别，又将该系统略写为 MRPⅡ。MRPⅡ是一个以 MRP 为中心的、高度集成化、模块化综合生产管理信息系统，能对整个企业管理活动起到全面的支援作用。

从生产计划的角度来看，MRP 的确已经提供了生产所需要的信息。但是这种输出究竟能否有用，却受到企业另外一些因素的制约。例如，生产线上是否有足够的生产能力完成所计划的生产任务？如果自己不能完成，也许就需要到外面去采购，而采购又牵涉到资金的问题。而这些信息都是 MRP 所不能提供的。为了解决这些超出 MRP 功能范围的问题，人们提出了闭环 MRP 的概念。

上面已经说过，一个 MRP 模块可以看作是一个输入输出系统，其输入是主生产计划和当前库存量等，其功能是计算物料需求的数量、方式和时间，并将它们输出。按照这种输入输出系统的思想，我们可以继续来讨论闭环 MRP 系统。

闭环 MRP 系统的原理如图 12.4 所示。除了 MRP 模块以外，还包括主生

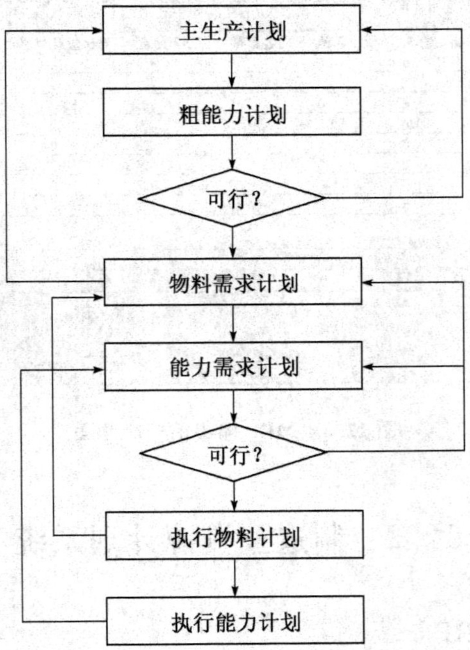

图 12.4　闭环 MRP

产计划模块、粗能力计划模块、能力需求模块这样三个模块。各个模块的功能和主要的输入、输出信息如表 12.7 所示。

表 12.7 闭环 MRP 中的三个主要模块

模 块	输 入	功 能	输 出
主生产计划	生产规划、预测、客户定单等	计划各生产周期中提供的产品种类和数量	生产产品的品种、时间、生产数量
粗能力计划	主生产计划的输出	计算所需要的关键工作中心能力，进行模拟	经过调整的主生产计划
细能力需求计划	物料需求计划的输出	计算各周期和各生产单位的人员负荷和设备负荷	经过调整的物料需求计划

1. 主生产计划

主生产计划是连接市场营销部门与生产制造部门的桥梁。它根据市场营销部门的合同、预测等有关市场对于产品的需求信息具体化，确定生产制造计划，准确地描述今后将要生产的最终产品，成为系统中展开 MRP 和 CRP 运算的主要依据。

编制主生产计划一般不能完全依赖机器，需要人工参与。根据企业产品的生产方式(如现货生产、订货生产或专项生产等)，计算出最终产品的计划报表以及物料需求，包括总需求，安全库存，各时段的主生产计划接收量和预计可用量等。

主生产计划的输出就是 MRP 的输入，由 MRP 给出准确的物料需求计划，然后交给能力需求计划进行进一步的计算。

2. 能力需求计划

能力需求计划(Capacity Requirements Planning，CRP)的功能是根据企业数据库中的工艺数据、生产订单、工厂日历等信息来制定生产能力计划，它计算出对设备、人力的需求量以及各种设备的生产负荷量，判断是否有足够的资源来满足所计划的生产。如果超负荷，则需要对设备或人力等进行补充，或者对主生产计划进行调整。能力需求计划子系统又可以分为：

(1) 粗能力需求计划。粗能力需求计划子系统是同主生产计划相伴运行的，是一种比较粗略、快速的能力核定过程。它根据主生产计划计算 r 相关的关键工作中心的负荷，一般只考虑每月生产计划的变化。

(2) 细能力需求计划。根据物料需求计划和企业生产能力进行模拟，同时根据工作中心的能力判断计划的可行性。CRP 对车间调度人员提供计划能力报表，让调度人员根据情况对于超出能力的任务进行调整。

从图 12-4 和表 12-7 可以看出：闭环 MRP 的工作流程是首先由主生产计

划模块和粗能力计划模块对生产产品的品种、周期、数量等进行计划，生成可行的主生产计划；然后由物料需求计划模块计算物料的需求量，以及自行加工计划和采购计划等；再经由能力需求计划模块计算对设备与人力的需求量和各种设备的负荷量，判断生产计划是否可行；最后进入执行部分。在此过程中经过不断地自上而下的对计划进行调整和自下而上的信息反馈，最终得到切实可行的计划方案。

12.2.2 MRPⅡ

根据上述思想进一步发展，将 MRP 与企业其他部门的信息处理结合起来，建立一个以 MRP 为中心的综合生产管理信息系统，就能对整个企业管理活动起到全面的支援作用。在这样一个信息系统支持下，后勤部门可以用 MRP 来计算物料需求量并产生采购计划；生产部门将销售计划与生产计划紧密配合制定出生产计划表，并将其不断细化；设计部门从生产部门得到有关设计改良的信息；各个部门的信息提供给财务部门，在财务部门进行成本核算。这样，整个企业的信息系统就不是由一个个孤立的职能子系统构成，而是通过一个信息共享的系统，将生产、销售、财务、采购等活动紧密联系在一起，这就是 MRPⅡ。

MRPⅡ的逻辑结构如图 12.5 所示，它包括了销售信息管理、生产制造信息管理和财务信息管理三大部分。三大部分中又包括了订单管理、市场预测、

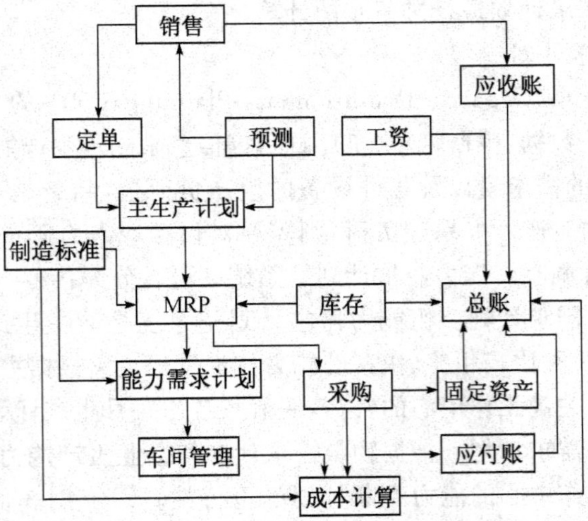

图 12.5 MRPⅡ结构

主生产计划、库存管理、制造工艺管理、物料需求计划、能力需求计划、车间管理控制、采购管理、成本管理、应收账款管理、总账管理等子系统。

12.2.3　MRPⅡ的主要子系统

下面简要地介绍一下MRPⅡ的3个主要子系统的功能。

1. 车间作业控制

车间作业控制(Shop Floor Control，SFC)模块的功能是执行生产计划。SFC对车间下达计划任务，核实MRP产生的计划订单，这包括检查物料和能力是否满足需求，确定加工路线，有时对已下达的计划进行修改，并打印生产物料订单。

SFC也可以用模拟方法，按照作业优先的原则，编制各种设备或工作中心的作业顺序和作业完成日期等。该模块的输出有加工单、车间文件、派工单等。加工单说明物料加工的时间和工序等。车间文件反映了所有已下达但还未完成的订单状态，可用来跟踪一份订单的生产过程。派工单(dispatch list)用来管理工件通过生产过程的流程和优先级，它说明现在已在工作中心的订单或即将送到工作中心的订单的优先级。

该系统还提供一系列查询功能，向管理者报告生产加工的实际情况，起到对实际生产的监控作用。例如可以按待下达、已下达、已开工、已完工、预期开工、预期完工、延期开工、延期完工等各种条件，对车间的在制品情况进行查询。

2. 采购和物料管理

由于制造业的整个工作是建立在许多采购原料、部件的基础上，采购的零、部件不仅要在时间上保证按期到货，在价格上也极大地影响到最终的产品成本，这就决定了采购子系统在MRPⅡ中占有很重要的地位。采购子系统根据物料需求计划和库存管理的策略编制出物料请购计划，建立起采购、进货管理、供应商档案等。采购子系统通常应具有以下一些功能：

(1) 具有供应商的档案库。例如可查询在铣床供应商中，哪些可作为本次采购的对象？要根据供应厂家的档案资料以及以往合作的记录得到客观的评价。档案包括：

- 供应商的代码、名称、地址、电话、联系人等。
- 商品代码、名称、规格等。
- 价格、批量、折扣、付款方式等。
- 供应商信誉记录等。

(2) 查询功能。例如用户可以方便地查询到以下信息：

- 与第一机床厂有关的采购单内容是什么？
- 过去三年中，供货单位在交货日期、价格、质量上的情况如何？

(3) 采购订单的审核、批准功能。例如，提供查询功能，管理人员用来核准请购单；提供标准的合同、协议格式，以便需要时快速产生该类采购文档。

(4) 对采购情况的跟踪功能。可以帮助管理者确切掌握采购的执行情况，用户可以根据某采购订单查看它的执行情况如何，或者评价某采购员的工作业绩等。

3. 财务子系统

财务子系统包括账务管理、成本管理、应收、应付账款管理、总账管理、工资管理等主要功能。

账务管理中包括各种格式的凭证和账簿，提供记账、算账功能。包括：收款凭证、付款凭证、转账凭证、外币凭证、现金日志、往来账、总账、明细账等。账务系统可帮助有关领导及时了解企业的资产和债权，查询凭证和账目，自动进行月终结账、年终结账等账目处理。

成本管理中包括用来计算产品成本的多种成本管理模型，也可以用来对构成产品成本的各种因素进行分析。例如，可以分析在某一产品中固定费用和可变费用所占的比例，或某一材料的费用在某一产品成本中所占的比重，计划成本和实际成本的差异，产品的毛利等。

应收、应付账款管理是企业中工作量较大的日常工作。应收、应付账款管理系统不仅能够自动进行记账、冲账、计算现金折扣、生成收款凭证等工作，还能够跟踪客户的拖欠款情况，提供客户信用信息，提供账龄分析和估算坏账损失等。

工资管理处理除了有日常的工资发放、打印工资单等功能之外，还具有一些额外的功能，如自定义栏目，计算个人所得税，计算部门工资总额，查询职工个人工资历史，成批修改某工资栏目等。

以上我们介绍的这些子系统或模块，与传统的会计财务系统、库存管理系统的最大不同就在于它们并非是孤立存在的，各模块都是根据业务关系有机地关联起来的，一个子系统的输出往往是另外几个子系统的输入。这样，MRPⅡ系统就可以有效地将企业管理的各个职能部门连接起来，加快企业内部的信息流动，减少各部门之间因相互闭塞所造成的许多问题。

计算机集成制造系统

除了MRP、MRPⅡ之外，制造业企业中应用的还包括一些其他类型的信息系统。如计算机辅助设计(Computer Aided Design, CAD)，计算机辅助制造(Computer Aided Manufacturing, CAM)，计算机辅助工艺过程设计(Computer Aided Process Planning, CAPP)，计算机辅助质量管理(Computer Aided Quality, CAQ)，计算机辅助工程(Computer Aided Engineering, CAE)，柔性制造系统(Flexible Manufacturing System, FMSS)，产品数据管理(Production Data Management, PDM)等。计算机集成制造系统(Computer Integrated Manufacturing System, CIMS)是以计算机系统为基础，综合生产过程中信息流、资金流和物流的运动，集市场研究、生产决策、经营管理、设计制造与销售服务等功能为一体，使企业走向高度集成化、自动化和智能化的生产技术与组织方式。它将CAD/CAM、PDM、ERP/MIS等企业所涉及到的设计、生产、管理业务融为一体，组成先进的企业生产和管理模式。

12.3　企业资源计划(ERP)

12.3.1　ERP的发展历史

企业资源计划(Enterprise Resources Planning, ERP)是对MRPⅡ概念的进一步发展。企业资源计划的概念由美国的Gartner Group公司在20世纪90年代初期提出，以后经过几年的发展逐渐被企业所广泛接受，并成为新一代企业信息系统的代名词。Gartner Group公司认为ERP具有以下一些主要特征：

- 支持企业级的基干业务
- 实时处理的综合性系统
- 使用一系列IT新技术
- 支持各种生产方式、多行业
- 支持分布式系统运用
- 支持跨国公司业务

可以认为：ERP是包含了MRP和MRPⅡ功能的一种信息系统。从三者的功能来看，MRP主要用于生产过程中的库存管理；而MRPⅡ主要用于制造业企业的各种管理活动；ERP由于提供了更多的功能，可以广泛用于不同行业、不同生产方式以及不同的信息化需求中。以上三者的功能比较关系如图12.6所示。

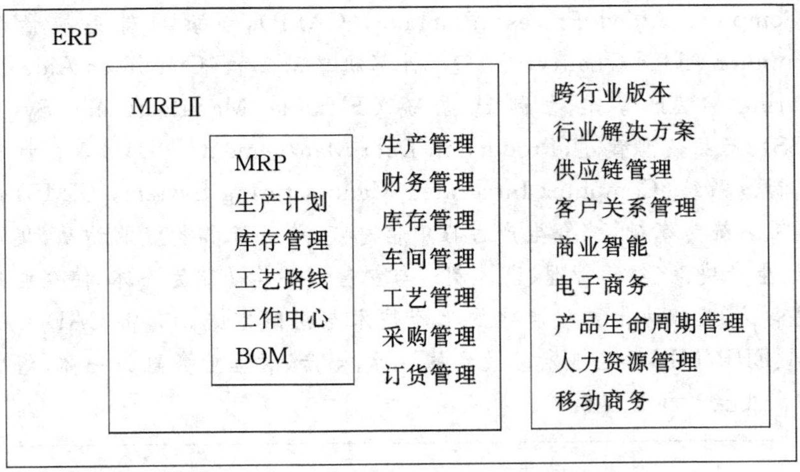

图 12.6　ERP 和 MRP，MRPⅡ的关系

从管理的对象和作用的范围来看，ERP比MRPⅡ的影响范围更大，因此得到了更加广泛的应用。根据有关部门的统计，在国家重点企业实施的信息系统中，ERP是仅次于会计信息系统的应用软件。对MRP、MRPⅡ、ERP这三类信息系统特征的概括总结如表12.8所示。

表 12.8 MRP，MRPⅡ，ERP 的比较

	MRP	MRPⅡ	ERP
年代	20世纪70年代	20世纪80年代	20世纪90年代
管理对象	物料	物料、设备、财务	企业各种经营资源
作用范围	工厂	企业	企业内外
功能	物料需求量计划	企业内生产资源的规划	企业内的资源管理和供应链管理

APICS 对 ERP 的定义

美国生产与库存管理协会(简称 APICS)是普及和推广生产制造业信息系统的权威机构,成立于 1957 年,目前在全球有 7 万名会员。

APICS 对 ERP 的定义如下:"企业资源计划系统是一个面向会计的信息系统,用于全企业资源的获取、制造、运送以及对客户订货的算账等活动的识别和计划。ERP 系统和 MRPⅡ系统不同点在于其技术需求,如图形用户界面、关系数据库、第 4 代语言和在开发中使用的面向计算机的软件工程工具,客户机/服务器结构以及开放式系统的可变性"。

目前世界上主要的 ERP 产品如表 12.9 所示。其中最主要的产品包括德国 SAP 公司的 R/3,美国 Oracle 公司的 Oracle Application 等。

表 12.9　典型的 ERP 产品

产品名	公司名	主要特征
R/3	德国 SAP	功能全面,被广泛应用在许多行业的大型企业中
ORACLE Application	美国 Oracle	可方便地与 Oracle 数据库和 Develop 2000 等开发工具集成
BPCS Client Server	美国 SSA	采用分布式处理技术,可以方便地应用在分布式环境
Symix	美国 Symix 公司	以生产管理为中心,主要是使用在订货生产方式的企业中

12.3.2　ERP 的主要特点

ERP 系统的主要特点可概括为以下几点:

1. 模块化的企业级信息系统

除了制造业的 MRPⅡ以外,传统的企业信息系统多半是企业根据自己的特定业务来开发的,一种业务就需要一个信息系统。一个企业中往往是多个信息系统并存。这些模块相互之间不兼容,数据不能共享,造成了信息孤岛。而 ERP 在这一点上与 MRPⅡ十分类似,它是一种以模块化软件包形式提供的软件系统。同时又是可以支持企业级业务的大型系统。一个 ERP 通常由数十个模块所组成，它们覆盖了企业管理的各个职能领域，在为企业设计信息系统时，根据企业的业务特点和具体要求，将有关的模块结合起来，就可以满足企业的基本要求。为了适应不同企业的业务需求，ERP 中预设了一些业务模型，还设有许多参数和软件开关。这样，用户的业务需求只要基本符合这些业务模型，经过一定的调整，就可以使用现成的模块。

以 SAP 公司的 R/3 系统为例，该系统的基本结构如图 12.7 所示，它由一些主要的模块群构成，如生产计划、物料管理、人事管理、工厂维护等。R/3 还有许多其他的模块，可以让用户根据需要选用。将 R/3 的模块群排列组合方向进行改变，就可以构成物流、生产、销售、市场营销等一些子系统的“供应链”。对于这样一条供应链，将必要的人员、机器和其他资源有机地加入，集成化地进行管理，就构成了一个理想的企业级信息系统。

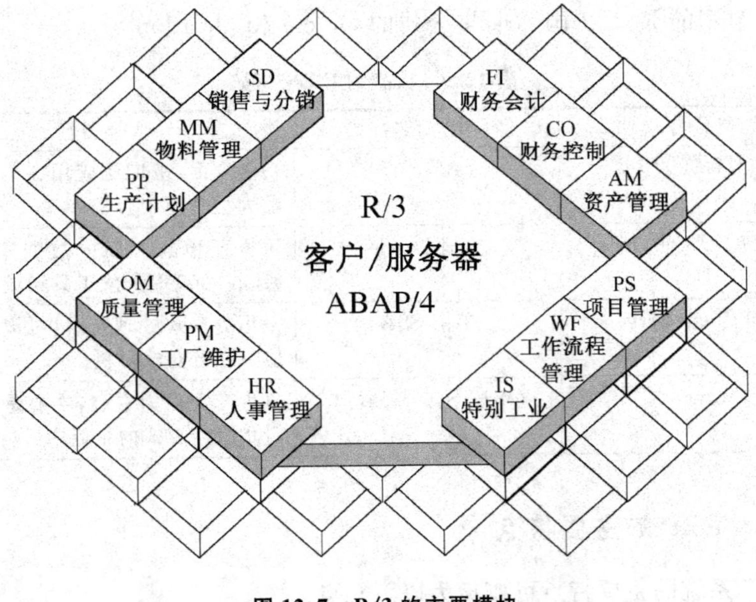

图 12.7　R/3 的主要模块

2. 适用于不同行业和不同生产方式

虽然 ERP 从其形式上来看与 MRPⅡ有类似之处，但它却从功能和范围上大大超越了 MRPⅡ。大型 ERP 设计考虑了各种企业的典型生产方式，因此可以适用在各种不同的生产和业务活动中。

根据生产方式，一般制造业企业的生产可分为项目型生产、按订单生产

(MTO)、组装生产(ATO)、估量生产(MTS)、重复生产、批量生产以及连续流程式生产等。例如,飞机、船舶的制造都是属于项目型生产,机床制造则是属于按订单生产,微型计算机属于组装生产,石油产业则是连续生产。对每一种生产类型,不但作业的流程有很大差别,而且管理的方法和标准也都完全不同。因此通常一个 ERP 产品中不能完全覆盖这些生产方式,但是可以覆盖其中的若干种。

另外,ERP 的强大功能使得它成为一种可以跨行业应用的信息系统。例如,SAP 已经推出了 20 多个行业的版本。SAP 的最新产品 mySAP 就是由一系列行业解决方案和跨行业解决方案所构成的,其行业解决方案包括汽车业、银行业、化工、消费品、工程建筑、保健、高科技、保险业等,是针对行业中的特定业务所开发的。而跨行业解决方案则是由一些比较通用的模块所构成,如工作台、客户关系管理、供应链管理、商业市场、电子采购、商务智能、产品生命周期管理、人力资源管理、财务管理、移动商务等。

3. 体现了供应链思想

ERP 系统的另一特点是在信息系统应用的广度方面超越了 MRP Ⅱ。ERP 将企业内部的生产制造活动与企业外部的客户、供应商的资源整合在一起来考虑信息系统的作用。这种思想也被称为是“供应链”,即将企业的业务流程看作是一条将客户、制造工厂、供应商连接起来的供应链,将企业内部也看作是相互协同作业的子系统的供应链,如财务、市场营销、生产制造、质量控制、服务维护、工程技术等。通过信息系统,对供应链上的所有环节有效地进行管理。

ERP 不但可以为企业提供更丰富的管理工具,而且为在超越企业范围的企业协作提供有效的工具,这对于跨国公司实现全球范围内的经营运作十分重要。在管理技术上,ERP 在对整个供应链的管理过程中更加强调和加强了对资金流和信息流的控制,这就将对供应链的管理上升到对价值链的控制。

4. 先进的信息技术

目前 ERP 系统一般都采用图形用户界面技术(GUI)、SQL 结构化查询语言、关系数据库管理系统(RDBMS)、面向对象技术(OOT)、第四代语言/计算机辅助软件工程、客户机/服务器和分布式数据处理系统等技术,还不断地将一些更新的信息技术如 Internet/Intranet、数据仓库、先进计划与排程(APS)、客户关系管理(CRM)、约束理论算法、人工智能等吸收到系统中。ERP 可以说是各种最新信息技术在企业管理上的集成。

5. 适合作为跨国企业信息系统

一些跨国公司和大型的企业往往在不同地区和不同国家有分公司，因此跨地域的分公司紧密合作就需要使用信息系统。在这种情况下，ERP 的应用就成为首选方案。因为许多 ERP 都具有多语言、多货币处理转换的机制，可以方便地使用在跨国公司的环境中。因此，IBM、微软和世界许多大型跨国企业都选用 ERP 做其内部管理系统。

6. 与业务流程重组紧密相关

ERP 与业务流程再造(Business Process Reengineering，BPR)有紧密的关系(参见第 13 章)。传统的生产方式和组织机构和 ERP 的思想往往是相矛盾的，无法迅速地对企业环境的变化做出敏捷的反应。因此，在实施 ERP 时，往往需要根据新的业务流程，对过去的企业运作方式进行改造。显然这种改造是牵涉到整个供应链上的企业的。BPR 的概念和应用已经从企业内部扩展到企业与需求市场和供应市场整个供应链的业务流程和组织机构的再造。

第 12 章重要概念

MRP,物料,静态数据,动态数据,订货点法,物料主文件,独立需求和相关需求,垂直相关,水平相关,产品结构树,父件和子件,物料清单,毛需求量,净需求量,时段,提前期,闭环 MRP,MRPⅡ,主生产计划,能力需求计划,ERP。

第 12 章复习题

1. 说明静态数据和动态数据的区别,各举 3 个例子。
2. 说明什么是物料?物料有哪些主要的来源?
3. 物料数据存储的文件有什么特征?
4. 使用订货点法解决库存订货问题时主要有哪些问题?
5. 将 MRP 视为一个输入/输出系统,它的输入/输出分别是哪些数据?
6. 物料之间的有哪些相关关系?
7. 说明用产品树和列表法如何表示物料的相关关系。
8. 说明什么是闭环 MRP。
9. 说明什么是 MRPⅡ。
10. 说明 ERP 的主要特点。
11. 一个生产制造业的企业信息系统主要应具有哪些功能?
12. 说明 ERP 中采购、订单处理和生产管理子系统的关系。
13. 说明 ERP 中采购、订单处理和财务管理子系统的关系。
14. 说明引进 ERP 的主要阶段以及各个阶段的主要任务。

小组活动课题

假设企业要求你提出一个候选 ERP 产品,你将如何做?请提出你的评价标准和方法。

第 13 章　企业流程再造

本章学习目标

(1) 理解为什么要进行企业流程再造

(2) 懂得企业流程再造的途径和原则

(3) 懂得企业流程再造时应采用的组织结构和实施步骤

(4) 能说明在企业流程再造中信息技术所起的作用

(5) 学习若干成功的企业流程再造案例

我们已经多次讨论了企业的业务流程。在 ERP 一章中也提到了企业流程再造。企业流程再造不仅是一个重要的理念，同时也是信息化中的一个关键的步骤。在许多情况下，企业流程再造需要对现实的流程进行梳理分析，引进 ERP 等信息系统中的新流程。如果没有对这种理念的深入理解和认识，企业领导必然缺乏彻底改造企业的勇气，因而也不能废除那些员工已经习惯的流程。另外，如果不懂得企业流程再造的方法，没有恰当的人员和工具，企业流程再造也难以收到期望的成效。本章重点讨论业务流程再造的相关理论和实际方法。

13.1　什么是企业流程再造

企业流程再造(Business Process Reengineering，BPR)一词出自两位美国企业管理专家——米切尔·哈默(Michael Hammer)和詹姆斯·钱辟(James Champy)的一本名著《企业流程再造——商业革命的蓝图》①。20 世纪 80 年代

---

① Michael Hammer & James Champy，Reengineering The Corporation：a manifesto for business revolution，1993，Newton Publishing Co.，Ltd.

中期,哈默等人在调查了许多美国企业后,发现有两类企业很值得研究:一类是快速发展的企业,如微软、SUN等IT企业;第二类是走下坡路的企业,它们主要是一些传统企业,尽管过去很有实力,但现在却逐渐失去了往日的辉煌,每况愈下。经过研究他们发现:在第二类企业中有许多问题都属于"大企业通病",表现在人浮于事,效率低下。例如福特公司的应付账款部门的人力是马自达(Mazda)公司的100倍。福特的领导人看了马自达的工作方法后,仍无法解释自己公司的该部门为什么这样臃肿。

在研究了这些衰退的企业后,哈默等发现它们的问题大多是相同的:那就是这些公司都有一些传统的惯例妨碍了工作效率的提高,体现在它们的业务流程、公司政策和公司文化等方面。因此,哈默等人提出了要对企业流程进行再造才能解决这些问题的革新理念。他们认为:企业流程再造是一种对企业大胆的创新和重塑。"应当认识到:没有什么流程是不可改变的,所有的活动都是需要仔细检查的。只有通过对过去做法的深入反思,才有可能解决其中隐含的痼疾"。"进行企业流程再造不是修修补补,而是一个彻底改造的工程"。企业要建立一支有力的再造团队,抓住企业中的陋习和通病开刀,重新设计企业的工作流程,进行新的工作流程整合。这样,才有可能使企业适应时代的潮流,健康地成长。

企业流程再造的定义

哈默和钱辟提出的BPR定义是:"从根本上改变思维方式,彻底改造整个业务流程,从而在新的衡量绩效的指标(如成本、质量、服务和速度等)上,获得大幅度的改善。"他们主张企业彻底地抛弃原有的作业流程,针对顾客的需求,重新规划企业的业务活动,对自己进行重塑。

也有一些学者提出了不同的定义。英国学者佩帕德和罗兰认为:"BPR是一种改善的哲理,它的目标是通过重新设计组织经营的流程,以使这些流程的增值内容最大化,其他方面的内容最小化,从而获得绩效改善的跃进。这种做法既适用于单独一个流程,也适用于整个组织"。

一些具有实践经验的ERP专家认为:在我国企业实施BPR时,必须考虑企业的具体情况。对管理水平比较低的业务流程来说,可以采用彻底抛弃、重新设计的做法。但对于企业整体来说,不采用剧变的方式可以减少BPR的风险,确保BPR成功。

一般认为：BPR 的核心思想包括以下四个要点：

(1) 要通过对企业的流程进行分析和再设计来重塑企业。

(2) 这种分析应当以企业的业务活动为基本单位，而不是以部门或者更大的单位。

(3) 改进的目标应当是相当激进的，而不是对局部问题的解决。

(4) 信息技术是业务流程再造的重要工具。

从这个意义上来看，企业流程再造和构建企业信息系统是密不可分的——企业流程再造离不开信息技术，而信息系统的构建又常常以企业流程再造为目的。

13.2 企业流程再造的目标和原则

13.2.1 企业流程再造的三个目标

20 世纪 90 年代中期，美国许多企业都进行了企业流程再造，但三分之二的企业流程再造结果都不理想。从失败的企业流程再造过程中得到的一条教训是：企业流程再造时必须明确目标，量力而行。过高的目标可能会带来巨大的风险，如果企业没有足够的能力去实现，结果很可能导致企业流程再造失败。因此，在进行企业流程再造时，应根据企业的情况，从以下三个目标中选择其一：最基本的目标是业务流程合理化；稍高一些的目标可放在业务活动的整合和任务功能的一体化；最激进的目标则是全公司业务转型。

1. 业务流程合理化

许多企业的业务流程都是"自然地"发展起来的，在长期的工作中逐渐形成的。在一个业务流程中工作的人没有考虑过这个业务流程是否合理，从事具体工作的人也没有想过哪些工作是必要的，哪些是不必要的。因此，这些业务流程中往往有不合理的成分。美国一家银行的信贷业务，需要经过 11 个人的工作，这些人又分布在一栋楼的不同楼层，这样，这项业务的完成就要在这些工作人员之间反复传递文件，造成公文旅行，同时又很容易发生错误。

所谓业务流程合理化(streamline)，就是通过分析现行的工作流程，找出其中不合理的成分，对其进行改造。在设定这一类目标时，一个基本的假定是原来的流程是基本合理的，但存在一些问题。通过发现这些妨碍工作效率进一步提高的主要障碍，就可以使得现行的工作流程得到很大的改善。由于企业的业务流程往往是很多复杂的流程交叉在一起,发现妨碍效率提高的主要问题和障碍并非易事。因此,企业流程再造者一般是从当前的流程中找出一些关键业务活动,如果这些活动可以用某种基于信息技术的处理手段来代替,就可以消除工作流程中的阻碍,使工作效率大为提高。

2. 业务活动的整合

企业流程再造的第2类目标称为业务活动的整合(integration)。整合的思想是企图打破过去垂直分割的组织结构,用一种更合理的组织机构来代替金字塔型的僵硬的组织结构。

传统的企业组织结构是金字塔型的。在前面我们已经讨论过金字塔型组织的特点,其中一条就是劳动明确分工。企业通常是根据工作的性质分解为不同的职能部门,每个职能部门再根据工作的性质分解为不同的科室、小组和个人。这种传统的组织结构虽然分工明确,但企业中的业务流程往往是跨越职能部门的。在执行的过程中,因为各部门都优先考虑自身的利益,结果降低了业务流程的效率,不能取得企业业务的整体效益。

福特公司的业务整合

福特汽车公司在实施企业流程再造之前,该公司的销售、订货、会计、库存管理都是相互独立的业务,部门之间没有密切的合作,相互之间主要靠单据来传递信息。采购部去订了一批货,回来后将订货单送到财务部门就完成了任务。财务部门只凭单据检查是否有应付账款,而库存单位则根据转来的单据决定是否应当对送到的货物进行验收。各个部门相互独立,缺乏协调,结果整个企业工作效率很低。

福特公司经过企业流程再造后,打破了这种人为的部门之间的分割,根据业务流程将这些有关的部门整合起来。现在,销售、订货、会计、库存管理都是通过信息系统来实施相互之间的信息传递。例如采购部去订了货,财务部门就知道发生了应付账款,而库存部门也知道这批货物预定到达的时间,应当做哪些验货工作。结果整个企业的效率大大提高了,也消除了一些无用的重复性工作,减少了等待其他部门处理完毕的时间。

3. 全公司业务转型

第3类目标称为全公司业务转型或范型变迁(paradigm shift)。范型变迁是更为大胆的组织变革,这意味着企业要重新思考现行的业务和企业的本质,考虑是否可采用彻底的改革手段,完全转向新的工作方式,而信息技术在此有可能发挥关键的作用。

美国摩根银行在互联网技术出现后,就考虑如何使用这种技术来改变过去的信息业务服务方式。开始它要求一些IT厂商用互联网回答银行的技术问题。后来银行自己也开辟了信息服务业务,对用户提供300家金融机构的许多金融业务的投资风险指数,从而提高了客户的满意度。

有一家银行过去工作效率低下,竞争力逐渐削弱。于是银行领导开始考虑应如何进行企业流程再造。一位管理顾问建议将工作效率低下的各个分理处去掉,用互联网技术来建立一个虚拟银行,实行网上银行系统。范型变迁意味着企业原有作业的彻底改变,由此可能有一系列问题将接踵而来,企业将面临较大的风险。但是,这种目标一旦实现,也可能给企业带来巨大的变化。

13.2.2 企业流程再造的原则

从上面的分析可以看出,尽管企业通过流程再造可能极大地提高效率,消除企业过去固有的问题,但是企业流程再造的风险也很高。如果企业没有清晰地认识自己的再造目标是什么,如何推进企业流程再造等重要问题,盲目地上马。那么不仅不能取得预期效果,反而会引起许多矛盾,造成BPR失败。根据对一些再造企业进行BPR的经验总结,在进行企业流程再造时,应当把握好以下几条原则:

(1) 企业流程再造必须量力而行。企业要设定恰当的BPR目标,进行有效的改造。

(2) 要得到高层管理者的支持。绝大多数BPR不仅仅是改变业务流程,而是伴随着组织体制、业务结构以及企业文化的变革。BPR常常伴随着权力和利益的转移,如果没有高层管理者的明确支持,则很难推行。要有计划、有步骤地实行重新设计的业务流程、组织体制和企业文化的变革。

(3) 要找到关键的流程。企业必须通过对现有的业务流程的描述,梳理,才能找到应当改变的关键业务流程。必须从成本、时间、附加值等一些可以度量的因素去考虑新流程的设计,从而能够对企业战略产生重大影响。

(4) 要防上草率的流程调查。对现有流程进行分析是非常麻烦的工作。再造小组应当细致完整地分析现有流程,用书面形式明确地表达出当前流程,并仔细地推敲它们的合理性。特别是对一些跨部门、跨企业的业务,更是要讨论清楚。草率的流程调查往往会引起后遗症,等到信息系统投入使用后才发现问题就难以修正了。

(5) 要大胆探索如何发挥信息技术在业务流程中的作用。注意信息技术只是手段,实现效益才是目的。

(6) 要让有丰富业务经验的成员参与 BPR,不要由不懂业务的 IT 人员闭门造车。

13.3　企业流程再造的实施步骤

尽管企业流程再造需要企业全体员工的关心和参与,但它决不是一场轰轰烈烈的运动,需要领导者有高超的领导艺术,按照一定的方法,有计划、有组织、有步骤地推进。一些学者提出了比较成熟的企业流程再造方法,尽管它们各有特点,但基本内容还是类似的。综合起来,企业流程再造可以由以下 6 个主要步骤组成(图 13.1)。

图 13-1　企业再造工程的主要步骤

13.3.1　再造准备

在正式进入企业流程再造之前,应当从战略的角度研究本企业为什么需要再造,从组织、环境和需求的角度来考虑再造的必要性,并设置适当的再造目标。

要取得企业流程再造的成功,关键的一点是要得到企业领导和广大员工的支持。但是,在许多情况下,企业员工并不理解为什么要改变他们已经熟悉的工作流程。因此一定要在整个工作的初始阶段就向有关员工说明企业流程再造的意义,明确企业流程再造的目的,描绘出企业流程再造的远景。这样做的目的是在今后的工作中得到领导的授权，同时也取得绝大多数员工的支持。

13.3.2 确定组织

企业流程再造是关系到整个企业各种业务的大工程，企业流程再造必然影响到企业自上而下的大多数员工，会引起企业中巨大的反响。因此，这种工程并非由一两个热心于再造的人或企业领导能够自己完成的。应当在工作的早期建立起独立的再造组织并赋予他们相应的权限，集中各方面的人才，按照即定的目标，制定好再造项目日程计划，有力地推动整个企业完成再造工程。

再造组织并无固定的形式，但根据国外近年来的研究结果和实践经验，企业流程再造工程的组织结构一般可设为图 13.2 所示的 3 层组织结构：企业流程再造指导委员会、再造项目小组和流程组。

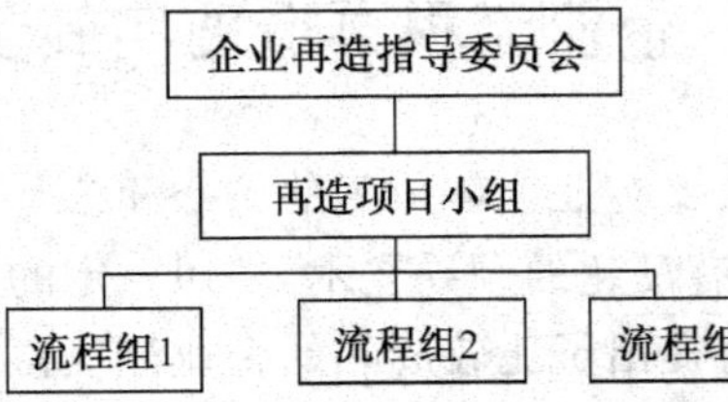

图 13.2 企业流程再造工程的组织结构

企业流程再造指导委员会由企业的高层领导所组成，它负责制定企业流程再造的总体战略，决定再造的原则、组织和政策，把握再造工程的整体方向。企业流程再造指导委员会是企业流程再造中最重要的角色，因为只有高层领导才能把握再造的方向，纠正再造中可能出现的偏差。一般来说，企业流程再造指导委员会并不做具体的推进工作。决定再造的内容，评测再造的质量，监督再造的进度等都属于再造项目小组的工作。

企业流程再造项目小组由负责推进再造的成员所组成。一般包括再造项目小组领导、流程负责人和负责具体项目的再造小组成员。再造小组领导通常应有明确的再造意识和强大的感召力，有勇气承担再造的风险，能够洞察企业的问题所在并清楚再造所能给企业带来的利益。这一职位与再造项目的成功息息相关。有些企业由“一把手”亲自担任再造小组领导，但一般是由一名常务副总裁或首席信息经理(CIO)来担任。也有的企业采取让符合条件的员工自己报名、再造指导委员会选择的方式来决定再造项目小组领导。需要注意的是，现代企业所涉及的问题十分宽泛，而一个企业领导总有他个人的知识、能力等方面的局限性，因此企业流程再造不但需要有能力的再造小组领导，还需要选择得力的再造项目小组成员。只有发挥这个小组的共同的智慧和协作作用，才能在各个方面保证再造成功。

流程负责人是负责对某个具体流程进行再造的管理人员，一般由再造小组领导指定。流程负责人与该流程所涉及到的各方面的负责人都有良好的沟通渠道，同时，根据业务流程可以组织起一个具体实施再造的工作小组，该小组成员应当由该流程涉及到的各个部门人员所构成。在各流程组中应当有业务人员和技术人员，技术人员的参与有助于该小组的工作，但是业务人员应当是其中必不可少的成员。

在有条件的情况下，再造小组应当有企业外部的资深顾问参与，例如管理咨询顾问、企业特聘的专家等。企业外部专家要求具有企业流程再造方面的知识和经验，同时能够用客观公正的态度来推动再造工程的进行。而企业内部人员虽然熟悉自己的实际工作流程，懂得当前的流程是如何形成的以及为什么要如此设计，对于不切实际的改造可以提出反对意见。然而在再造中也可能因自己因循守旧、或因为组织中的人际关系和政治因素而妨碍再造的顺利进行。这种情况下就需要企业外部人员来推动再造。

13.3.3 流程诊断

企业流程再造一般从描述企业的现有业务流程开始。再造小组成员可以用现成的企业建模工具描绘出企业现在的流程。在这一步应当注意：为了保证现有流程描述的完整性和全面性，一定要有熟悉业务的员工参与。我国北方某啤酒厂在进行业务流程改造时，厂长要求所有员工都参与到现有流程的描述中，每个人都画出一张自己工作流程的描述图。结果该厂大量的流程被明确地描述出来，从中找到了许多可以进一步改造的问题点，很好地保证了流程描述的质量。

在流程描述中通常仅仅靠人工来做是难以完成的，需要采用有关的软件工具来帮助完成。目前常用的工具包括 ARIS、IDEF0 等，我们将在本章后面介绍有关内容。

对现有流程的描述完成后，一个重要的步骤就是分析这些流程，找出问题所在，并考虑如何利用新技术和新方法来工作。常见的企业业务流程问题包括业务流程不合理，签字审批手续繁杂，手工工作效率低下，重复性数据和重复性工作，工作流存在着瓶颈，孤立的系统，等等。但是再造小组的成员往往并不熟悉特定的业务流程，面对大量的企业业务活动以及相互之间复杂的关系，可能一时很难发现问题。那么应当如何分析现有的业务流程、如何发现哪些业务可能会存在问题呢？

一般说来，企业的业务流中总包含着一些“关键性的”业务流程，或者说是有一些“最有价值的”流程。这些流程对于企业的运营和利润来说是十分重要的，通过发现这些业务流程的问题，可以极大地提高业务流程中的效率。因此，在这一阶段，再造小组应当首先对流程进行梳理，识别和发现关键业务流程。同时，通过流程建模和研讨，发现关键业务流程的问题所在。下面是一些经验性的总结：

(1) 企业的决策方式。传统的大企业的决策往往是由高高在上的领导做出的。由于大企业的管理层很多，领导做决策时，是根据层层汇报上来的信息来思考的，而这些信息往往和实际情况有差异。另外，如果决策者距决策现场很远，靠听汇报和二手材料来进行决策，往往决策速度慢，不能及时对应环境的变化。联想的领导在实施 BPR 时发现，过去企业的业务信息从第 1 线传递到最高层最多可能经过 11 层传递，传到最高领导时已经失去了做决策的最好时机。在 BPR 中，他们采取了新的决策方式，将需要快速决策的权力下放，同时通过组织扁平化，减少信息传递的障碍，从而改变了反应速度慢的现象，提高了经营效率。

(2) 企业数据采集工作。传统的企业中不重视业务数据的获取和整理，往往是使用手工的方式或使用过时的信息技术，数据的记录可能过随意，数据可能不准确、不详细，或者是冗余的数据，或者是重复采集的数据。以至于数据的精确性和完整性不好，很难对决策真正起到作用。另外也可能缺乏很好地维护，产生信息丢失和破坏的现象，不能对以后的决策产生有效的作用。企业流程再造应尽可能考虑用整合性的信息系统来获取数据。

(3) 现有的工作方式。企业中许多工作可能是不必要的，或者是不合理的，仅仅是因为人们习惯了现有的做法。通过再造可以改变这类工作方式，使得工作效率提高。

(4) 控制点和控制方式。由于控制点设置得不对，或者控制方式不恰当，企业的业务流程中可能有许多瓶颈，它们阻碍了业务的顺利进行。

(5) 员工和管理者的角色。管理者不恰当地将自己摆放在监督者的地位，没有发挥员工的主观能动性。

研究认为：流程分析阶段是花费劳动最多的一个阶段，需要投入大量的时间仔细分析现有的问题。

13.3.4　重新设计

找到现有流程的问题以后，再造小组就要开始设计新的流程，计划对现有流程进行改变。这里不仅包括设计新的工作方式和工作设备，还包括新的组织结构，新的信息系统，以及各种有关的规章制度的设计等。在这一过程中往往需要采用团队作业，采用“头脑风暴法”等各种方法，讨论现有业务流程和设计新的业务流程。根据对一些企业流程的研究结果，哈默等提出了 7 条业务流程设计的经验性法则：

1. 围绕结果设计流程

不要仅仅将工作分解为任务，让员工仅仅为完成任务而工作，而应当考虑通过这些工作所产生的结果是否满意，应当从考虑如何取得理想结果的角度来进行工作流程设计。例如，传统的工作方式强调分工合作，为了提高效率而将一项工作分解为几项任务，交给几位员工分别完成。而新的方式是尽可能地让一个人或一个团队在取得预定结果的过程中承担多项任务。这样，不但减少了员工间进行任务交接的工序，同时，也避免了一旦出问题时员工之间相互推诿责任，使员工自己能够对自己工作的过程加强控制。

在一家银行的贷款申请处理过程中，整个处理工作被分解为许多步骤。每个审查人员往往只关心自己负责的工作，做完自己的工作交给别人后就不闻不问了。结果，如果一个审查人员发现了问题，他可能需要征求某一位领导的意见，因此不能及时交给下一道工序，结果造成工作整体推进很慢。在企业流程再造的过程中，再造小组认识到快速地完成工作是进行改革的目标，而过去的任务分工方法恰恰是提高效率的瓶颈。结果，再造小组改变了审查方式，每个审查人员现在都被授权处理整个流程，这使得任务完成的速度比过去大为提高。

2. 一次性捕捉数据

数据总是通过某种途径进入到企业的数据库中的，例如录入人员的输入，电子收款机的操作，秘书的工作等。但是，在许多情况下，数据会多次进入数据库，例如职工的姓名，可能通过秘书，也可能通过人事部门的工作人员录入进入到系统中。这种数据的冗余不仅是低效率的，而且是危险的，我们应当尽量避免。

为实现这一点，就需要从企业的数据创建源头做起。任何数据第一次进入系统时，就被存入数据库。以后如果在企业的数据库中已经有了该数据，就不能再由别人随意输入或者将现有的数据取消。尽可能使用现有的数据，而不是自己再创建数据。

3. 一线工作者现场决策

过去，许多一线工作者的工作是由其上级来检查的，其原因是大家认为一线工作者缺乏足够的知识。因此，一线工作者往往对自己的工作并不认真去检查，而检查者很可能因为缺乏经验，发现不了关键的问题。

企业流程再造的一个重要理念是发挥第一线员工的主观能动性，赋予他们相应的决策权力。例如有的商店授予售货员权力，可以根据需要决定商品是否折价出售。这种思想的实质是改变传统的金字塔型组织结构，减少组织的层次，将决策权力下放到基层。这样，从某种程度上，一线员工就成了自己工作的管理者。

4. 将控制融合于信息处理之中

过去，信息的控制和信息的处理是分离的活动，其原因是信息的控制者可能不懂得信息处理的知识。例如，在福特公司，过去库存部门收到货物，要将入库单交给会计部门，而由会计部门来做应收账款处理。但通过使用信息技术进行企业流程再造，就可以将信息的控制融合到信息处理过程之中，例如库存部门的仓库保管员在收到货物之后，就可以直接通过信息系统，将货物信息送到财务处，并控制应收账的记账工作。

5. 工作流程透明化

过去，在许多企业都设有采购部门，企业各个部门需要的物料都是先提交采购报告，然后由采购部门统一采购。但是时间一长，人们发现采购部门本身就消耗大量成本。有的设备的采购成本甚至高于设备的成本。企业流程再造的一个目标是使得工作流程透明化。例如，将供应商的名单列出，让企业各部门自行决定供应商，在采购某种物品时，计算机要进行比质比价的检验，避免其中的浪费。

有些情况下，甚至采用供应商直接送货上门的情形。例如，有的金融中介机构让顾客指定一些判断的规则，然后，根据这些规则直接代表顾客与对方进行交易。沃尔玛商店建立了一个连续供货系统，将他们的商店的信息送到总部，由总部发出指令，通知送货上门。

6. 并行工作方式

1990年以前的公司大多是以职能为基础的。职员仅仅是为完成自己的任务而工作，而不是面向企业整体的目标。但是，实际上企业中的许多业务是需要跨越组织中的职能部门的。因此，当实行这种业务时，就需要在各个职能部门之间进行信息交换，不但步骤很多，而且往往是串行工作方式，只要某个环节卡住，整个工作就被耽误下来了。

新的流程工作方式力图改善这种情况。基于流程的工作方式采取水平结构，将不同部门和专长的人组织起来构成任务小组。过去经过许多人的工作，现在交给计算机来完成。

例如一家保险公司中过去的申请贷款处理工作是这样设计的，整个工作需要6个步骤来审查申请人，第1步接受申请并初步审查，第2步检查附加材料是否齐全，第3步检查申请人的信用情况，第4步计算申请人的偿还能力等，直到最后批准人签字。现在，这些工作都已经可以用计算机来辅助工作，因此，各评审员可在计算机的支持下同时对资料进行审查，这样就不必等待其上家工作完毕后自己才开始工作，这样就极大地提高了服务的效率。

7. 打破传统思维的束缚

企业流程再造有时需要打破传统思维的束缚，引进新技术和新的工作方式进行大胆创新。在传统的工作方式中，信息一次只出现在企业中的一个地方，但引进信息系统后，信息可以不受限制，同时出现在所有需要它的地方。按传统思维，详细的数据和信息一定是放在办公室中。销售人员外出时，不带一大包资料就无法给客户以详细的说明。但现在他们可以带着手提电话和便携计算机，通过电话线得到任意详细的信息。信息技术给企业管理者提供了许多机会，管理者们同时也必须重新考虑他们已经习惯的工作方式是否合理。

在新的业务流程设计中还包括从两个角度的设计：首先是技术设计。技术设计意味着设计者应当思考是否能用某种新的信息技术来实现新的工作流程，也包括使用某种新的控制方式或信息资源。其次是社会设计。社会设计意味着对于企业的组织结构、权力、责任、文化等因素的设计，例如对激励条件的改变，新的组织结构，员工绩效的测定方式以及对员工授权等。

13.3.5　实施新流程

在新的设计完成并通过企业领导的认可后，可以开始实施。通常ERP的实施是和信息系统的实施联系在一起的。因此前面所介绍的信息系统实施方法就可以在这里应用。

根据经验，一个企业级的信息系统的实施大约需要半年到1年半时间。在实施完成后需要选择适当的时机进行新旧流程的切换。企业开始实施新流程后，旧流程被废止。这种破旧立新的工作并非一朝一夕就能完成，需要有一个同化的过程，经过不断努力，将再造的新流程吸收到组织的标准业务流程当中。

13.3.6 评估结果

最后，项目团队应当对再造的结果予以总结，将再造后的情况与当初设定的目标相比，说明是否真正实现了企业流程再造目标，今后还需要有哪些改进等。由于企业流程再造涉及到对企业业务流程的关键问题进行根本的改变，通常对于要改造的业务流程应设定具体的指标才能够进行比较。常见的业务流程改造内容包括产品成本、员工工作绩效，库存周转，对客户提供服务的活动等，这些业务都可以用一些具体的指标来度量，如产品成本的减少，工作时间的缩短，库存周转率的提高，顾客满意度的提高，员工生产效率的提高；设备故障率的减少等。企业可以根据流程的具体情况，并参考业内的先进企业的指标来考虑指标的选取和目标的设定。

例如，福特公司通过实施企业流程再造彻底改变了过去的物料采购流程。当他们分析自己过去的流程时，发现有许多活动都是没有必要的，于是他们引进了 ERP，用系统中全新的流程开始工作。结果，福特公司在评估中发现，它的企业流程再造工程获得了预期的结果，减少了有关部门 75%的人力，并大大提高了财务报告的准确性。

哈尔滨啤酒厂的业务流程再造

1998 年，哈尔滨啤酒厂（简称哈啤）在创造了历史上最好效益的同时，也开始考虑如何进行业务流程再造。企业的高层领导认识到企业虽然在快速发展，但是仍处于生存危机之中，这是因为企业的管理体制仍然落后，还没有成为流程化和信息化的企业。他们认为对于企业的业务流程进行彻底分析，是关系到今后企业的管理应当如何做，做得好不好的关键问题。

1999 年，企业高层要求全厂职工将自己做了多年的工作先用语言表达出来，再用文字描述出来，最后画成一张流程图。这在全厂掀起了一场业务流程分析的风暴。一时间大家都在考虑自己的工作流程应当如何描述。最后大家发现：凡是画不出流程图的工作基本都是管理中的薄弱点。尤其是部门与部门之间、职能与职能之间的工作，往往不同部门的人画得不一样，或者只能用语言来描述。当产品或服务出现问题而遭到客户投诉时，生产部门说应交给质量管理部门处理，而质量管理部门则说应交给销售部门处理。这样就产生了责权不清的问题。事后证明，这种画流程图的做法有效地明确了管理上的漏洞，避免了很多干部只知道自己有什么权利，而不知道自己应承担何种责任的情况，从而有效地填补了信息化之前的管理空缺。

到了 1999 年年末，哈啤全厂共整理了 6000 多个流程，上至总经理，下到清洁工，所有员工都有了自己的工作流程和岗位指标。在这些大量的流程分析工作完成之后，分厂厂长和管理干部们都提出了要求需要动态地掌握自己所管辖的部门中每天的工作进展情况，于是信息需求也就自然而然地被提上议程了。

13.4　业务流程分析中的建模技术

在流程诊断和重新设计这两个阶段中，BPR 团队都要用建模工具对企业中各种活动进行描述、量化和分析。清晰的业务流程图有助于再造人员和企业用户之间的沟通，准确地理解企业当前的业务是如何进行的，从而可以对其进行数量分析，找到流程再造的最佳方案。

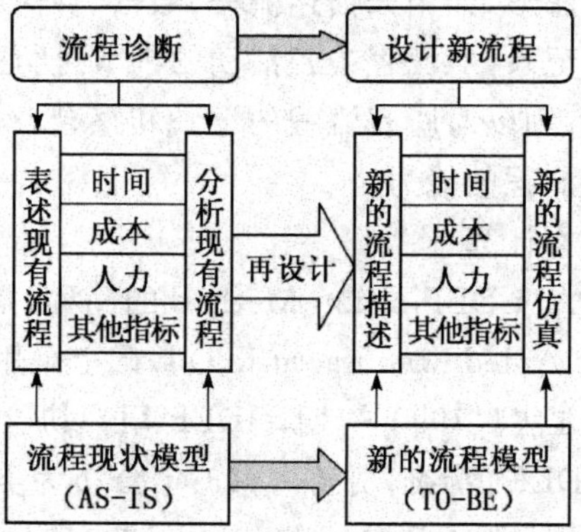

图 13.3　模型是流程分析和设计的平台

图 13.3 表示在这两个阶段中的建模工作。图中左半部是对于现有流程建模，该流程模型称为流程现状模型(AS-IS model)。通过对该模型的分析，就可以发现在现状模型中的一些问题，通过对该模型的改造和重新设计，产生了我们期望的理想模型(TO-BE model)。从这个意义上来说，业务流程模型构成了整个企业流程再造过程中业务流程诊断和设计的基础。采用计算机支持的、高效率的、适合团队工作的建模工具，可以快速地建立起企业的流程模型，把要重组的流程用模型语言来进行记录和分析，同时使项目组的成员可以用一种共同语言进行沟通交流。显然这对于一个 BPR 项目的顺利进展是有极大帮助的。

13.4.1 对于活动的描述

用价值链的观点来看，企业业务流程就是一系列基本业务活动，它们以一种或多种输入资源为工作对象，产生对顾客有价值的输出。这些业务流程可能是某个部门内部的，也可能是跨部门的、综合各个部门的活动、职能、人力和物料资源而进行的活动。因此，作为企业业务流程现状模型，首先要描述构成业务流程的基本元素——活动，如某人执行了某功能或者进行某种操作。一个活动可以用下面的属性来描述：活动的类型、持续的时间、需要的成本、活动的执行者以及所使用的资源等。在 BPR 过程中，只有将企业的业务流程分解成相应的活动，才能从不同的层面进行解析和综合考察。因此，既要做到清晰的解剖，又要保证完整的集成，这正是 BPR 工具所能发挥作用的关键之处。

一个成熟的 BPR 工具软件包通常包括下列功能：

- 友好的图形界面，建模者可以快速地建立模型。
- 一套标准化的图形，如用来描述流程、数据、存储的图形。
- 对流程细节的记录，对流程中各活动的细节进行描述。
- 整合的数据库，用以对所有流程的记录和整合。
- 具备仿真验证流程的能力。
- 基于作业的成本计算 。

IDEF0 方法是 ICAM DEFinition Method 的简称，是美国国防部在 ICAM (Integrated Computer Aided Manufacturing)基础上采用 SADT 等方法发展起来的一套建模和分析方法。1990 初期，IDEF 用户协会与美国国家标准与技术学会合作，建立了 IDEF0 标准，并在 1993 年公布为美国信息处理标准。目前 IDEF 是多种国际组织所承认的标准。为了减少项目的复杂性，使项目得以顺利进展，项目实施小组可以运用基于计算机软件的建模分析工具，如 BPWIN

等来建模。使用这些方法对企业业务流程建模后，不但描述企业现行流程，进行流程诊断和设计新流程，还可以对企业业务流程进行有关成本、效益等方面的模拟和分析。

IDEF 建模方法是一个方法群，从 IDEF0 到 IDEF14 分别有不同的用途。其中最常用的包括 IDEF0、IDEF1X 和 IDEF3：IDEF0 用于建构功能模型，IDEF1X 建构数据模型，IDEF3 则建构流程模型，使用者可以通过输入项目、输出项目、机制和控制，来描绘出自己的业务流程。

在 IDEF0 方法中，业务流程被分解为一些活动，每个活动用一个方框表示。如图 13.4 所示。对活动的输入、输出、控制和机制由 4 个方向的箭头来表示：

(1) 输入(input)：要处理的数据或事物。

(2) 输出(output)：产生活动的结果或产出的数据或物体。

(3) 控制(control)：对活动的限制或者对活动的数据约束条件。

(4) 机制(mechanism)：使活动进行某种处理，采取行动的手段(人、资金、机械等)。

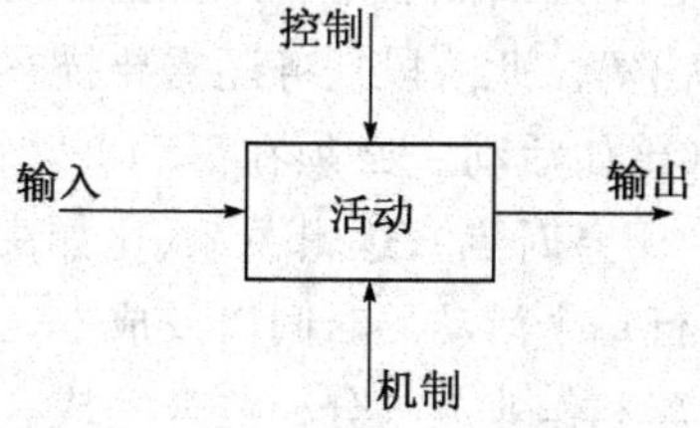

图 13.4　IDEF0 方法中的活动表示

IDEF0 很像是一个输入输出系统，但是它具有上下两个箭头符号。控制箭头意味着对立于数据转换功能的约束条件，例如数据转换必须服从的处理规则和条件等。而下方的机制箭头则表示该功能如何被运用，由谁来运用等。

IDEF0 中的箭头可以相互结合。这些结合包括 7 种(见图 13.5)：① 由外部输入；② 输出到外部；③ 从输出到输入；④ 从输出到输入(反馈)；⑤ 从输出到控制(串联)⑥ 从输出到控制(反馈)；⑦ 从输出到机制。

根据 IDEF0 的规则，对流程的描述是一个进一步分解的。除了底层的活动之外，其他的活动都可以展开为若干流程，在一个活动中可以包括其下层的活动集合。

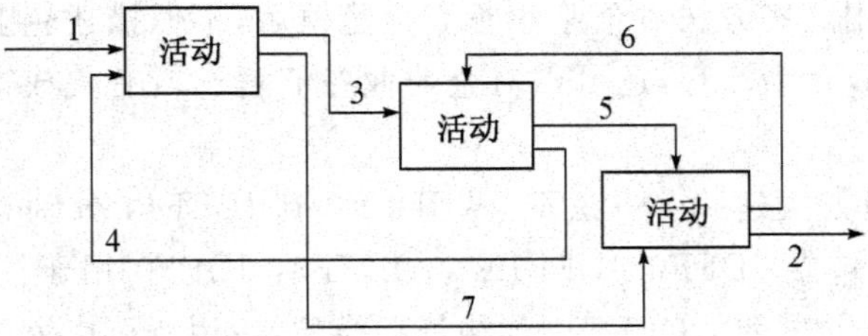

图 13.5 IDEF0 方法中活动的 7 种结合方式

13.4.2 对于活动的分析

AS-IS 分析阶段的目标是识别现有流程中的断点。断点(disconnects)可以理解为阻止流程达到预期结果的部分。流程分析就是诊断流程的薄弱环节或问题所在处,然后找出产生问题的根源。所以在此阶段首先要用一种方法来有效地记录活动以及相互之间的关系,这些关系描述了企业内部人员、部门之间的相互关系。这些描述对于识别流程中的断点非常有用。比如流程中某个活动缺少输入、输出或者非增值的输入输出等。此阶段任务还需要描述流程中活动的顺序,这种顺序可以包括:因果关系(比如活动 1 必须在活动 2 之前完成,否则活动 2 无法进行);时间关系(时间上早于某时点);逻辑关系(比如决策活动)。AS-IS 分析阶段的第三个任务是确定执行每个活动的时间以及成本,这些需要进行运算的项目可以通过对模型的仿真运算和作业成本分析法来完成。

如果建立了准确的 AS-IS 模型,就可以比较容易地判断出那些延长时间、引起高成本的环节。比如缺少输入或者输出、事件顺序有误、有非增值的活动或者冗余的环节等等。通过系统仿真,也可以检查出时间上的问题,也就是找到了系统中的瓶颈。同时也可检查出系统中长时间、高成本、低质量的环节。在分析 AS-IS 阶段,应得到如下的结果:① 流程现状的描述:功能以及功能之间的关系、输入、输出、控制和资源等;② 流程中的因果以及时间关系;③ 绩效的测量指标:时间和成本;④ 流程诊断出的断点及其根源。

下面是一个使用 BPR 工具来进行企业流程建模和分析的例子。用 BPR 工具来描绘该企业的订单处理活动,得到了如图 13.6 所示的业务流程。该企业的订单处理可以分解为 5 个活动:

(1) 处理 1——接受订单。受理从销售部门传来的销售订单。

(2) 处理 2——检查订单。对于所受理的订单内容进行检查,如果订单内容有问题，或者订单的内容不符合企业的接受原则，则要退回订单并给予适当的回答。

(3) 处理 3——批准订单。如果订货检查的结果没有问题就予以批准。同时对预算和实际活动差距掌握与确认，以及对库存量和交货期等进行确认。

(4) 处理 4——制作单据。制作一张公司内部传递的单据，对付款条件等进行确认。

(5) 处理 5——特殊处理。在处理 3 与处理 4 的过程中如果发现问题，则需要由经理处理。这时进入特殊处理步骤。如客户要求的规格属于非标准品、客户有特殊要求的产品、旧型号产品、超出预定折扣的订货，以及某些涉及到新客户、关系客户等特殊情况，都需要由经理亲自处理。

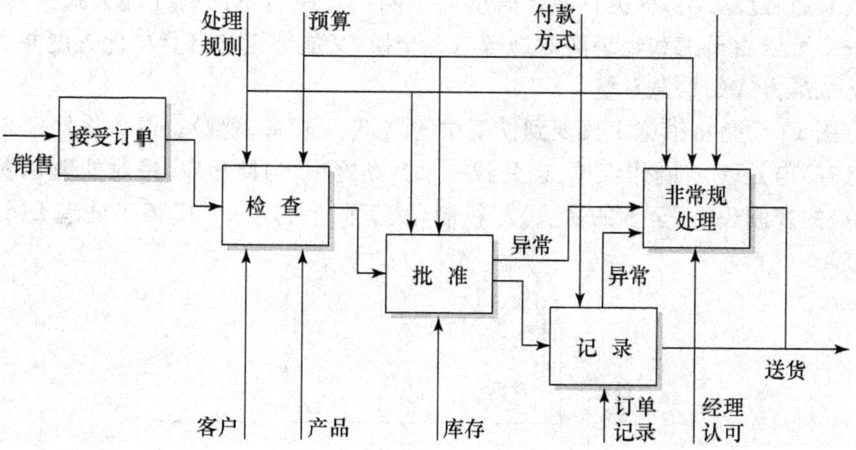

图 13.6　业务流程

1．现状业务流程的问题

经过对现状模型的分析，发现原业务活动中有以下两个较为明显的问题：

(1) 处理工作的分配不合理。按照过去的习惯，负责处理订单的人员有 3 人：处理 1 是由员工 A 完成，处理 2 和处理 4 则是由员工 B 完成，处理 3 则由经理负责。由于员工 B 负责处理活动 2 与活动 4，因此他对每一项工作都要处理两次。另外，由于业务处理经常需要经理确认，所以会有由于等待处理所产生的时间浪费。

(2) 特殊处理。特殊处理约占全体业务的 10%，有的是因为客户需求的多样化趋势，产生了非标准品需求量的增加；有的是因为与其他公司竞争，在价格、交货期等方面的竞争激化的缘故。此时的处理必须要有经理的批准。但因为经理经常外出。因此批准需要花费较多的时间。

2. 对业务流程的改造

基于对当前流程问题的分析，我们就可以考虑如何对现有流程进行改造。

措施 1——业务活动整合。新流程中，我们将处理 2(订单检查)与处理 4(制作订单)合并为一个活动，在处理 2(订单检查)完后进入处理 3(批准订单)。在这里，要通过与客户管理、库存管理以及与预算信息关联的信息系统，实现对顾客的确认、库存检查、商品检查及预算和实际工作结果检查等工作的自动化。

措施 2——权限下放。方法是将特殊处理的订货单按重要程度划分成 5 种。重要度最低的订货单可由员工 B 决定如何处理。另外，还要将所有订货单按紧急程度分类，根据订单优先度的不同依次决定不同的处理方式，并开发出一个可以由员工和经理随时进行信息交换，又能够设定订货单优先度并支持电子批准方式的信息系统。

图 13.7 是将措施 1 反映到模型中的结果(To-Be 模型)。这里将处理 2(订单检查)与处理 4(制作订单)合并到一个活动之中，与此相应，用对处理 3(批准订单)的控制(从上至下的箭头)与机制(从下向上的箭头)代替了处理 2(订单检查)。

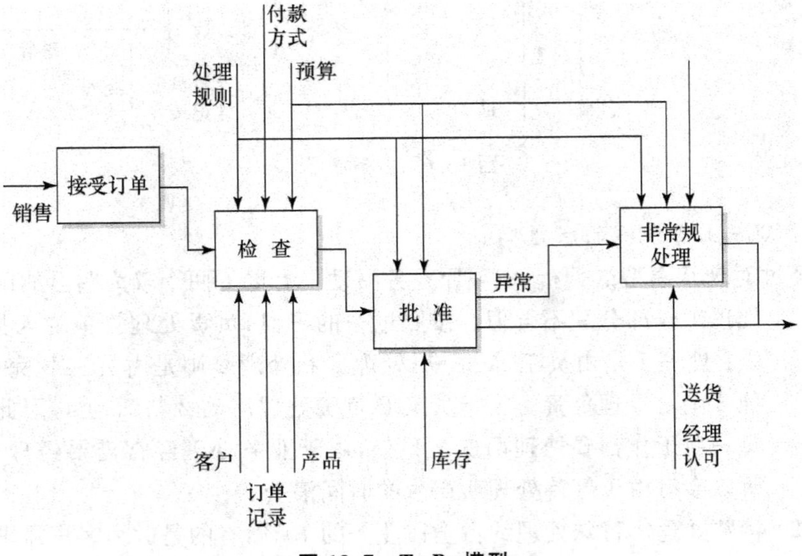

图 13.7 To-Be 模型

13.5　企业流程再造中的信息技术

在企业流程再造的过程中，采用新的信息技术是十分重要的。一些成功的企业流程再造案例说明，在再造过程中往往是因为引进了新的信息技术，才使得企业流程再造的远景成为现实。一家空调制造商使用新的信息技术后，使得为客户定制的商业空调系统的制造时间从 36 天减少到 6 天。该公司过去使用基于主机的网络，其文档工作要 46 天。在企业流程再造中，公司对过去的信息处理方式进行了彻底改变，在 120 个地点安装了微机局域网。经常用于企业流程再造的新技术包括可移动计算技术、无线通信、RFID 等。目前许多企业都开始密切关注新的 IT 技术对于企业业务的影响，并设立专门的机构负责新技术的引进和规划。无论采用什么技术，在进行企业流程再造时都应当先回答以下一些问题，然后再决定是否大规模引进：

- 信息技术对于我们企业的什么业务会有改进作用？
- 这种作用是长期的，还是短期的？
- 这种作用的影响面是局部的，还是全企业的？
- 这种技术是否对使用它的员工有很高的能力要求？
- 对于当前企业流程的改变有什么影响？
- 该技术的未来的发展前景如何？

另外，企业流程再造时必须注意新技术对企业其他因素的影响。任何技术都是人来使用的，如果技术没有和企业的人、组织、文化等因素结合起来，就很难在企业中取得预期的效果。

上海某物流公司运用 RFID 技术，能够可视化地向供应链上游制造企业直至最终消费者提供即时可得的、以单品为单位的信息服务。他们采用了带有 RFID 标签的托盘，使得在入出库、配送等环节中，对货物的监控更加准确清晰，不仅提高了物流的速度，也使得整个管理过程明确清晰。过去企业每天有几万箱的货品进出量，仓库工人劳动强度相当大。采用 RFID 技术后，将过去 40 次扫描缩短为一次，而且减少了拆垛码垛的工作环节，缩短了时间，提高了劳动效率。RFID 系统实施使收货速度加快了四五十倍，让收货人员从原来的 36 人精简到 27 人。如果按一个工人一年 3 万的成本计算，一年就可省下 27 万元。表 13.1 说明了信息技术在设计新流程中的运用例子。

表 13.1 信息技术的可能性

传统思想	信息技术	新流程的功能
需要专业工作者完成	无线通信	不管人在哪里,都可以得到想要的信息
信息只能出现在一个地方	共享数据库	人们可以在分离的地点协同工作,从事同一个项目。信息可以被需要的人同时使用
需要人来查明物体的位置	自动识别和跟踪技术	物体可告诉人们它在何处,例如使用 RFID 的仓库管理系统
业务需要库存,以防供货不足	通信网络和 EDI	JIT 供货,零库存供货

企业流程再造工程中使用到的信息技术当然包括各种基础设施——局域网、互联网、数据库、CASE 等,但是并不一定都要重建基础设施,也并非必须依靠 ERP 等企业级信息系统。在企业流程再造中也经常通过采用新的 IT 技术做局部的改变,通过改变传统的工作方式来提高竞争力。

由于信息技术的多样性和更新速度加快,因此对信息技术的引进应当有一个整体的考虑。图 13.8 是由英国的企业流程再造专家佩帕德等提出的,其目的是将 IT 技术应用进行归类和整理。图 13.8 中,根据 IT 技术对企业的影响和应用的长期性,将各种 IT 技术分为 4 类: 高潜力技术、战略性技术、支持性技术和关键性技术。

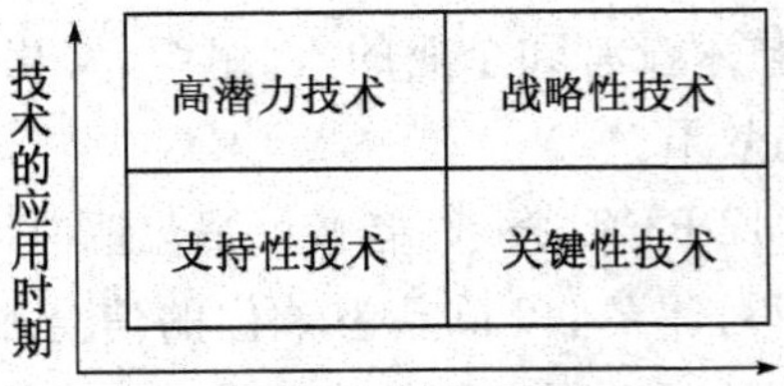

图 13.8 企业流程再造中的 IT 技术应用

如果一种 IT 技术具有对当前流程的改善作用,但是这种工具的影响面不大,并不会对企业的发展产生决定性的影响,那么可以将它归类在支持性技术。例如,采用蓝牙技术可以取消打印机的电缆,可以很好地解决办公桌上电缆缠绕的问题,但是对企业其他方面的影响不大。从长远观点来看,支持性技术往往会被更新的技术所淘汰。因此，对支持性技术是否引进，重点要考虑这种技术的成本以及它所能带来的效益。反之，如果这种技术对企业的影响很大，如果没有使用它对于企业的运作都可能产生影响，那么这种技术是关键性技术。例如 ERP 是一种关键性技术。

如果一种 IT 技术虽然当前并没有很大的影响，但是从长远观点来看却可能不断成长，或为一项长期使用的技术。这种技术可以划归为高潜力技术。这一类技术需要认真考虑是否引进。例如对于服务器操作系统，如果没有长远的观点，以后再更换就很麻烦。最后，如果一种技术可以长时间应用，同时又对组织有很大影响，则应当划归战略性技术。

一些新的信息技术用于企业流程再造，主要是在代替人工的自动化中发挥作用。在重复性的工作恶劣条件下的工作以及单调的数据整理和数据分析等方面发挥作用。

第 13 章重要概念

企业流程再造,业务流程,流程合理化,业务活动的整合、范型变迁,企业流程再造指导委员会,企业流程再造项目小组,业务流程建模、流程现状模型、理想模型、IDEF、流程中的断点、关键业务活动、语音系统,地理信息系统,文档管理,图像化,电子通勤

第 13 章复习题

1. 为什么传统的生产方式已经不适应现在的企业?
2. 哈默和钱辟提出的改变企业的基本方法是什么?
3. 在企业流程再造时,应如何设定目标?
4. 企业流程再造有哪些基本原则?
5. 企业流程再造的步骤有哪些?各个阶段的主要工作是什么?
6. 说明企业流程再造的组织结构和重要角色。
7. 企业流程再造指导委员会的职责是什么?
8. 为什么一般企业由 CIO 担任再造小组领导?
9. 说明企业流程再造人员应具有的能力和素质。
10. 企业业务流程一般常见的问题有哪些?如何发现现有流程的问题?
11. 流程中活动的顺序有几种?请分别举出一个例子。
12. 业务流程建模的作用是什么?
13. 举出一种可用于企业流程再造的新技术的例子。
14. 如何评价企业流程再造的效果?

小组活动课题

找一个小型的商业经营单元,例如小型商店或加工厂等,将其业务流程建模并提出新的设计方案。

第 14 章 供应链管理

本章学习目标

(1) 理解什么是供应链和供应链上的各种角色

(2) 懂得信息在供应链上的作用

(3) 学习企业间供应链的几种典型的模式

(4) 说明在供应链中信息技术的作用

(5) 典型的供应链信息系统应用

供应链管理近年来受到企业界的广泛关注。特别在制造业和面向个人消费者的服务性企业，运用供应链管理可以提高客户满意度和管理效率，取得整体的优化效果。从这个观点出发，供应链可以说是一种“共赢链”，它打破了过去企业仅从自己内部效率入手的思考方式，超越了企业和组织的界限，将企业之间的交易作为一个整体的商业过程，共享管理资源和信息，找到整体上最合适的方式。

14.1 供应链概念的产生和发展

早期的供应链被称为“纵向一体化”，这也可以看作是存在于一个公司或企业集团内部的合作。但是，随着社会生产力的发展，工业产品的种类越来越丰富，竞争也越来越激烈。这时，单纯地通过规模经济来提高效率的方法就不适用了，“纵向一体化”的模式开始被企业之间协作的“丰田生产方式”所取代。到20 世纪末，又进一步发展为“横向一体化”模式。在这种新的模式中，从原材料生产到运输、存储、制造、分销、零售，供应链上的每一个环节都是由在该环节上非常具有竞争力的企业来承担。产生这种趋势的推动因素主要包括以下一些：

(1) 经济全球化。随着经济全球化的趋势，企业的生产和流通必须从更广阔的角度来考虑资源的有效利用。一些跨国公司的成功经验说明：从最终客户的需求出发，一直到企业产品原料供应商的情况都应当纳入企业的考虑范围之中。

(2) 信息技术应用。随着信息技术的发展，人们能够以更快捷、准确的方式来完成跨地域和跨企业的工作，这就使得供应链的理念逐渐成为现实。

(3) 竞争环境。随着市场竞争的激化，越来越多的企业认识到：必须将有限的资源使用在最能够发挥其作用的地方，从而提高自己的竞争力。

(4) 应变能力。随着现代企业经营环境的复杂化和多元化，不确定因素增加，企业必须要提高自己的应变能力。过去的生产计划可以按月来制定，而现在必须以更短的计划周期来应对可能骤变的市场。

福特公司的内部供应链

早在20世纪上半叶，福特汽车公司就试图将钢铁厂、零部件制造厂、汽车组装工厂等整合起来。亨利·福特在他的自传中曾经自豪地提到：从矿山中开采矿石开始一直到生产出汽车的整个过程都可以由福特公司独立完成。这种纵向一体化的模式在一个阶段内主导了工业经济的发展，原因是企业可以通过规模经济获得效率的最大化。在这种模式下，企业往往生产单一的产品，以此满足顾客的需求，因此，市场容易预测，生产也比较稳定。福特公司因此迅速发展起来，福特汽车一度占据了美国50%的市场。

14.2 供应链上的角色

供应链是关系到企业及其交易对象之间的原料调配、生产制造、送货等各种业务活动的一个复杂的网络结构。供应链可以是企业内部部门与部门之间的合作（内部供应链），也可能是跨企业的协作（外部供应链）。在一条最简单的供应链中只有两个节点：供应商及客户。例如宝洁是以日用品的生产为中心的厂商，而沃尔玛是以零售为主要业务的。双方的结合便形成了一条制造—销售的供应链。但是，一条供应链并不能给沃尔玛提供所有的商品，对沃尔玛来说就存在多条供应链。另外，宝洁的日用品制造业还需要从其原料供应商那里进货，而不同的商品的原料供应商也是不同的。因此，对于一条供应链来说，如果将其扩展到原材料的提供，通常会有许多不同性质的企业在其上，各个企业所扮演的角色和所关心的事情也各有不同。可以将供应链上的企业分成以下几种角色：

(1) 制造商：制造商企业负责生产相应的产品。在一条供应链上可能有多家制造商。在上游起点是生产原材料的制造商，在下游是生产零部件的制造商，接着才是生产最终产品的制造商。在靠近供应链的起点处，制造商产品的价值可能很低，以后随着协调与合作，产品的价值越来越高。

(2) 分销商：分销商也称为批发商，它的客户通常是零售企业而不是最终消费者，在供应链中分销商起到了缓冲商品波动的作用，使得制造商的生产更加稳定。分销商销售产品的数量比较大，它通常有较大量的存货仓库以及比较广泛的销售渠道。典型的分销商的主要业务包括进货管理、存货管理、仓库管理和产品交付等。分销商也可能只作为制造商和顾客之间的产品经纪人，而不拥有产品的所有权。

(3) 零售商：零售商是直接面向最终消费者的企业，因此零售商关心的是产品的价格、广告、服务和促销技巧等。零售商常常根据自己的特点，面向一定的顾客群，例如西方的折扣商店主要面向中低收入的顾客，而有一些品牌店则向高收入人群提供奢侈品和昂贵的服务。零售商还要提供一个适合自己客户群的购物环境，投入资金做广告来介绍商品，并采用各种促销措施吸引顾客购买。零售商通常也备有一些商品存货，但数量较少，他们看重的是保持较高的库存周转率和增加流动资金的数量。

(4) 顾客：顾客是购买和使用某种产品的个人或企业。最终消费者是典型的顾客，他们购买商品仅仅是为了使用它。但是也有些企业顾客购买商品的目的是将它们改变成另外一种商品。例如一个工艺品厂采购加工好的木材，它的目的并非是使用这些木材，而是将它们加工成工艺品再卖给最终消费者。

(5) 服务提供商：在一条供应链上并非所有的业务都要位于供应链中的企业来承担，在企业分工合作日趋广泛的今天，越来越多的业务可以外包给外部的服务提供商。供应链中最常见的服务提供商包括物流中心和仓储公司。外贸公司、法律代办、管理咨询等也都是服务提供商。在国外还有提供贷款、做信用分析以及对于到期的应付票据收账的财务服务公司。市场调研、广告服务、产品设计、工程服务等也是很常见的。近年来，还有一些公司提供信息技术和数据服务。

在供应链管理一词出现的早期，供应链和物流的含义是比较接近的。当时物流和运作管理是企业间协作的主要内容，因此有一些学者主张将供应链与物流不做区分，将供应链管理定义为："供应链管理是在供应链参与者当中进行生产、存货、选址和运输的协调，从而在所服务的市场达到响应和效率的最佳组合。"[①]但是近年来对供应链管理与物流管理的研究有相互独立的趋势。主要的不同之处在于：物流管理的重点在于对物质流动过程的管理。为满足客户的需求，对原材料、半成品、成品等从产地高效率、低成本地运送到客户手中，企业所进行的计划、实施、运作和控制的各种管理活动。而供应链管理研究的重点在于企业间协作方式和对计划、生产、销售和物流等全过程的管理，它将参与一个供应链上的企业看作是一个统一体，通过企业之间的协调、合作，使得企业的运作更为高效、快速、灵活。从这个意义上，我们将供应链管理定义为：供应链管理是一种理念，其目的在于通过企业之间的合作与协调，实现从最终用户到最原始的供应商之间的业务流程的最佳整合，从而为客户和供应链上的所有成员带来价值。

14.3 供应链上的信息共享

用系统的观点来看，企业及其合作伙伴之间的协作关系是一个系统。如果企业缺乏供应链的理念，往往站在自己的角度考虑问题。但是，如果企业仅考虑到自身的利益而不顾系统整体的利益，最终就会给自己的利益带来损害。"啤酒游戏"就是说明这个观点的一个很好的例子。

啤 酒 游 戏

啤酒游戏是由MIT开发的一个模拟供应链的教学游戏。这个游戏假设课堂是一个生产与销售某品牌啤酒的产销模拟系统，每个学员在其中扮演三种角色之一：零售商、批发商(可分成二级)和制造商。他们只需每周做一个决定，那便是订购多少啤酒。对他们的要求是尽量使自己的利润最大化。三者之间的联系由教师来完成，他扮演运送啤酒的卡车司机，通过订货单和发货单上的数字来核对和沟通信息(图14.1)。

---

① Mentzer, Joh. T. etc. Defining Supply Chain Management, Journal of Business Logistics, Vol. 22, No. 2. p. 18, 2001.

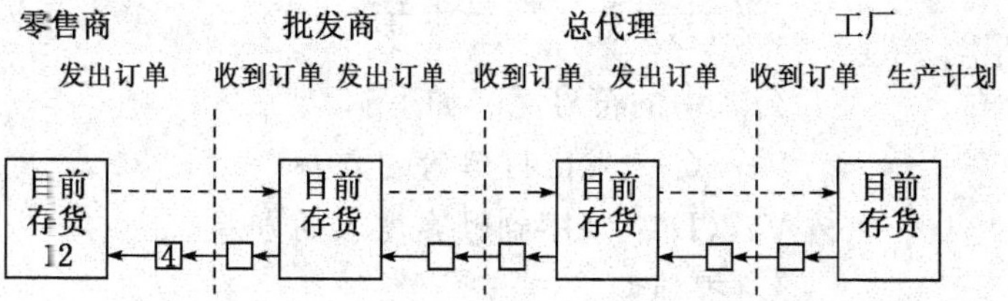

图 14.1　啤酒游戏中的角色和协作关系

游戏开始后不久，市场需求受到某种因素的影响产生了微小的波动，这一周销售商的啤酒销售量增加了4箱。这时，零售商就会考虑发出更多的订单。由于其他销售商也会这样做，于是一级批发商收到的订单就会增加几十箱。这种需求的增长依次波及到二级批发商、制造商等，但他们可能没有足够的库存来满足下游的需要。

如果零售商所订的啤酒实际到货时比他预期的数量少，而客户的需求还在不断增加，零售商就会进一步增加他的订货量。而批发商等也会这样考虑，向制造商增加订货，从而在几周后使得啤酒工厂发现产量严重不足。这时制造商就会增添设备，加大原料采购量和生产量。但是，等到工厂增添了设备，生产出了批发商所需要的啤酒量时，这时市场的波动已经过去，实际的客户需求又恢复到以往的状态，零售商赶紧减少订货。但是这时啤酒却在大量生产，造成啤酒工厂、批发商、零售商的库存大量积压。

在"啤酒游戏"的模拟中可以体会到：在一条供应链上，各个角色虽然所处的位置和从事的业务都不一样，但是他们面对的基本问题和采用的解决手段都是类似的：在啤酒游戏的整个过程中，学员们都在尽力满足其下游需求，并设法保持自己的安全库存水平。然而，正是由于每一个角色都只看到和自己做生意的厂商的情况，结果导致了供应链上需求不断放大。在供应链上的角色为了保证自己稳定的运行，往往需要存储更多的产品。这种影响是逐级而上的，越是在供应链的上游受到的影响越大。而供应链上的每一个环节所产生的问题，都会引起整条供应链上的产品完成时间（订单履行周期）的波动。这种情况类似一条鞭子挥动时的轨迹：当鞭梢有很小的波动的时候，鞭子的尾部会有很大的波动，因此又称为长鞭效应（the bullwhip effect）。斯坦福大学的 Hau Lee 教授首先提出这一概念，并给出一个描述长鞭效应的公式：

$$\frac{Var(Q)}{Var(D)} \geqslant 1+\frac{2L}{P}+\frac{2L^2}{P^2}$$

公式中的符号意义如下：

$Var(Q)$：发出订单量的方差

$Var(D)$：观察到顾客需求的方差

L：提前期

P：最近 p 个观察值

例如，零售商根据其最近 5 次销售的情况来决定订货量。因此 $p=5, L=1$（也就是本期发出的订单到下一期即收到货物），此时，该公式等号左面的比值 >1.4，说明零售商的实际订货量比自己所观察的顾客需要值高出 40%。如果 p 大于 10，那么比值会降到 1.2。这说明观察数据的增加可以减少订货量的盲目增加。

下面我们将公式中的 $Var(Q)$ 改为 $Var(Q^k)$，这里 k 是指供应链的阶段，以零售商为 1，批发商为 2，分销商为 3，供应商为 4，依此类推。这时，公式右面变为相应的原式的 n 次乘积。显然这是一个递增函数。这说明随着趋向供应链的上游，这个函数的比值将趋于增加。

$$\frac{Var(Q^k)}{Var(D)} \geqslant \prod_{i=1}^{k}\left[1+\frac{2L_i}{p}+\frac{2L_i^2}{p^2}\right]$$

在实际的供应链中，产生长鞭效应的原因可能是多种多样的。例如，零售商为了宣传自己的品牌可能举办一次商业促销活动，这时就可能产生了大量的订单。但是促销期一过，订单的数量就会减少。但是制造商并不能及时地调整自己的生产计划，结果就会产生供应链上的库存积压。经研究发现可能会产生长鞭效应的因素包括以下一些：

- 批发商或供应商可能想囤积货物，从而产生需求量波动；
- 随着市场价格波动，会引起订购量的波动；
- 提前期越长，供应链上的安全存量和定购数量会相应增加；
- 批量订购方式使得每次订购不得不按照某种批量，从而造成下次订购为零。
- 需求预测的不准确产生订购量波动。

那么，怎样才能减少长鞭效应？一个解决该问题的思路是让供应链上的各个角色都了解整条供应链上的需求变动情况，从而减少自己盲目订货数量。这样，问题就转化为如何在供应链上建立信息共享机制，通过将供应链上的需求信息反映到各个环节,让他们都根据这些信息对自己的生产进行调整,就可以有效地减少整条供应链的不确定性。另一方面,如果能够保证稳定的需求,尽量减少客户需求量的变动,当然也可以减少长鞭效应。

14.4 企业间协作的模型

SCM现在正从核心企业主导的模型向协作式的模型进化,这种方式被称为协同商务(collaborative commerce)。协同商务的目标是发挥在一条供应链上各种企业对于产品、市场的特长、信息和知识,通过协作和信息共享,产生更具有竞争力的产品和服务。例如宝洁和沃尔玛使用了面向消费者的商品连续补充系统,而戴尔则更进一步开发了更为有效的大量定制和面向顾客直销的商业模型。

企业在实现协同商务的实践中,往往是通过合作伙伴之间的业务方面协定,决定使用某种协作政策和措施(如促销价格、减价、奖品等)以及各种各样的实施战略,使得过去供应链上各个企业的库存成本被供应链中的某处所负担,从而提高了整条供应链的效率。例如,构成供应链的零售商或流通业的销售部门一般在距离消费者较近的地方,他们比较容易接触客户,可以得到消费者的实际需求数据。如果让他们把商品消耗的信息送到供应链的上游,就能够对制造商提供其十分需要的供应链补充需求预测信息和生产计划信息。

另一方面,减少订单履行周期时间也是供应链最主要的目的之一。由于顾客能够更加充分地了解各种商品,并具有充分的选择权,因此供应商应根据所接到的订单量来不断调整自己的生产量。同时企业必须进一步削减过度的库存。要尽力做到"零库存"。例如戴尔就是以订货驱动生产的方式收到了很好的削减库存的效果。

戴尔的供应链

近年来,随着信息技术的发展,供应链管理的理念也在制造业的生产和企业协作中得到应用。戴尔公司的一个生产工厂设置在距离厦门国际机场很近的地方,这个工厂实际上并没有多少原料和库存,只有一条条组装电脑的生产线。供应商每隔2小时就会将一些零部件送到这里来,在这里组装成整机后马上出厂。配送公司的汽车就在生产线的尽头等待,组装完毕后的整机就会被装入汽车,送上飞机,运送到全世界各地的微机市场。

戴尔公司将它很多非关键部件都外包给其供应商,它们主要是一些中小企业,负责生产电源、鼠标、光驱等。戴尔要求他们在戴尔工厂的附近修建一些自己的仓库。戴尔下订单后,供应商按照与戴尔的合同,将他们的产品在规定的时间内送到装配生产线上。最快的供应商用汽车15分钟就能将零件送到。这样戴尔在保持非常低的库存量的同时也提供了快速的客户响应速度。一位日本的顾客从下订货单起到拿到产品只需要5天。在日本国内的日本厂商无法将交货期缩短到这个程度。

在戴尔的供应链中,供应商的供货时间是十分重要的。如果戴尔承诺了顾客付款后5天内送货上门,那么戴尔的供应商必须在得到订单后的2天内将部件送到装配线上。要做到这一点,供应商必须提前在仓库中准备好相应的商品,或者保证在相应的时间内生产出戴尔所需要的部件。也许他们和其他厂商合作可以更加自由一些,但是为了长远和戴尔公司合作,他们却必须接受这些条件。如果一个供应商以前有一套业务流程只能保证6天内送货上门,而现在要和戴尔合作,他就必须对自己的业务流程进行改造。

为了实现上述供应链战略伙伴关系,构成具有快速对应性、强大信息处理能力的供应链,企业管理者对供应链的战略目标必须有相当程度的了解。一般说来,供应链根据其战略目标的考虑可以分为以下三种类型:

(1) 具有快速响应能力的供应链,能够正确而迅速地响应顾客需求。要获得快速响应能力,就要在决定交货期以前,对于可能需要的原料和生产制造的运行状态进行确认。供应链管理系统应当能够实时地检查整个供应链的状态,在接受订货时就预测出交货日期,并使得企业能够控制自己的行动,在相应时刻完成企业的交货。

(2) 具有整合性的供应链,可以根据顾客的需求变化迅速进行重组。为强化竞争力,企业必须迅速地确定商业环境的变化情况和消费者的需求是什么,然后通过对供应链上多种因素的组合来决定是否能够满足客户的要求,为此要能够进行供应链上多种因素的整合。

(3) 具有自我学习能力的供应链,可以根据供应链上的变化持续地对其进行调整。如果构成供应链的企业对比其他供应链只有很小的优势,就需要不断地将链内薄弱的部分不断强化,通过重新建设,取得最优。

企业间协作中包括多企业之间的合作以及上下游企业之间的合作等多种形式。其中供应商和零售商之间的协作是最典型的,在实践中也得到了充分的检验。这些典型的合作方式统称为"供应商和零售商之间的伙伴关系"(Retails Supplier Partnership, RSP)。RSP 的三种主要形式如下。

14.4.1　快速反应

快速反应(Quick Response, QR)指的协作方式是零售商通过信息系统和供应商紧密连接,将实时的销售信息及时传送给供应商,而供应商则利用这些信息来规划自己的生产和库存,以保证能够提供稳定的货源。在强调服务速度的行业中,快速反应是提高客户满意度的有效策略。

美国一家重型机器制造公司为了提高服务质量,在它的产品中安装了一个远程监控软件,它一方面能够自动纠正一些机器工作时出现的小错误,另一方面,一旦机器出现了严重的问题,监控装置便会自动向制造公司总部呼叫,公司的信息系统对它传送来的信息进行分析,如果可能则马上启动纠错程序解决问题。如果问题不能通过运行程序自动解决,那么信息系统便会寻呼一位机械师,并提供有关当前问题的完整记录以及关于产品维护的历史记录,此外还提供有关解决问题所需要的零件是否有备件的信息以及相关的技术文档。现在这一系统已安装在该公司销售到全球各国的机器中,有效地提高了其服务质量和响应时间。

14.4.2　连续补充系统

连续补充系统(Continuous Replenishment,CR)是由沃尔玛和宝洁的合作发展出来的一种供应链协作方式。其基本的要求是:零售商通过信息系统将实时的销售信息及时传送给供应商,而供应商则利用这些信息,根据双方的协定来送货,以保证零售商维持一定的存货水平。

连续补充系统看起来只是对于工作流程的一个规定,但是在实际协作过程中却并非这么简单。这是因为零售商和供应商必须建立起相互信赖的关系,双方的信息系统互联,零售商销售某家供应商的产品的情况随时传送到供应商那里,并且被马上用来安排生产、包装和运输等业务的规划。而零售商也可以通过计算机网络了解到供应商产品的准备情况。双方信息共享,使得上下游交易的手续大大简化,从而降低了库存量,减少了不确定因素,使得零售业的服务质量得到改善。沃尔玛之所以能够在20世纪90年代取得超常的发展,连续补充系统也是其成功的关键要素之一。

14.4.3 供应商管理的库存

供应商管理的库存(Vender Managed Inventory, VMI)是目前被广泛应用的一种供应链协作方式。在VMI系统中,用户企业的库存量是让供应商通过网络来管理的。按照合同,供应商要监控和使用零售商的销售数据,根据零售商的销售状况来调整自己的生产量,规划和保持适当的库存量。商品在被零售商出售之前,其所有权仍属于供应商。这样一来,供应商为了降低自己的库存成本,就会尽可能有效地管理在零售商处的存货。这样一来,市场的波动就大大减少了,因为任何市场的变化都会直接反映到供应商那里。供应商有责任直接监控产品的销售情况,并计算经济订货批量EOQ,主动地把产品送到用户企业需要的地点。这虽然增加了供应商的责任,但是供应商却可以因此获得更大的订单和更好的价格,从而达到双赢的结果。

VMI的起源

供应商管理的库存(VMI)的理念来自于美国医疗供应公司(AHSC)在20世纪60年代的一次尝试。AHSC的一位富有创业精神的销售员说服了一位有存货问题的客户,让他在他们的仓库中安装了一台读卡机。这个早期的AHSC系统从此可以监控医疗用品的库存量以及进行电子化的订购,这使得AHSC从被动地接受订单后再完成送货变为主动地进行送货,从而减少了订单处理和存货管理的大量工作,同时也极大地提高了订单履行以及存货管理的效率与质量,提高了精确度,缩短了发货时间,而且AHSC和医院都减少了库存量而不用担心缺货。后来,AHSC系统不断发展并不断地用新出现的技术予以改良。到20世纪80年代中期,ASAP每年因订单处理效率的提高可以获得1100万美元的效益。

表14.1从决策者、存货所有权和供应商使用的主要技术三个方面对于三种RSP做了对比,读者可清楚地看出它们之间的异同点。

表 14.1 三种 RSP 的比较

类　型	决策者	存货所有权	供应商技术
快速反应	零售商	零售商	预测
连续补充	协商	双方各自	预测与库存控制
供应商管理库存	供应商	供应商	零售管理

14.4.4 协同商务和信息共享

应当注意的是：供应链并非包治百病的灵丹妙药，引进或参加供应链都存在着一些常见的困难和风险。其中最大的困难在于如何建立新的合作伙伴关系。

例如，一种很常见的情况是：在一条供应链上的企业实力不同。作为核心企业的制造公司实力很强，能够保持很低的库存，但是下游的销售公司却可能产生庞大的库存量，因为不管生产出来的产品是否能够销售出去，制造公司的产品都源源不断地运往子公司进行销售。另外，核心企业对于零部件供应商提出的及时交货的要求过于苛刻，只追求制造公司自己所希望的最小限度的库存量，保证了制造公司的效益，但是零件制造商为了完成自己的承诺，必须存储大量的产品零部件。这样，从供应链整体来看，无谓的库存仍然大量存在，供应链整体效率还是十分低下。为避免这类问题，供应链上的企业必须达成双赢的协议，通过协同商务形成合理的价值取向，确定合作的范围和避免产生各种冲突的规则，这样才能真正使供应链的理想变为现实。

为了及时实现供应链的整体最优化，必须要建立起连接全体协作厂商的信息系统和网络。其次，参加供应链的企业应当共享与生产和销售相关的信息。这就要求供应链上的企业公开自己的生产计划和其他信息。但企业是否这样做则要权衡利弊。在激烈的市场竞争中，供应链成员可能只追求自己的利益，从而其行为造成了对供应链整体利益的损害。这就需要供应链上的企业签订激励性的契约，通过契约的法律约束来协调供应链上企业的个体行为。从供应链管理的信息技术实现的角度来看，信息共享必须要实现信息的传送、查询和应用集成等功能。供应链企业可以在协调的基础上形成一个信息中心，提供全方位的信息服务，例如预测、生产计划、销售、运输等，供应链节点企业能够自由地进行数据访问。为了实现这一点，分布式数据库、电子商务的营业模式、基于网络的计算技术等都是实现信息共享的重要手段。

14.5 供应链运作参考模型

供应链运作参考模型(Supply Chain Operations Reference model,SCOR)是由供应链协会(Supply Chain Council,SCC)[①]提出的一个通用的供应链概念模型。SCOR是第一个标准的供应链流程参考模型,提供了有关供应链管理流程的全方位的定义和对于各种流程性能的指标基准。既可以用来描述企业的供应链的各种问题,也可以用于评价供应链运作性能,确定性能改进的目标等,因此得到了企业界的广泛应用。

SCOR模型是逐层展开的,在最高层中有5个核心的管理流程(图14.2):计划(plan)、供应(source)、制造(make)、交付(deliver)、退货(return)。在每一个核心管理流程下面,又有一系列属于该流程的“业务流程类”。在SCOR模型的第二层中共有24个核心业务流程类,企业可以通过组装核心业务流程类,形成自己独特的供应链设计,实现自己的供应链运作策略。SCOR模型的第三层则定义了一个公司的流程细节,包括流程元素定义,信息输入输出等,企业可以通过对于这些细节的对照,来分析自己供应链的细节,从而对于自己的竞争能力和竞争策略进行优化和调整。在第三层流程以下,还可以有更详细的流程,这些详细的流程属于各企业自己规定的特有的流程,而这些层次中的流程定义则不在SCOR模型中出现。本书中仅讨论第一层流程。

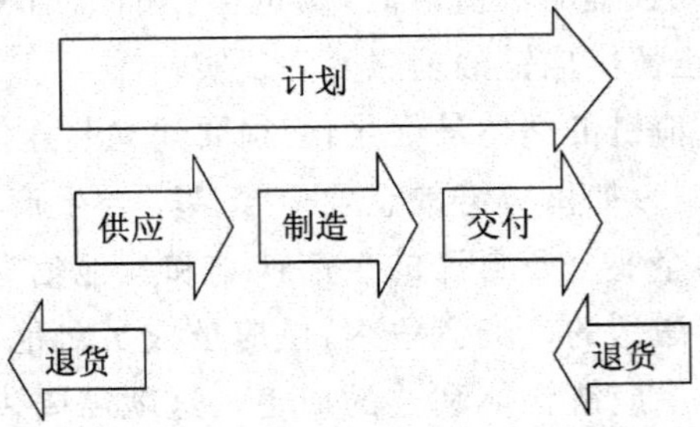

图14.2 SCOR模型的五个核心管理流程

---

① SCC是一个全球性的非营利组织,为企业和组织提供供应链有关的理论和技术性支持。2005年时SCC已有八百多个成员单位,包括企业、大学、咨询机构、政府部门,世界主要的制造、分销、零售企业,重要的ERP、SCM软件供应商等。

14.5.1 计划流程

根据 SCOR 模型，在任何的供应链中，做出有关供应、制造和交付的计划都是必不可少的。计划流程包括市场预测、资金计划和库存计划等。供应链管理的重要环节就是对于尚未发生的“三流”的计划，在一条供应链上的计划流程还应当包含对其他三个流程中各种业务的计划，即包含了采购计划，制造计划和交付计划。通过计划流程的工作，可以平衡供应链上的需求和供应的数量，产生一个低成本和快速的最佳行动方案。SCOR 模型认为在供应链计划中主要有以下三方面的工作内容：

(1) 根据整条供应链上的需求情况和各个节点的已确定的计划和正在考虑中的计划，以及供应、制造、交付、退货等流程的情况；取得供应链上资源的优化配置。

(2) 对供应链上的节点所应遵守的业务规则、供应链绩效、数据信息的提供、库存计划、资金计划、运送计划、规制要求和应遵从的规定等进行掌握和管理。

(3) 通过有计划的资金运用，保持供应链上各节点的计划的一致性。

14.5.2 供应流程

供应是制造的上游流程。企业要决定如何合理地、低成本地准备生产所需要的原料、半成品等，就需要决定向谁采购，采购什么以及采购的数量、价格、时间等。供应流程为制造提供必要的物料和服务，以满足计划制造的需求。在供应流程中的采购、信用和收款等作业对于供应链的整体效率都会产生很大的影响，因此，在供应流程中的管理功能一般包括采购管理、供应商管理、合同管理、信用管理、资金管理等。

1. 采购管理

在采购活动中，企业需要和供应商通过约定的信息交换来决定采购活动的细节。特别是在采购业务活动发生变动的情况下，如果双方缺乏信息沟通的手段，往往造成其中一方的损失，从而为今后的协作埋下了隐患。而许多企业之间的默契的协作，正是从采购计划开始的。

2. 供应商管理

企业通常会按照最终生产的计划数量制定采购预算。采购预算是对于采购产品和金额的一个预期的水平。在采购活动发生后，有关部门应当定期地将实际消耗量与预算金额进行比较。当消费明显地高于或低于预期量时，就应当引起注意，这样就能及时发现问题，并采取适当改正措施。

一旦明确了公司的采购要求和需要用来支持它的经营计划和运作模式的评价标准，就需要对有产品和服务能力的供应商进行调查。供应商管理是一个信息的获取和评价的循环过程。企业需要在和供应商打交道的过程中，不断地判断供应商是否按照合同完成了供应，同时，也对自身的工作予以分析，看是否有改进的可能。在这个过程中，一方面需要了解供应商的生产能力和产品质量等；另一方面，也要考虑它的其他能力，如服务水平、及时交货以及技术支持能力等。通常，公司都会尽量减少与其做生意的供应商数量。因为供应商数量的增加通常会使得管理难度增加，而且任何一家供应商的变动都会影响企业的最终产品。为了减少不确定性，同时也为了降低成本，企业一般愿意用增加采购量的方式来减少供应商数量，购买大量产品也可以进一步降低价格。

3. 合同管理

在整个供应流程中，企业都要掌握供应商的供货行为，并且能够及时发现问题，使得供应商对他们所承诺的产品和服务负责。

大部分采购活动中都需要与供应商进行谈判。企业有自己的价格标准，同时也要求供应商提供一些增值服务。这些服务有时可以包含在产品的差价中，有时则需要单独计算，或者结合这两种方式进行支付。因此，必须明确这些服务目标以及有关的具体规定，例如如果供应商没有达到目标时必须缴纳罚金等。这些都需要通过谈判写入合同中。

4. 信用和收款

信用和收款是两个相互紧密关联的工作流程，通常由财务部门负责。信用活动的内容是审查客户的实际情况，保证企业所打交道的客户是那些能够付清账款的。收款活动是保证交易的款项按时到位。

信用政策由公司的高层管理人员制定。公司通常要制定一套用来分析其应收账款的衡量标准，如应收账款回收天数（Days Sales Outstanding，DSO）、已过支付期限的应收账款的百分比，以及注销的坏账的数量占销售额的百分比等。

除了必须清楚地了解公司的应收账款情况以及影响收款情况的发展趋势之外，企业还应当制定或改变风险接受尺度，以便对公司的应收账款的状况做出及时反应。随着经济和市场形势的发展，经过一段时间后，应该对这些尺度做出调整。这些尺度确定了公司在面对不同的顾客和提供不同的付款条件时所承担的信用风险的种类。

可以通过建立信用计划来实现风险的管理，这些计划应根据特定细分市场上顾客的需要进行调整，比如高科技公司、刚成立的公司、建筑承包商或者在国外的顾客。在这些细分市场上，可以设计出对顾客有吸引力的付款内容。企业还可以采用信用保险、顾客资产留置和政府出面的信贷担保等方式来降低信用风险。在销售业务确定交易后，信用部门的人员要向顾客提供一系列的交易凭证，如合同副本、采购单和发票等。

收款活动包括接收和处理顾客支付的每一笔业务的款项。现在许多顾客采用电子资金转账(EFT)的方式付款，也有的顾客用银行汇票和现金方式付款。国际贸易的支付方式还包括信用证。在收款流程中，系统帮助工作人员检查客户的应付账款状况。如果发现有逾期未支付款项的客户，就要及时和他们取得联系并要求付款，同时降低他们的信用等级。

14.5.3 制造流程

该流程将按照计划或实际需求，把供应活动所获得的物料、零部件产品转变为最终的产品。产品设计、生产管理和设备管理等都属于这一流程中的活动。影响生产制造计划一个重要因素是市场对产品的需求。供应链管理系统一般提供对市场的预测模块。预测方法包括定性和定量的两种。定性的方法指根据决策者对市场的直觉、经验所提出的看法。常用的定量方法包括时间序列法、模拟法和因果分析法等。很少有企业只采用单一的方法对市场进行预测，一般都是多种方法并用。

根据预测和订单获得了基本的需求量后，企业就需要决定自己今后一个时期中的主生产计划。在制定主计划的过程中，需要对三方面的变量进行规划：

(1) 生产能力：如劳动力的规模、数量、分布情况、机器设备的加工能力等；

(2) 生产能力的利用率：可以通过外包、加班等方式对于现有的生产能力进行调整。

(3) 存货数量：原料、部件和产品的库存数量，存放时间等。

14.5.4 交付流程

企业的物流活动是企业实现加速商务运作，提高顾客满意度，削减成本的重要活动，是供应链管理的重要一环。传统的制造业企业在接受了订单后，需要自己安排购买原料、生产、送货等物流活动。因此在企业的ERP中也需要有物流信息处理的模块。交付流程根据计划，完成最终的物流服务。典型的作业包括订单管理、运输管理和物流管理。前面介绍过的快递行业就是以交付流程为核心的业态。

14.5.5 退货流程

退货流程中的有关问题研究也被称为反向物流，任何供应链上的节点普遍面临着从其下游企业的退货问题，而企业自身也可能向其上游企业退货。该流程处理有关退货的各种活动，包括回收、替换、再利用及处理等。而出于对环境问题的关注和可持续发展的考虑，对于有关供应链问题的研究称为绿色供应链研究。例如，如何通过企业之间的紧密合作，减少由于废品的弃置而对于环境造成的污染。

14.6 供应链信息管理系统

供应链管理的信息系统功能也可以按照SCOR模型来归纳。一个普遍的分类方法是从计划的角度和执行的角度将供应链管理信息系统分成两类：供应链计划系统(SCP)和供应链执行系统(SCE)。根据SCOR模型，供应链上贯穿了一系列计划活动，如需求计划，供应计划，分销计划，制造计划和运输计划等。因此，供应链系统可以以计划为其功能的主线，包括战略层、战术层和作业层的各种业务活动的规划，如需求规划、供应规划、分销规划、运输规划等。另一方面，供应链上的企业的各种活动实际上是企业业务活动的集成，而供应链系统应当对这些活动提供信息方面的支持。从这一角度来看信息系统，供应链管理主要是对供应链上的一系列业务流程来工作，如订单履行、运输、库存、采购、分销等。

在供应链管理中使用的信息系统有专用的供应链软件包，但同时必须要根据行业的特点以及企业的特定要求，采用多种信息系统的组合。在供应链管理中常用的信息系统包括以下类型：

(1) 企业资源计划(ERP)

(2) 采购系统

(3) 高级计划和排程系统

(4) 物流信息系统

(5) 需求计划

(6) 客户关系管理(CRM)

(7) 存货管理系统

(8) 制造执行系统

这些系统中如企业资源计划、客户关系管理等在本书中其他章节介绍,在此就不赘述了。这里仅简要说明其他几个系统的功能:

1. 需求计划系统

为了使整条供应链上的企业通过信息系统的协调,在采购、制造、交付、存储、销售等方面有条不紊的进展,必须通过信息系统提供各种计划及预测信息,使得企业对于企业之间的业务以及企业内部部门之间的业务活动一目了然,便于进行控制。而计划和预测通常包括长期及短期计划,表14.2是与企业五种业务有关的业务计划以及信息系统提供支持的例子。

表14.2 供应链管理中的业务计划及信息系统的支持

业务	计划	信息系统回答的问题
采购	短期计划	应该从哪个供应商处购买什么规格和质量的原材料,何时到货
	长期计划	哪个供应商是理想的合作伙伴 应该与少数供应商合作还是与多数供应商合作
制造	短期计划	主生产计划和企业能力计划
	长期计划	应该在哪里建设工厂,如何安排每个工厂的产品和产量,才能达到向客户提供产品的要求
运输	短期计划	如何安排车辆和运输路线,才能取得最佳的配送效果
	长期计划	是否应该将运输业务外包
存储	短期计划	是否能够按照客户的时间要求完成订单
	长期计划	各种物料的存储量为多少才能实现最优
销售	短期计划	按照什么顺序履行对客户的承诺
	长期计划	下一年度的销售预测量是多少

2. 采购管理系统

采购管理主要是完成与采购订单有关的业务活动。大部分的采购活动是常规的、能够预测的,而且可以设计相应的流程,使之成为在系统上执行的常规工作。通常企业的采购流程可以分解为一系列活动:如采购申请、采购批准、填写采购单、与供应商谈判、定价和签订合同、直到最终发出订单。在这个过程中，买卖双方之间需要不断沟通直至所有的细节得到确认，如采购物料的种类、数量、价格、发货日期、送货地点、付款方式以及付款内容等。

尽管用电子邮件也可以进行沟通和信息交换，但是为了提高采购效率，供应商应当和销售商双方同时具备相应的信息处理能力。为了让供应商接收订单、发出送货通知、寄送发票以及接受付款等，必须在供应商处也建立一套相应的信息处理平台。另外，根据前面介绍的供应商——销售商关系理论，越来越多的企业要求供应商提供小批量送货，而且必须及时完整地交付订货。要使采购业务活动顺利进行，信息系统必须能够保证双方信息沟通的流畅和准确无误。采购系统通常还包括以下功能：

(1) 制订采购计划

(2) 合同谈判

(3) 合同管理

(4) 收集供应商信息和产品信息

(5) 选择供应商

(6) 对于供应商行为的跟踪

合同管理模块可以提供一些反映供应商行为的信息，如送货准时率、产品合格率等。如果从这些信息上发现了问题，企业可以及时地通知供应商并要求它改正。在一些先进的供应链管理模式中，供应商可以监控自己的行为，积极主动地采取行动，使自己的行为与合同承诺的服务保持一致。

3. 高级计划和排程系统(Advanced Planning and Scheduling, APS)

在生产制造流程中，所涉及到的许多变量都是动态的变化的，牵涉到企业环境中许多复杂因素。因此，生产制造计划中要用到 APS 技术。APS 是一种在资源约束前提下的优化技术，它运用线性规划、约束理论(TOC)、模拟等数学方法来分析供应链管理的各个方面的影响。在改进和优化企业供应链管理时，根据要解决的问题类型选择有关的数学方法。高级计划与排程技术既可以用于单个企业内部的短期的计划和排程，又可以用于在已知条件下的长期预测和在企业间进行计划。运用 APS 时，需要系统中备有相应的数据，通过对计划的反复运算或对可选方案的评估，直到获得可行的或基本上可获利的计划或排程表为止。

约束理论(TOC)

TOC(Theory of Constraint)是在优化生产技术(OPT)基础上发展起来的理论方法。TOC认为凡是限制企业提高产出、获取利润的因素都是制约因素(瓶颈)。因此企业应当首先定义制约因素,按照最大限度地发挥这些因素的作用的方式来组织生产。如果仍不能满足需求,则应当采取措施排除制约,继续处理新的制约因素。许多软件已经在"基于制约因素"的原则上,设计能力和现场作业管理的功能。约束是多方面的,但市场需求、物料和生产能力是最主要的制约因素。

4. 物流信息系统

物流信息系统就是运用信息技术来管理物流的系统。传统的企业内的物流系统主要具有记录有关物品在企业内部的生产过程中流动的情况,也包括接受订单后的送货、生产和库存记录更新功能。如:

(1) 接受了订单后,记录订单内容,给出送货通知和生产通知

(2) 当原料和商品入库时,记录入库内容,更新库存记录

(3) 送货之后,注销订单信息,更新库存记录

随着专业化物流公司的出现,企业逐渐发现自己送货是很不经济的,于是将物流业务委托给专业的配送公司。这样,制造业企业就可以只考虑优化自己企业内部的物流问题。但是,由于配送公司中也有各种各样的分工。有的公司只负责船运,有的公司只负责空运,所以实际上不仅他们之间需要合作,而且制造商还需要和各公司打交道,效率比较低。以后随着国际物流企业的兴起,物流企业将铁路、公路、水路等各种运输方式整合,甚至将通关、保险等业务也结合进来,开始提供物流的"一揽子"服务。这就大大方便了企业的外部物流活动外包。

但是,仅仅将物流承包给相应的公司,并没有和物流公司结成相应的供应链时,并不能使得物流的效率极大提高。对于制造公司和物流公司来说,如果想大幅度降低成本、提高效率,关键的问题仍然是如何获得和处理有关这些物流的信息。因为伴随物品的流动一定会产生新的信息。在商业活动中伴随着商品交易也一定会产生物流。因此物流信息管理一定是通过信息使物品流通(物流)和商品交易(商流)一体化从而实现控制的系统。在这种情况下,就需要

物流公司和制造公司形成一条供应链，实现从订货到出货的整个过程的信息共享，通过信息共享来实现供应链效率的极大提高（参见图 14.3）。这种供应链又被称为“第三方物流（The third Party Logistics，3PL）”。

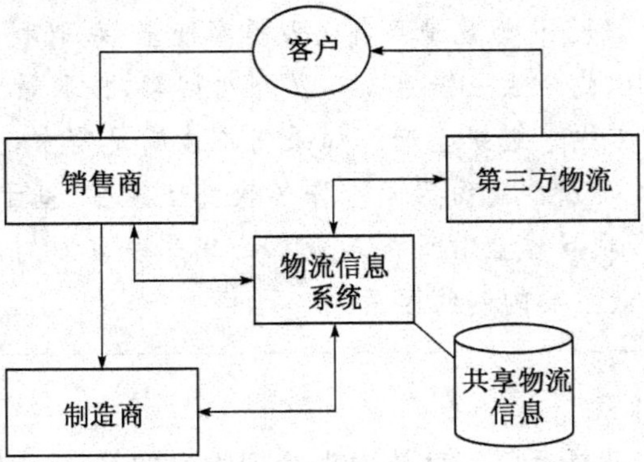

图 14.3　物流信息系统上的信息共享

在商品的交付过程中，物流信息系统起到重要的作用。物流信息系统一般具有以下特征：

(1) 通过信息，将在物理上相分离的商品管理地点（如仓库、中转站、物流中心等）和商品交易地点（如商店、邮局等）紧密地联系起来。

(2) 运用扫描器、手提终端、条形码、RFID 等，提高物流过程中信息处理的效率，使现场作业的工作者和管理人员能够高效准确地完成各种与物流相关的作业，及时地提供准确的商品交易和易懂、存储、交付的联动信息。

(3) 实现收发订单，入、出库等管理活动的时间精确化，需要系统及时提供必要的信息。

(4) 分析和确定将产品送达客户的最佳途径，运输计划模块对货物运输进行成组匹配并充分利用运输能力。

(5) 与制造商、批发商、配送商等拥有不同形态的信息系统和通信环境的企业以及最终顾客进行协同工作。

第 14 章重要概念

纵向一体化、横向一体化、准时系统，长鞭效应、协同商务、供应商和零售商之间的伙伴关系、订货驱动生产的方式、快速反应、连续补充系统、供应商管理的库存、SCOR 模型、SCC、供应链计划系统(SCP)、供应链执行系统(SCE)、高级计划和排程、TOC 理论

第 14 章复习题

1. 说明什么是纵向一体化的合作方式。
2. 说明丰田公司准时系统的特点。
3. 说明一条典型的供应链上包括哪些角色?
4. 在啤酒游戏中，供应链上的角色共同存在的问题是什么?
5. 产生长鞭效应的因素有哪些? 请介绍一个实际的例子。
6. 消除长鞭效应的方法有哪些?
7. 举例说明供应链的战略目标。
8. 说明三种主要的供应商和零售商之间的伙伴关系。
9. 说明什么是供应链运作参考模型。
10. 供应链管理信息系统包括哪些主要的功能?
11. 说明需求计划系统的主要功能。
12. 说明什么是高级计划和排程系统。
13. 说明物流信息系统的工作方式及主要功能。
14. 说明什么是第三方物流。

小组活动课题

分析一个典型的供应链上的各个企业(如戴尔公司)是如何合作的，该供应链的战略目标以及实现的主要方法。

第15章　客户关系管理

本章学习目标

(1) 理解什么是客户关系管理

(2) 客户关系管理的基本架构和工作原理

(3) 客户关系管理的典型的发展模式

(4) 在客户关系管理中如何运用信息资源和IT工具

客户关系管理(CRM)是一种经营理念,也是得到企业广泛重视的一种新的信息系统模式。客户关系管理的目标是提高客户满意度和对企业的忠诚度,加强企业与客户的相互信任与合作,从而减少企业获取客户的成本,减少客户的流失,提高企业的效益。在本章中我们将讨论客户关系管理的基本概念,并通过一些实际的例子来说明客户关系管理系统的应用以及若干理论性问题。

15.1　信息社会的企业管理

20世纪早期,发达国家中领先的行业都是制造业。在工业化时代,生产厂商主导了买卖双方的关系。如福特公司生产的汽车都是黑色的。公司的创始人亨利·福特曾经这样说:“不管顾客喜欢什么颜色,只要是黑色的就没有问题”。但是,在信息技术迅速与企业生产管理结合起来的今天,买卖双方的关系发生了根本性的变化。1994年,米切尔·哈默和杰姆士·钱辟在他们的名著《企业再造的蓝图》一书中提出:在信息时代,企业面临着最大的挑战之一就是如何保留顾客。哈默这样论述道:

> 自从20世纪80年代开始,无论在美国或者在其他工业国家,买卖双方的关系发生了180度的转变——卖方和制造商不再处处占上风,相反,

顾客才拥有决定的与支配的力量。以往，顾客任凭制造商摆布，消极地接受他们所提供的服务。但是，今天的顾客却不惜自己动手，以行动告诉制造商："照我的方法来，否则我就自己做。"

为什么现在"顾客才拥有决定的与支配的力量"？至少有以下几方面的原因：

(1) 随着信息技术的发达，现在顾客可以通过互联网搜索引擎、网上商店等容易地获得有关产品的信息和知识，顾客和商家所掌握的信息从不对称变为对称。

(2) 生产力的极大提高使得商品匮乏成为历史。任何商品都有许多厂商同时在生产和销售，产品的研发周期缩短，竞争加剧。互联网使得顾客可以很方便地获得厂商和产品的信息，在各种同类商品中进行比较和选择，转换成本大大降低。

(3) 借助互联网等技术，制造商正从"大规模生产"的模式转向"多品种小批量"，甚至向"大规模定制"的新的生产模式发展。厂商可以按照顾客的需求来生产商品。

因此，许多学者提出：企业要想在新的经营环境中保持自己的竞争力，就必须改变传统的以产品为中心的观念，建立起以客户为中心的思想，在新的观念指导下组织生产和进行企业运营。客户关系管理正是在这种背景下提出并得到普遍重视的一个概念，在 IT 的支持下，CRM 已经发展成为一种得到广泛应用的信息系统。

15.2　什么是客户关系管理

客户关系管理既是一种"以客户为中心"的战略，又是企业中一系列业务活动、工作流程和信息技术应用的总和。在"以客户为中心"战略的实现过程中，需要企业中各个部门的业务活动达到有效的整合，为客户提供高质量的专业服务。这不仅仅是企业中那些与客户打交道的部门所必须做到的，也是其他部门如销售部门、市场部门等所不可或缺的理念。同样也包括所有的后台服务部门，如财务部门、运送部门、维修部门等。通过强化客户与公司间的结合来改变客户行为的一个过程。客户关系管理寻求给客户关系带来附加价值，从而通过关系价值的最大化使客户受益，并给公司带来利润。

通过研究发现，对于任何企业来说，其客户的类型都是多种多样的。一个商店的顾客可以分为多种类型：

- 潜在的顾客，新顾客，老顾客；
- 给商店带来损失的顾客，给商店带来利益的顾客；
- 偶尔光顾的顾客，忠实的顾客，流失的顾客；

根据管理学中著名的80—20法则，20%的客户为企业贡献了80%的收入。另外根据统计，电话公司最有价值的前10%的客户的利润率为最后10%客户的10倍，而零售业的这一数字甚至达到了16比1。因此，如果对所有的顾客不加以区分，不仅企业不知道自己的利润来自哪里，同时也会使顾客的利益受损。因此，最好是针对有可能购买企业商品的客户来促销，将企业为获取客户所计划的资金真正投放到那些真正的客户身上。另外，在一些行业中，某些客户不但不能为企业创造利润，反而会给企业带来损失。有的学者认为：在银行业中，排名最后的顾客往往是造成企业损失的原因。Jim Harris 甚至认为①，来自客户的利润可以进一步细分为具有正态特征的分布：20%的客户带来80%的利润。剩下的60%的客户产生40%的利润。而最后的20%的客户会带来大于20%的损失(见图15.1)。

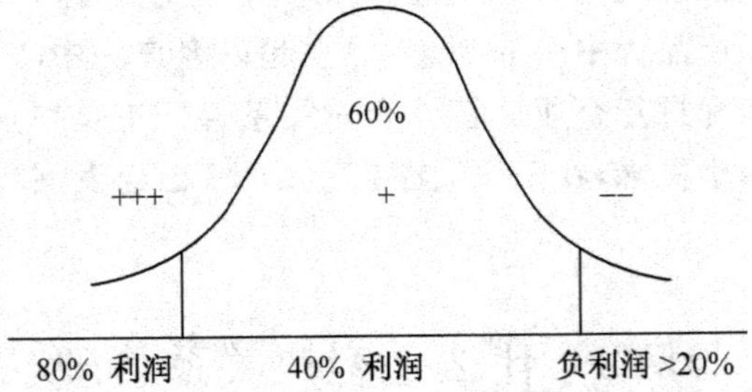

图 15.1 企业客户带来利润的分布

客户关系管理的基本思想之一就是根据和企业的关系将顾客分别对待，从而更好地实现以下三个目的：

1. 获取顾客

客户对于任何企业来说都是十分重要的经营资源。但是获取客户的成本是很高的，市场营销部门必须投入广告费，举办各种形式的促销活动，让客户体

① Jim Harris, Blindsided, how to spot the next breakthrough that will change your business forever. Capstone Publishing Ltd. 2002.

验商品或试用等，这些费用都是获取客户的投入。根据计算，获取一名新客户的费用往往是维系一位老客户的10倍。因此，如果能够用信息处理的方法，更有针对性地获得一些优质客户，肯定能够提高企业的利润率。

2. 维系与客户的关系

即使获得了新客户，如何保留住这些客户也是一个问题。研究发现：在某些行业中，新客户往往不能给企业带来利润，更多的是带来风险。以银行为例，银行的新客户所产生的坏账占坏账总数的70%，而老客户才是企业利润的来源。把客户留住3年所带来的利润，要大于其第一年所得利润的3倍。在一些国家的通信业中，手机销售商以非常低廉的价格销售，或者干脆将手机送给消费者，其目的就是通过维系客户关系来获得利润。当获得客户的成本被覆盖后，这些老客户就将为企业产生利润流。与此同时，由于学习曲线的效应，企业在为老客户提供服务时更为有效，服务成本降低，对保留老客户的投资也相应地减少。这说明保持一个老客户甚至比获得一个新客户还重要。

航空公司的里程积累计划

现在航空公司普遍推行里程积累计划——只要顾客利用本公司的飞机飞行到一定的公里数，便可以获得相应的免费里程，或根据顾客要求提升舱位等级等。

航空公司的里程积累计划有助于提高客户的忠诚度。但是作为其基础的是一个客户关系管理系统。每次顾客要购票时，航空公司的信息系统都能当时查出这位顾客曾利用过他们的航班多少次，顾客已经积累的里程数是多少，如果累计数达到了航空公司的规定，系统会主动地给顾客等级提升，或给予免费公里数等忠诚顾客应该享受的服务。通过这些方式使老顾客保持满意，加强他们的忠诚度。

现在航空公司的吸引顾客方法也被零售企业、通信业企业所采纳。一家美国润滑油公司采用的方式是提供顾客优惠卡——只要顾客1年内光顾2次以上，第3次就可以享受比正常价(24.95美元)低3美元的优惠，第4次可以享受低5美元的优惠。结果，90%的顾客成为回头客。这个方法看上去会降低收益，但实际上企业已经计算过，这样做可以使老顾客提高忠诚度，企业又不需要花钱做广告吸引新顾客，实际上可以获得新的利润增长点。而给老顾客寄发提醒通知、提供优惠卡等，比通过广告来吸引新顾客的市场费用少得多。

3. 提高客户对企业的贡献率

对于目前的客户，可以通过各种手段来提高客户对企业的贡献率。例如戴尔进入中国后，使用其电话销售系统，让大量工作人员在销售对话中获得消费者特征、购买历史、产品需求、未来购买计划和反馈信息等，从中分析客户的需求，结果几年后，戴尔便了解了中国客户的特点，采取针对性的措施，获得了大量客户，市场占有率从1990年的1%上升到1997年的9%。

交叉销售(cross sell)也是一种提高客户贡献率的方法。如果顾客购买了计算机，企业就可以向他们提供相应的软件和维修服务。随着时间的流逝，顾客对于产品的性能越来越熟悉，企业还可以向顾客推荐功能更先进的新产品，这种销售称为晋级销售(up sell)。另外，忠实度和满意度高的老客户还会介绍他的熟人和朋友成为企业的新客户(口碑效应)。

15.3 CRM系统

15.3.1 CRM系统的基本架构

目前已经有多种基于客户关系管理理念的系统问世。从各种系统所提供的功能以及在与客户打交道中所起的作用来看，主要可以分为三种基本类型：

(1) 运营型的CRM(operational CRM)

(2) 分析型的CRM(analytical CRM)

(3) 协作型的CRM(collaborative CRM)

运营型的CRM的重点是对企业所涉及到客户的各种业务流程进行管理，促进企业中有关市场、销售和售后服务等各种有关客户的业务活动的整合；分析型通常是提供给专业人员在后台使用，通过数据挖掘等工具，从客户的大量数据中分析得到商业情报，为企业的经营决策提供有用的信息；协作型的CRM主要用来实现企业和客户之间的双向互动交流，为客户提供个性化的服务。

实际上，商品化的CRM通常都具有这三方面的功能模块，用户可以根据需要灵活地组合。只不过对于特定的行业和企业来说，业务的特性决定了其中某些方面需要有较强的功能，因此，企业应当从自身的需要出发来考虑选择相应的功能和构造特定的系统。一般来说，运营型的CRM属于基础性的CRM，通过这种CRM可以搜集客户的数据，从而为进一步进行客户分析打下基础。分析型的CRM是企业对数据的加工，从而积累客户知识，用于维系与客户的关系和提高服务的质量。而协作型的 CRM 主要用于快速准确的互动，缺少这种系统的支持，企业的个性化服务难以实现，人工处理信息使得服务效率大大降低。

Siebel 公司的 CRM

Siebel 公司是以 CRM 为其核心产品并在 CRM 软件市场领先的软件公司。相对于其他的 CRM 软件商而言，Siebel 公司的 CRM 产品系列多，功能全，几乎涵盖了 CRM 的所有领域。产品线的齐全是 Siebel 的一大优势，其产品历史长，并定位于高端市场。Siebel 提供了诸多行业的 CRM 解决方案，如汽车、公共服务、通信、日用消费品、服装、能源、金融机构、保险、制药、医院、科技等。

Siebel 的.com 套件适合于企业的市场营销部门使用。市场营销部门人员可以用该系统来做营销计划，执行和评估基于网络的市场营销活动。营销人员通过多媒体目录查找产品、配置产品和服务方案、下订单、确认订单的有效性和可交付性、检查订单状态等。客户也可以通过这些工具来查询订单状况，解决服务问题。市场营销人员还可以进行客户细分，发掘潜在的客户，并通过个性化的、动态生成的电子邮件，与客户进行联系，进行网上调查，根据客户信息、特定环境、目前需求和购买模式向客户推荐合适的产品和服务。通过该系统还可以浏览由在线数据分析产生的图表报告，评估每项活动的有效性及回报等。

Siebel 公司的 CRM 解决方案主要包括.com 套件、呼叫中心套件、现场销售和服务套件、营销管理套件、渠道管理套件及行业 CRM 解决方案等。

一个 CRM 系统的基本架构可以看作是由前台的服务性功能和后台的数据仓库构成。从前台来看主要是通过各种与客户打交道的手段来获取客户数据，同时为客户提供相应的服务，将企业的客户关系理念体现在这些活动之中。从后台来看，主要是对客户、市场、产品、交易等信息的存储和分析，将其中与客户有关的知识进行挖掘和存储。

15.3.2 呼叫中心

呼叫中心是直接与客户打交道的前台系统，是运营型或协作型 CRM 中的重要组成部分。呼叫中心是一个公司和客户互动的平台，在给客户提供信息服务的同时也可以获得相应的客户信息，从而长期地维系与客户的关系，为客户提供量身定做的服务。呼叫中心的规模可以根据企业所制订的客户关系规划来设计。对于一个中小规模的企业来说，用一台小型程控交换机作为基础设备，设置一些预先准备好的语音回答，就构成了最简单的呼叫中心。而一个大型的呼叫中心通常包括智能网络和多个员工工作站，并具有多种综合性技术，可以为各种客户提供不同的服务。

呼叫中心常用的技术包括：交换机(Private Branch eXchange，PBX)/排队机(Automatic Call Distribution，ACD)，交互式语音应答(IVR)，来话呼叫管理，去话呼叫管理，业务计费系统，监控系统，管理/统计系统，客户数据库以及Web服务器，e-mail服务器等。呼叫中心的部件关系可以由图15.2表示。

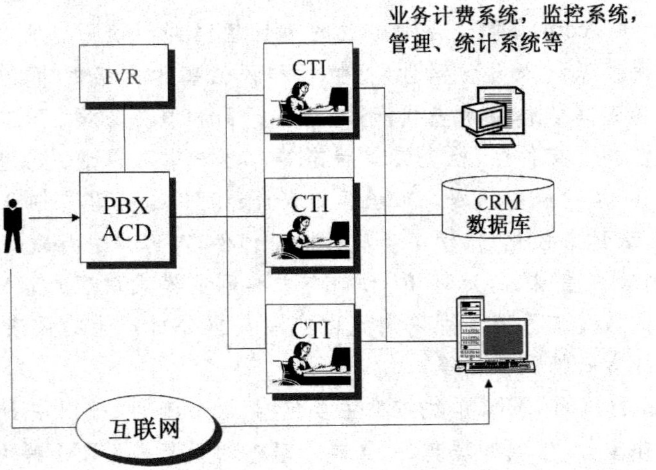

图15.2 呼叫中心的基本架构

下面对几项最常用的技术加以简要说明。

1. 交换机和排队机

交换机或排队机是呼叫进入呼叫中心的门户，智能化的自动呼叫分配器可以根据预先制定的规则将呼叫分配到相应的话务台席或自动语音应答系统，而普通的排队机只有简单的接入/分配功能。交换机增加ACD功能后，能够提供全面的呼入管理、呼出管理和呼叫分配功能。交换机的资源，如各种接口比例、信令系统等，可根据呼叫中心的需求进行配置，能够保证呼叫中心的话务处理能力和服务等级(QoS)。

2. CTI 服务器

呼叫中心的方案中经常提到的一个术语是计算机和电话集成(Computer Telephone Integration，CTI)。也有人提出 CTI 应为计算机和通信(Computer Telecommunication Integration)的集成。CTI 服务器是连接交换机和计算机网络系统的设备，它可以根据企业的需要制定不同的路由策略，提供免费呼叫服务等。其主要作用是使交换机和计算机系统实现信息共享，传送、转发、管理各类呼叫相关的数据。CTI 可以根据呼叫者、呼叫类别、客户服务等级，呼叫所处的时间段和呼叫中心的通话状况等来选择呼叫路由和更新数据库。当一位客户打来电话时，信息系统就通过来电号码检索出该客户的历史记录，系统可以在同一个账户下做本次服务的记录。如果有一位客户过去曾经通过网络输入过订单，业务代表就可以从屏幕上看到他的订单号、订货内容等信息。虽然他们是第一次通话，也可以马上提供有针对性的服务。这样的网络也被称为智能网络。

3. 交互式语音应答

交互式语音应答(Interactive Voice Response，IVR)系统提供自动语音服务，是企业为客户提供的自助服务的主要设备。语音识别的 IVR 系统在航班查询、外汇查询、证券委托等领域具有广泛的用途。通过交互式语音应答功能，可以通过电话按键或语音选择方式，为客户提供预先录制的数字或合成语音信息。使用 IVR 可以提供 7 天 24 小时(简称为 7×24)信息服务，当客户来电仅仅是普通查询或询问惯例问题时，IVR 可以提高客户服务的效率。另外，作为企业客户服务的前端，IVR 还可以引导客户到达指定的技术人员，使客户的疑难问题也得到有效的对应。先进的 IVR 甚至具备语音信箱、语音识别功能，可以利用驻留在数据库中的信息筛选来电；并选择传送路由，也可与计算机连接，使呼叫者得以直接访问主机数据库。如果在呼叫中心使用了 IVR 系统，大部分的呼叫就可实现自动化，据估算这样可以节省 60%的费用，同时还能减轻话务员的负担。

15.3.3　后台系统

CRM 系统的后台主要由数据存储和数据分析两部分构成。前者包括多维数据库，数据集市等。后者包括报表提供、统计分析、预测、数据挖掘、OLAP 等。有关该部分在本章后面详述。

15.4 客户关系管理的发展模型

在 CRM 技术运用过程中遵照的基本理念是 IDIC 客户关系管理模型。该模型是由 Pepper 和 Rogers 提出的，并被广泛引用。在 IDIC 模型中，CRM 活动被分解为 4 个阶段：

(1) 识别客户(identification)

(2) 对客户进行差异分析(differentiate)

(3) 与客户保持互动(interactive)

(4) 客户化(customize)

下面我们从四个阶段来考虑系统如何工作。

15.4.1 客户识别阶段

为了实现客户关系管理理念，有效地获取客户的数据是一个基本前提。在"大众营销"时代，企业对于客户是不做区分的，大多数企业的成员不认识客户，不了解客户，提供的是"无差别服务"。为了适应新的经营环境，企业可以利用信息技术，改变以往的对待顾客的方式，转变为先认识顾客，以培养忠诚的固定消费者为企业的目标，针对不同类型的顾客，采取有目的性的营销方式，从而培养出企业自己的消费群体，最终提高企业的利润率。

为了识别客户，最基本的方法就是要获取客户的信息，建立客户履历(customer profile)。所谓客户履历就是一个系统地记录客户消费信息的方式。例如顾客的人口统计信息(年龄、性别、职业等)，消费特性(如购买范围、兴趣、价值观等)，消费行为(消费的时间、地点、金额、类型等)以及信用情况等。一些服务性企业通过发行荣誉顾客会员卡，对于使用会员卡购物的顾客，通过收款机旁放置的会员卡识别系统，记录每一次消费的信息。这样，不仅可以了解到每一位顾客对商店的贡献程度，而且还可以得知顾客的购物特性，从而为客户提供更有针对性的服务信息。

为了做到向顾客提供有针对性的服务，需要将客户的每一次消费信息积累起来，经过整理、发掘后提炼出企业需要掌握的客户信息。从购买超市商品的客户数据中可能挖掘出诸如"买面包的顾客同时购买牛奶的概率是 50%"，"春季感冒药的销售量比其他季度高 10%"之类的经验型规则。这些经验规则对于商店的今后经营起到重要的指导作用。

15.4.2 客户差异分析阶段

差异分析是指根据客户的消费需求或服务特征，将客户分类为不同的客户群。一般地，可以按照客户所能够创造的价值将他们区分为三个层次：最有价值的顾客，有价值的顾客和负价值的顾客。企业应当对不同的顾客采取不同的服务方针：对于第一类顾客，企业的方针是发展和维系与他们的关系；对于第二类顾客，企业应当促进他们向第一类顾客转化；而对于第三类顾客则应当予以减少和淘汰。

许多商店都出现过这样的现象：商店推出了一些促销的策略，本来是希望吸引更多的客户来购物，但是事与愿违，他们吸引来的是一些专门为购买减价商品而来的顾客。例如有一个超市规定在每天下班前 1 小时，将当天卖不出去的蔬菜半价出售。可是这种政策实行了一段以后，他们却发现白天的蔬菜销售量越来越少，而到下班之前的销售量却大量增加。原来顾客们已经摸到了商店的规律，等着下班前一小时专门来买半价的蔬菜，这使得商场的利润率大打折扣。因此企业如果采取了错误的客户服务方针，和与客户的关系就会是一种“你胜我负”博弈关系。为了改变这种情况，企业必须从了解自己的客户，从客户的角度出发来提供最适合的服务。

15.4.3 与客户互动阶段

仅仅是有了客户的信息和知识，如果不加以利用仍然不会产生价值。我们在商店中也经常看到这样的情况，当顾客在选购商品时，售货员对她态度很好，可是当顾客购买的商品发生了问题，顾客再次找到商店时，售货员的态度就截然不同了。这种对待顾客的方式显然断送了与顾客关系今后的继续发展，也不可能再从顾客那里得到利润。因此抱着与顾客建立良好关系的愿望，与顾客进行互动是前面两个步骤的自然延续。

通常企业怎样对各种可能给企业带来利润的客户做出选择并采取正确的客户关系态度呢？下面的分类矩阵（见图 15.3）可以帮助我们思考①。以客户盈利情况为横轴，客户忠诚度为纵轴构造 2 * 2 矩阵。最好的状态当然是客户既盈利又忠诚，如果客户在这个象限内，企业应该深化与客户关系，寻找最佳盈

① Jon Anton & Natalie L. Petouhoff. Customer Relationship Management: The bottom line to optimizing your ROI. Pearson Education. 2002.

利模式，例如进行交叉销售等。在第二、第三种情况中，客户分别位于矩阵的左下角和右上角。前者是客户给企业带来利润但并非忠诚客户，比如一个客户只和企业做过一次交易，对于本企业还不了解；后者是忠诚的客户但不盈利，比如是这个客户只购买少量或利润率低的产品。对于盈利但不忠诚的客户，建立关系是主要任务；而对于后一种客户，企业的策略是保持关系。因为这样的客户现在虽然不盈利，但他们仍然有可能转变成为盈利客户。第四种状态就是即不盈利也不忠诚的客户，这有可能是企业投入成本最高的一部分客户。对于进入到这个区域的客户要进行分析，如果仍有可能变为盈利客户，则对他们应当尽力争取，否则他们可能要转向企业的竞争对手。客户关系管理系统通过对顾客的交易数据进行分析，可以对客户的潜在流失迹象做出警示。

忠诚 \ 盈利	是	否
是	深化关系 着重于深化客户关系，强化忠诚度，寻找最佳盈利模式	保持关系 客户有可能转变为盈利客户，继续保持客户关系，保证忠诚度
否	建立关系 关注如何建立起客户关系	争取客户 这部分客户可能转向竞争对手，应当尽力争取

图 15.3　对客户关系的分类

IT 的应用给企业提供了丰富的与顾客互动的手段。现在企业可以通过电话、电子邮件、互联网、面对面接触等各种手段与客户进行沟通，以发展与客户的关系，增进相互了解。但是，究竟采用何种手段才是最合适的与客户互动的手段呢？另外，如果同时采用多种手段也可能带来问题。例如，由于企业的销售渠道增加，不同的渠道之间却缺乏整合，结果带来了顾客的误解。因此，分析不同渠道之间的优势和需要克服的障碍也是很重要的。

实际上，在 CRM 采用之后，企业可能的渠道有三种：面对面营销、电话营销和网上营销。三种方式都有各自的优势。企业应当根据业务的特点来选择合适的服务方式。表 15.1 总结了面对面营销、电话营销和网上营销三者之间的优势和需要克服的障碍。例如，呼叫中心的话务员在和客户对话时，首先要判断客户的服务要求是什么？采取什么方式能够快速准确地满足客户的要求？

如果顾客提出的是一个常见的问题，就可以告诉顾客通过网页上的 FAQ 获得问题的答案。如果是一个复杂的问题，就需要将问题转给专业技术人员解决。这样不但提高了服务效率，还可以最大限度地发挥专家和智能网络的作用。

表 15.1　三种营销方式的比较

	优　势	问　题
面对面(商店、柜台、上门服务等)	可以详尽地相互对话，发现问题，解决问题，并可进行交叉营销等	成本高，效率低
电话营销(呼叫中心、服务台等)	可以跨越地理条件的约束，在一定的时间范围内相互对话	不能观看实物或现场，不能看到对方表情，对于描述不清楚的问题难以解决
网络营销(网页、电子邮件等)	不受时间、地点的约束，可以随时进行，成本低，工作人员负担小	只能在预期的问题范围内解决

总之，企业与客户互动的阶段中应注意以下几条原则：① 直接和客户打交道的一线员工应充分了解各种与客户互动的手段的利弊；② 如果有关系到客户利益的事件发生，应当及时与顾客沟通；③ 与客户互动应当考虑成本和效果，尽可能采用自动化和 IT 手段；④ 要正确地使用顾客的信息，正确地理解客户的需求；⑤ 每次互动都应当利用过去所有积累的客户信息。

15.4.4　客户化阶段

在客户化阶段，企业通过与客户的互动已经详细了解到客户的需求，从而就可能为客户提供“量身定制”的服务，特别是对自己的忠实客户，应当提供优质的服务。另外，如果发现具有某种需求的客户数量很大，还可以提供大规模定制(mass procuction)服务。

国外一家银行通过将各个店面的顾客数据库和网络银行的呼叫中心的顾客数据综合起来，实施了一个新的服务项目，以争取更多的顾客。他们首先根据顾客与本银行进行交易的数量将顾客分成不同的等级，对于达到一定等级以上的顾客给予优惠的待遇。其次，他们根据存款额(交易额)将顾客分为三类，存款额越高的人优惠程度也就越高。例如，将这些顾客的存款利率比通常规定的利率提高 1%，并免掉一些手续费，大幅度减少使用网络银行的手续费，免除信用卡的年费等优惠方式。这样就逐渐培养了一批忠实顾客，对银行来说也可能将交易渠道转换为低成本的网络银行形式。

15.5 CRM中IT工具的运用

15.5.1 数据资源的获取和加工

在CRM系统中，虽然需要有强大的分析工具，但数据仍然是一切工作的基础。CRM搜集的客户数据项目应根据企业的特定要求来具体设计。例如，一家保险公司计划向客户推荐量身定制的保险商品，他们必须要了解客户的家庭情况以及消费状况，才能够为客户定制适当的保险商品。一般来说，系统中有关客户的数据内容越丰富，可以进行的分析就越多。但是如果将客户的数据项设置的太多，收集起来就会更困难，数据的质量也可能下降。因此，只能根据具体的情况和企业的收集数据的能力来决定数据的种类和内容。一般地，客户的数据项目中包括以下三部分内容：

(1) 人口数据(demographic data)。人口数据反映客户的基本情况，是进行各种分析和联系的基本数据，必须获取并保证其真实性。一般的人口数据包括客户的姓名、年龄、性别、婚姻情况、联系方式、家庭情况等；

(2) 态度数据(attitudinal data)。态度数据反映了客户的性格和心理状态。通常包括客户对保险商品的态度、期望的商品特性、价值观和个人爱好等；

(3) 行为数据(behavior data)。行为数据反映顾客实际的活动习惯和消费方式。包括购买行为、地点、金额、品牌偏好等。

另外，获取数据必须要和为客户提供服务结合起来。例如，在呼叫中心通过接电话为客户提供信息方面的服务，在此过程中可以获得客户的数据。在互联网环境支持下，企业可以提供给客户的服务渠道增加了许多，传统的电话服务可以与其他手段如电子邮件、传真、手机、网页等手段结合起来，通过这些方式获得数据。客户的自我服务也是一种手段，而且在互联网环境下有增加的趋势。CRM系统应当能够利用各种渠道，在提供给客户相应的知识和信息的同时，也记录下他们的问题和要求。企业获取客户信息的技术手段还包括：

(1) POS系统：通过POS系统，在客户进行交易的同时获得信息。这是一般的零售业经常采用的方法。

(2) 会员卡：许多企业发行会员卡，并承诺给持卡的会员一定的优惠条件。当会员顾客消费时，企业就可以获得会员的信息，对于会员顾客的情况加深了解。

(3) 虚拟社群：通过互联网可以建立虚拟社群，让企业的客户在互联网上开辟一个专区，对企业的产品和服务进行讨论。

(4) 电子邮件或手机短信：通过电子邮件和手机短信息，可以与客户加强联系，为客户提供有关的服务知识和信息。

另外，企业还可以通过专门的一些会议、访谈、调查等手段来抽样调查客户的需求，了解客户整体需求的变化。

宝洁公司通过互联网调查客户

宝洁公司过去经常要了解客户对公司产品是否了解，他们称此为“概念测试”。以往宝洁公司的产品概念测试是依靠中心小组的形式来完成的，他们定期地请一些消费者来公司，公司的有关人员先要与客户沟通，讲清楚他们是如何进行概念测试的，让客户对产品进行评测。因为对一个产品至少要做4到5次这样的活动，最后得到结果往往是在12到16周之后，这样做的调查成本很高。

现在同样的工作可以全部在网上完成。宝洁公司找到一些典型的消费者，让他们在互联网上回答公司的调查问题。这样调查的速度大大提高了，从上午开始进行调查，到中午时就可以得到几百个调查对象的反馈，从而大大降低了调查的费用。

实际上，通过互联网我们可以在美国就完成所有产品概念测试，而成本和耗费的时间却只有以往的5%～10%。

最后，对于获得的客户的数据必须进行进一步加工和完善。客户数据的来源是多种多样的。商店可以从店面的交易获得客户数据，也可以从电话交谈或呼叫中心得到，也可能从邮局、传真、网络等各种方式获得。这些数据如果是零散的就没有什么大作用，但如果从多条渠道收集起来的交易数据都集中到一个数据库中，并对它们进行一元化管理的话，就可以真正了解顾客了。

15.5.2 数据的完整性和整合性

通过前台系统获得了客户数据之后，需要通过数据仓库的机制，根据既定的原则对它们进行整理、转换和处理，使其成为具有整合性的结构化数据。

一般地，前台获得的数据属于未经过处理的原始数据，不可避免地带有一些错误，也不可能一次性地保证其完整性。因此，CRM 系统在获得原始数据之后，可以通过有关的工具，根据一些既定的方针对这些数据进行过滤、筛选、分类和概括等处理。对这些经过整理的数据还必须按照决策的要求，按不同维度和特定的要求存储起来，以便用户或应用系统直接调用。

另外，针对企业不同部门的需求，还可以采用数据仓库或数据集市的方式。数据集市是部门级的数据仓库，或者是为某种专门的用途开发的数据存储系统。和一般的数据仓库比较起来，数据集市的规模比较小，成本较低，同时针对性更强。数据仓库的数据来源于各个部门的不同应用系统，数据仓库可以保证数据的整合性。但数据集市却不一定能够具有这种性质。因为数据集市是为某种用户和某些用途专用的，数据的可用性和工作效率对于它们更为重要。

15.5.3 客户数据的分析模型

一个商店在安装了 POS 系统和制作了会员卡之后，一般来说就可以收集和分析顾客的消费信息了。但是，CRM 的真正挑战在于所收集的顾客数据是否对企业的经营管理产生了效益，是否能够通过对客户的情况进行分析，对企业的运营产生指导性的建议。

RFM 分析是一种常用的顾客信息分析方法。所谓 RFM 分析就是指以 R（最新购买日期），F（一段时间内累计购物次数），M（一段时间内累计购物金额）三个指标计算顾客对企业的贡献度，将顾客分为若干等级。例如，顾客在每一个指标上的贡献度都分为五级，这样从贡献度最低的“111”到贡献度最高的“555”共分为 125 个等级。而三个指标上的贡献度则可以根据行业的特性来设计，对于一个商店的顾客数据进行分析后分成为 4 类：第 1 类是偶尔来店，消费很少的顾客，第 2 类顾客经常来店，但是消费不多。第 3 类是虽然来店次数不多，但消费却比较多。最后一类就是经常来店同时消费又很多的顾客。

对于一些难以用 RFM 指标来描述的顾客，也可以采用其他的指标组合来进行有效分类。然后将这 125 种等级的顾客分成几个类别。例如 S 类代表贵宾，B 类代表优良顾客（4 类），C 类代表一般顾客（2、3 类），D 类代表非消费卡顾客（1 类），Z 类代表停用消费卡客户等。以后便可以针对不同类型的顾客，采取不同的待客策略，设法促使各类客户的转化。这种策略也必须反映到信息系统的功能上。例如 POS 机通过刷卡便可判断客户的类型，从而给予不同的待遇和信息处理机制。对于S类的顾客给予较高的折扣,从而提高顾客的忠诚度。对于其他等级的顾客提供适合顾客的信息,形成一种将C类顾客转变为B类顾客,B类顾客转变为S类顾客的机制,这样就可能培养出更多的“忠实客户”(图 15.4)。

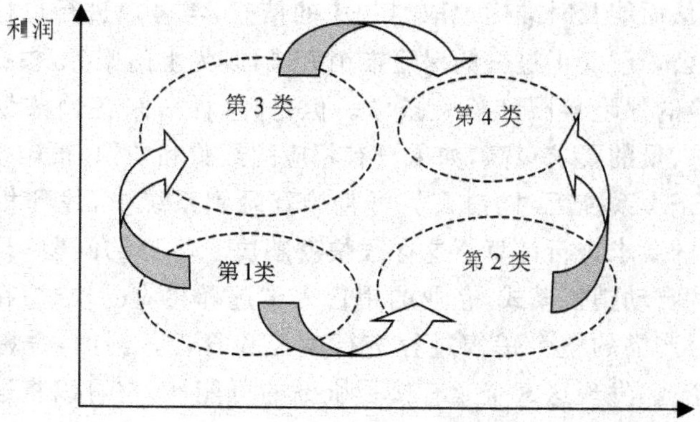

图 15.4　对客户关系的分析

另一种常用的分析方式是运用数据挖掘技术,让系统从大量的数据中自动提取出有用的模式。例如,运用相关分析可以发现某些数据量之间存在着相关关系。美国一家超市的经理通过数据挖掘就发现啤酒和尿布之间存在着某种相关关系,后来他亲自到店铺调查,发现了啤酒和尿布都是在周末特别畅销,这说明平日超市的顾客很忙,只有到周末,才有时间轻松消费和购买啤酒,这时往往想起应当购买婴儿的尿布。这位经理决定将这两种商品摆放在显眼的位置,在方便了客户的同时也提高了企业的销售额。

15.5.4　客户数据的应用

现在,传统的大规模市场促销活动经常用来作为向大众介绍新产品或新概念的手段,这可以看作是市场活动的第一阶段。然后,企业需要找到一些特定的目标顾客,对他们进行更加有针对性的宣传。然而更先进的市场活动是针对客户的需求提供交互性的沟通和个性化的服务,这样顾客的愿望、爱好和购买倾向等都可以体现在企业的产品中。这种营销方式被称为“一对一营销”,其目的是更好地满足顾客的特定需求。在营销系统中还包括各种手段,如传统的电话到现代的互联网技术以及电子邮件广告等,这些基于互联网技术的功能给顾客以更好的体验,让他们可以用自己的词汇来检索并按照他们的需要来定制产品。

销售团队自动化(Sales Force Automation,SFA)是许多企业营销部门所采用的客户管理模块,广泛地用于企业的销售活动中。SFA 系统中通常有一个统一的中心信息库,其中存放着企业的产品信息、市场信息、客户服务和技术支持信息等。销售人员都配备了笔记本电脑,他们可以随时登录到系统的中心信息库访问,从而能及时准确地取得相应的信息,与客户进行更好的沟通。例如,一家保险公司改变了过去的保险推销方式,改为上门服务,根据客户的要求为之定制相应的保险年限和保险条款。但是,这样一来各种条款就变得很复杂,对于推销人员的要求很高,如果没有相应的经验和知识,很难得到客户的认同。使用了 SFA 系统后,推销人员可直接登录到系统中,找到相应的计算公式,按照客户的要求进行计算。这样很快就解决了客户的问题。另外,在 SFA 中还提供一些自动销售模式,企业的销售人员选择相应的模式,在预测销售的周期就可以对产品的整个销售过程进行监控和管理。例如,销售管理人员 A 访问了一家企业,发现这家企业有接受服务的可能性,它可以将这家企业放入潜在的客户名单,然后让更懂得这家企业需求的技术人员去和它谈有关技术方面的细节问题。这样就提高了销售的效率。

SFA 的另一个作用是促进销售团队之间的沟通。在现代企业销售团队之间的信息交换对于企业来说是十分重要的,销售人员还必须与其他部门的人员打交道,因此采用 SFA 可以更好地管理各种活动中的信息和整个业务流程。例如,某咨询公司中员工甲听说 A 公司正在推进信息化,员工乙知道 A 公司历来十分关心对员工的教育和培训。但是他们的消息如果不能综合在一起,就不能对公司的决策产生影响。但公司通过 CRM 让这些信息得到集成和共享,根据这些消息,公司设计了一套培训课程,拿到 A 公司一介绍,果然得到了 A 公司的好评。结果很快就成交了。商店也是这样,如果能以客户为单位,通过最合适的渠道给每位客户提供他所需要的商品和服务,就需要将通过各种销售渠道取得的顾客数据综合起来。另一方面,销售人员在企业外部活动,他们的活动也是企业获得市场和客户信息的重要途径,通过给销售人员提供笔记本电脑等工具,就可以及时地采集到一些最新的行业信息,并将这些信息整理后发给团队的成员。

必须指出的是,CRM 强调的是一种"整体解决方案",即采取一系列综合措施,最终获得顾客的忠诚度。仅仅靠建设一个数据库或引进一个软件包是远远不够的,必须从企业运营理念的角度全面地运用 CRM,同时将这种理念和相应的技能融合到企业的每一个员工的意识和行为中去。

第 15 章重要概念

客户关系管理、交叉销售、运营型的 CRM，分析型的 CRM、协作型的 CRM，程控交换机，管理交互式语音应答(IVR)，计算机和电话集成，客户关系管理模型，客户履历，RFM 方法，销售团队自动化

第 15 章复习题

1. 使得买卖双方的关系发生转变的根本原因是什么？
2. 客户关系管理是一种理念还是一个系统？
3. 为什么保留客户比获取新客户更为重要？
4. 如何提高客户的贡献率？
5. 说明三种典型的 CRM 系统的功能特点。
6. 说明典型的呼叫中心的作用和功能。
7. 说明面对面营销、电话营销和网上营销的优缺点。
8. 说明企业应当如何搜集客户的数据。
9. 企业对各种不同的客户应当分别采取什么态度？
10 . 通过哪些数据项目才能够较好地掌握客户情况？
11. 如何对客户数据进行整理和完善？
12. 说明顾客信息分析的 RFM 方法。
13. 说明什么是销售团队自动化。

小组活动课题

到互联网上查找一个 CRM 系统的介绍，分析该系统所具有的功能，以及它适合于哪些企业的什么部门使用。

第 16 章　信息系统的管理

本章学习目标

(1) 理解信息系统管理的重要性和主要的问题

(2) 懂得信息系统安全的重要性和防范风险的方法

(3) 理解什么是信息系统审计

(4) 了解 IT 治理的主要组织和基本的概念框架

(5) 理解什么是信息伦理问题和社会影响问题

随着信息技术的发展，信息系统对企业产生的影响越来越大，对信息系统的管理问题就必须引起管理者的重视。现在，如何建立信息化组织和信息社会的秩序，如何解决信息系统建立后产生的伦理和社会问题等，已成为企业管理者不得不认真思考的事情。本书的最后一章对信息系统的管理和信息伦理问题进行讨论。

16.1　信息安全性问题

随着信息系统的普及，越来越多的金融、财会信息、企业秘密、个人数据等被记录在信息系统内，信息系统已经成为企业的关键资源，也可能成为内、外部的犯罪者攻击的目标。另外，信息系统的风险也与网络互联的环境有关。随着互联网的普及，黑客、企业间谍等都可能通过互联网窃取企业的重要数据，也可能通过传播病毒和破坏性的恶意攻击程序造成企业信息资源的重大损失。另外，由于天灾所造成的计算机系统故障可能给组织带来严重的后果。例如火灾、水灾、地震、电压不稳或突然断电等都可能使系统在瞬间损坏，大量数据在顷刻间化为乌有。一个信息系统中常见的信息资源安全问题的分类如表 16.1

所示。为防止这类事件的出现造成企业重大的损失，组织必须对信息安全问题有系统地认识，同时应制定相应的信息资源安全保障计划，并在日常的运行维护中切实执行。

表16.1 信息系统中常见的信息安全问题

问题类型	说　明
信息流失	犯罪者偷窥击键或屏幕，获得重要信息，使得用户身份信息流失，文件被拷贝，口令被破译等
硬件破坏	攻击、干涉计算机系统的正常运行，或者对计算机、存储设备、电源等实施物理破坏，删除软件或存储数据等
软件破坏	通过互联网上的软件工具，拦截企业数据或者以不正当方式造成网络堵塞，使用伪装的节点和系统，隐藏物理地址或路径等
非法侵入系统	对系统的越权访问，用伪装的身份或利用操作系统漏洞进入计算机系统，对于系统的用户进行嘲弄性攻击等
有害程序	在电子邮件中置入特洛伊木马、逻辑炸弹或事件炸弹、蠕虫病毒等，对计算机用户的系统进行破坏。或者为以后的破坏制造机会，获得企业的资源等
误操作	击键错误、数字错误、缺乏校验等造成重大后果
自然灾害	断电、地震、风灾、火灾、水灾等造成的信息资源损失

国际标准化组织(ISO)曾经给信息安全下过这样一个定义：信息安全是指“保持信息的保密性、完整性、可用性；另外，也可能包含其他的特性，如真实性、审计性、不可否认性和可靠性”。根据国际上一般公认的信息安全准则，对大部分组织来说，信息安全的目标主要是要保证企业的信息资源具有以下性质：

(1) 可用性：信息在需要时可用和有用，提供信息的系统能适当地承受攻击并在失败时恢复；

(2) 保密性：信息只能被有相应权限的人提取和使用；

(3) 完整性：未经授权，信息不能被修改；

(4) 真实性和不可否认性：组织之间或组织与合作伙伴间的商业交易和信息交换是可信赖的。

实际上，这些性质关系到企业的信息系统建设和管理活动中的各个方面，要真正使得信息资源具有以上这些性质并不是一件轻而易举的事情，也需要大量的投资。因此，实际上在许多企业中，信息安全并没有得到应有的重视。根据英国业务连续性研究院(Business Continuity Institute)的调查报告，尽管近年来由于恐怖主义的抬头和互联网病毒等事件的频发引起了人们对信息系统安全性的注意，但是不少企业在真正遭受损失之前还是比较满足于现状。调查显示：超过50%的企业仍然没有建立自己的业务连续性计划。

对于信息安全问题实际上并非只有信息部门关心。实际上，因为信息安全问题关系到企业的方方面面，特别是金融和财务管理，国际会计组织对于信息安全也十分重视。国际会计师联合会曾经发布了一个《管理信息安全》，提出与信息安全相关的6个主要活动是：

(1) 政策制定——使用安全目标和核心原理作为框架，围绕这个框架制定安全政策；

(2) 角色和责任——确保每个人清楚知道和理解各自的角色、责任和权力；

(3) 设计——开发由标准、评测措施、实务和规程组成的安全与控制框架；

(4) 实施——适时应用方案，并且维护实施的方案；

(5) 控制——建立控制措施，查明安全隐患，并确保其得到改正；

(6) 安全意识，培训和教育——安全意识的养成，宣传保护信息的必要性，提供安全运作信息系统所需技巧的培训，提供安全评估和实务教育。

另外，世界经合组织(OECD)也发布过有关信息系统安全的指导方针，该方针涵盖了从安全认知到安全职责等9个方面的内容。它们是：

(1) 认识。参与者应了解信息系统和网络安全的要求和他们可以为增强安全做什么。

(2) 责任。所有参与者对信息系统和网络安全负有责任。

(3) 响应。参与者应以及时、合作的态度对安全事故作出预防、检测和响应。

(4) 道德规范。参与者应尊重他人的合法权益。

(5) 民主。信息系统和网络安全应符合民主社会的基本价值。

(6) 风险评估。参与者应进行风险评估。

(7) 安全设计与实施。参与者应把安全作为信息系统和网络的主要元素加以体现。

(8) 安全管理。参与者应采取综合的安全管理方式。

(9) 重新评估。参与者应重新评估信息系统和网络安全，对安全策略、实践、措施和步骤进行适当改进。

16.2　信息安全政策和组织

16.2.1　信息安全政策和标准

对于信息系统的安全问题，世界组织和国家有关部门已经出台了一系列政策。与信息系统关系最紧密的有《中华人民共和国计算机信息系统安全保护条例》、《计算机信息网络国际联网安全保护管理办法》等。例如，《中华人民共和国计算机信息系统安全保护条例》中明确规定："对于故意输入计算机病毒以及其他有害数据危害计算机信息系统安全的行为，公安机关可能处以警告、停机整顿或罚款等措施。"其中第二十五条明确规定："任何组织或者个人违反本条例的规定，给国家、集体或者他人财产造成损失的，应当依法承担民事责任。"另外，国家信息安全标准化技术委员会（简称信息安全标委会）最近发布了 GB/T 20269-2006《信息系统安全管理要求》，该标准对信息和信息系统的安全保护提出了分等级安全管理的要求，阐述了安全管理要素及其强度，并将管理要求落实到信息安全等级保护所规定的五个等级上，有利于对安全管理的实施、评估和检查。GB/T 20282-2006《信息系统安全工程管理要求》是另外一个标准，它规定了信息系统安全等级保护工程管理的要求，是对信息安全等级保护工程中所涉及到的甲方、乙方与第三方工程实施的指导性文件，各方可以此为依据建立安全工程管理体系。

除了国家的政策法规之外，组织内部也必须要根据自己业务的特点，建立一系列有关的工作程序和规章制度。包括信息使用制度、信息发布制度、信息保密制度、奖惩制度以及对于信息技术人员的管理、使用、评价、培训的制度等。对于组织内部工作人员应当建立在接触信息系统、特别是重要的控制系统时应当遵守的规章制度。例如对于具有系统管理员权限的用户的认定手续，对系统用户的权限分派和修改等，都必须按照事先规定的工作步骤和有关的规定来进行操作。另外，对于涉及组织机密信息的工作，则应设定具体的工作程序和责任制度。

如何保管信息系统中的个人信息、保证个人信息的隐私也是信息系统管理者负有责任的重要问题。现在，由于互联网所提供的强大的信息交互和数据传输功能，使得个人信息数据很容易暴露和被不法利用。通过对数据库的搜索和加工，想要得到个人的信息越来越容易。如果不加以控制，对于数据的销售和加工处理在当事人不知情的状况下进行，不仅公民的个人隐私权遭到了侵犯，而且可能被不法分子用来犯罪和遭受经济损失。因此,组织对于个人信息的利用具有告知义务。美国政府1997年公布的《全球电子商务框架报告》中就强调对个人信息搜集者应当告知本人他们搜集了什么样的个人信息,以及将做何种程度和范围的使用,如果因不当使用或发布个人信息,或基于不正确、过时、不完整相关个人信息基础而做出的判断,造成消费者精神和财产损害时,消费者应该受到补偿。

基于这样的认识,IT部门应当采取相应的措施,对于员工个人信息的保密负责。例如,对于企业中员工的工资信息存取设置多种保密级别,一般用户的信息对外界的其他用户是保密的,而有的信息不仅对外部用户是保密的,对系统内部的某些工作人员也应是保密的。但是,因为工作的需要,信息系统工作人员可能会接触到一些组织内部个人隐私的数据,在这种情况下,他们对于这些数据负有哪些责任,哪些人只可以读,哪些人可以改写,哪些人可以复制等,都必须给出严格的、明确的规定。另外,在信息系统中还应当建立信息使用日志,敏感数据库的内容发生变化时都当完整地记录在日志中,并及时通知有关的数据管理人员。

16.2.2 信息部门组织机构

建立内部控制的组织机构是非常重要的。对于信息资源的安全问题应当明确规定工作责任,责成专人负责。通常他们应遵循检查规则定期检查,并定期提交安全检查报告。另外,还必须明确诸如下列这样的风险防范问题:对于有关的设备和资源,谁对它们的风险负有最终的责任?如何设置风险防范的措施?发生问题后应当如何报告和处理?风险管理流程如何与计划预算相关联?每一个独立的风险防范措施与业务单元如何关联?

在技术上,对于信息系统资源的管理操作往往是通过分配访问对象权限来决定的,但其前提应当是根据组织结构和业务需要来决定。一种常见的现象是:在组织上A是B的领导,但由于B对于信息技术比较精通,B在信息系统的管理上就比A有更大的权限。这种情形往往是安全的隐患和内部纠纷的根源。要保证信息系统的目标与组织的目标一致,就必须保证组织的领导人对信息系统的操作有相应的权限。信息系统部门的技术专家应当对系统控制有相当的权限,但同时他们应当又受到组织领导层的管理和制约。在这样一种制度下,才能够保证信息系统权限分配的合理性。

信息管理部门中工作人员的职责和分工是需要慎重考虑的问题。根据组织的具体情况设置适当的职务，让在信息管理部门的工作者根据自己的情况选择自己的职业发展道路是比较有效的方法。戴维斯等对信息管理部门的职务进行了详细分类，提出了 16 种类型[①]，如表 16.2 所示。

表 16.2　信息管理部门的职务

工作职务	说　明
信息分析人员	同用户一起进行信息分析。具有组织、管理和决策方面的知识
系统设计师	设计信息系统的人员，需要懂得更多的技术知识
系统分析师	兼任信息分析人员和系统设计师
应用程序员	进行程序设计、编码和调试，并能编写技术文件
维护人员	维护现有的系统
程序库管理员	对程序库内容进行维护管理，当程序库内容发生变化时，要向管理部门书面报告
系统程序员	维护操作系统，精通硬/软件
数据通信专家	为数据通信和分布式处理方面的专家
数据库管理员	管理和控制公共数据库
用户联络员	在规划信息系统和进行新系统开发时，协调用户与系统分析员进行交流
办公自动化协调员	需要有办公自动化各方面的软/硬件及专业知识
信息中心分析员	在解决用户问题方面，对用户提供分析和指导
操作员	指主机操作人员
数据控制管理员	对数据的输入进行检查、对系统的输出进行分发的人员
数据录入员	专门从事数据录入的数据工作者
安全协调员	建立系统安全规程、监视系统安全情况，调查违章问题

职务设计给我们提供了一个很好的思路，使得在设计信息系统管理部门的组织结构时有一个思考的起点。一个信息系统部门中不仅工作任务很多，同时这些任务之间也没有清楚的分界。如果没有良好的组织结构设计，往往造成管理混乱，或者是某个技术人员大权独揽，使下属人员积极性得不到发挥，或者是几个人各占一方，相互不协作。因此信息系统管理部门一定要实行有效的分工协作。部门中要设置必要的职务和岗位，不但有技术岗位，还要有管理岗位和辅助工作岗位。信息系统管理部门的工作人员特别是领导人员不仅要懂得技

① G. B. Davis and M. H. Olson, Management Information Systems, 1985, pp. 483～484.

术，同时也应懂得管理。必须将许多技术手段与管理方法有效地结合起来，才能保证该部门在组织中发挥应有的作用，保证组织的整体目标得以实现。

16.3 对信息系统的控制

信息系统的安全性主要由对信息系统的控制来保证。对于信息系统的控制包括对于硬件的控制、软件的控制、网络的控制、对人的活动的控制、对信息资源的控制等。这些方面的控制并非孤立，它们往往混合在一起，在设定某一项控制的时候就可能包含了另一方面的控制。这些控制有的可以使用操作系统功能来完成；有的是由信息系统应用层来提供的；还有的是通过制定组织的管理制度来实现的。因此，设计一个完善的信息系统内部控制实际上是一项综合性工程。

16.3.1 信息资源的管理

构成一个内部控制系统，首先应弄清哪些信息资源对于组织来说是极端重要的？这些信息资源的哪些部分是易受攻击的？哪些部分是特别脆弱或容易损坏的？对于组织的业务影响较大的财务数据资源尤其需要注意控制，犯罪者对信息系统的攻击往往是从盗取金融资源开始的。外部的黑客一般从网络提供的功能方面寻找攻击点，例如网络协议中的FTP或Telnet等。内部的计算机犯罪者则常常盗用有关责任人的密码和账户等信息。对于敏感的数据资源应采取分部门操作，使得员工个人只接触和操作与自己业务有关的数据。另外，要防止组织内成员将组织内部数据拷贝、携带外出或向外部组织通过电子邮件发送等，造成业务数据的流失。对于重要的信息的保管地可采用隔离的方法，对于接触存放这些信息资源的硬件设备的人员作严格的控制，这是防止外部犯罪者通过网络入侵的一种有效方法。信息资源的控制防范措施应设在系统的易受攻击点附近。

从信息部门的角度来看，对信息资源的控制基本上有两类方式：集中控制和分散控制。在前一种方式中，所有的信息资源都集中在信息管理部门，由该部门统一管理。集中控制比较易于管理，能有效地防止数据的流失、被破坏等。在金融、证券类企业、高技术信息企业多采用这种方式。集中控制的问题是用户对于信息资源的使用有陌生感，难以经常接触新的数据资源和新的信息技术。在第二种方式中，信息资源分散在各处，由有关人员分别控制。这样有益于鼓励用户更好地使用信息资源，但对于整体的管理比较困难。通常为防止用户人为产生错误和违法使用，信息系统或应用软件要提供控制功能。信息系统的控制功能还包括系统权限分配、审计踪迹检查、对原始单据的控制和联机处理中的控制等。

16.3.2　系统权限分配

系统权限分配即对系统中所有用户分别赋予相应的权限，没有特定权限的用户不能使用某些系统资源。为了只允许授权用户使用，在接触受保护的资源时应当要求用户使用账号、口令和密码。通常在操作系统一级的权限是以对文件和目录的操作为单位的，网络级操作系统的权限则涉及到网段、域、站点、工作组、计算机等多种资源。在操作系统中或应用软件中一般都提供了安全机制功能。例如在 Windows NT 中，系统设置的用户组分为：管理员组、服务器操作员组、记账操作员组、打印操作员组、备份操作员组、用户组、来客组等。由于每一个组中的成员都有该组的权限，管理员可以对特定的资源按组分配权限，这样就大大简化了相应的权限设置和管理工作。在一些应用系统中也采用规定角色的方法。所谓角色(role)是多种权限的一个组合，可以授予某个用户，也可以从用户处回收。

对用户的密码必须很好地管理，例如，用户的密码必须是 6 位以上的字母和数字混合构成，同时，用户密码要定期改变。对于重要的文件还需要打开文件的密码。在一些系统中还可以规定阅读文件内容和修改文件的密码，这种做法为存储的数据资源又增加了一层保护措施。还有一些安全系统中使用了智能卡，能够每次产生随机数，并将随机数加到用户的密码中。

16.3.3　接触控制

对重要的硬件资源可以采取物理保护控制措施，对于重要的硬件应当与用户相隔离。在计算中心和最终用户的工作地点可根据需要应采取以下的安全措施：工作人员佩戴胸卡，安装电子锁、防盗警报，设置警卫、闭路电视和其他监视系统。为防止自然灾害，计算中心应采取防止火灾的报警系统、灭火器械、保存重要物品的防火存储柜、紧急电力系统、温湿度控制及灰尘控制设备等。

生物控制是计算机安全中的一个快速发展的领域。现在的最新技术已经可以通过测度个人独特的生物特征来提供各种安全措施，例如对使用者的视网膜扫描、声音、指纹、签字、面部特征进行识别等。生物控制仪器使用特殊感应器可以读出人的指纹、语音或其他物理特征，并对这些特征进行数字化处理，通过与存储在磁盘上的以前记录的特征进行比较。如果二者匹配，就允许其使用信息系统资源。

16.3.4 网络管理和防火墙

被称为网络管理系统的专业系统软件包可以用来监视计算机系统和网络的利用，使其免受未经许可利用、欺骗和破坏的程序。这些程序提供的安全措施只允许授权用户登录网络。安全监视器也控制硬件、软件和数据资源的使用。例如，也可能限制授权用户对特定设备、程序和数据文件的使用。此外，安全程序也监视对计算机网络的使用，并且搜集未授权利用的统计数据，然后形成有助于维护网络安全的报告。

对互联网进行安全控制的另一个重要方法便是使用防火墙。防火墙是计算机系统的“看门人”，作为登录国际互联网和其他网络的过滤器，使企业网和其他计算机网络免受侵犯。防火墙能够发现有人未经许可登录计算机网络，在一些情况下，防火墙只允许从某些指定的地点进入特定的服务器中。或者它只允许“安全”的信息通过，例如，防火墙可以允许用户在异地阅读 E-mail，但不允许运行某些改动系统的指令或程序。由于国际互联网的脆弱性和缺乏安全性，防火墙已成为企业接入国际互联网时的一个重要设备。

16.3.5 数据加密

数据加密是通过网络传送重要数据资源时的一种常用方法。在传输前，用户用特殊的数学算法或密钥将数字数据转化成加密代码，在接收后，再对这些数据进行解密。使用的最广泛的加密方法是使用一对密钥：公共密钥和个人密钥，每一个人的个人密钥都是不同的。例如，发送者用接收者的公开密钥对 E-mail 进行加密，将 E-mail 传输过去之后，只有接收者的个人密钥能解密信息。

加密程序可以作为单独产品出售，也可能置入其他加密处理软件中。常用的两个加密标准是 RSA 和 PGP。PGP 是一种在国际互联网上使用的大众加密程序，Microsoft Windows NT，Novel Netware，Lotus Notes 等软件产品都使用 RSA 方式来加密。

16.3.6 系统容错和数据备份

系统容错是在设计具有高度安全性系统时必须考虑的问题。由于环境的影响、电场的存在等,有时磁盘的读写等可能会出错。为了保证系统能对应万一出现的错误,通常可以采用磁盘双工和磁盘镜像两种方法。磁盘双工技术是指在与外存进行处理时采用双通道,同时对两个磁盘进行读写操作。这种做法的速度较快,适合于数据吞吐量较大的系统使用。磁盘镜像是指在每次读写磁盘时做一个备份。这种容错技术投资不大,在商业信息系统、企业管理信息系统中比较常用。

数据质量问题

很多商业信息系统都由于数据质量问题产生了商业损失。美国的一项调查说明,70%的IS主管都认为数据质量问题是业务停滞的根源,69%的人说自己公司的数据准确性是不理想的,44%的人认为没有系统可以用来检查数据库信息质量。下面是一些因数据质量问题产生严重后果的例子。

● 一家航空公司在安装新软件时不慎将它的顾客预定座位数据删掉,结果在几个月中,它不得不将航班的一半座位都空着,以防预定顾客到来。

● 一家制造企业因为其数据库中记录的产品数据不一致问题,损失了近一千二百万美元。

● J. P. Morgan银行在一次检查中发现:它的信用风险管理数据库中的40%的数据是不完整的,需要银行和用户做双重检查来纠正。

对于某些信息系统来说,如何防范意外的灾难也是不得不考虑的问题。有时因地震、断电等自然灾害造成的系统损失是难以估量的,因此信息系统应当制定灾难对策,除了在软件方面有数据备份外,在硬件上也需要有所准备。例如有的银行就成立几个完全相同的数据处理中心,当其中一个出了问题时,另一个就马上能发挥作用。

对于数据资源的保护可以使用备份文件,备份文件是数据或程序的复制本,对这些文件采取异地保存,通过网络得到更新,许多实时处理系统可以利用这些复制文件。也可以通过文件保存方法保护文件,文件保存方法是将前一段时期的主要文件和交易文件的副本存储起来。如果现行文件被破坏，可以使用这些文件来重建现行文件。

16.4 信息系统审计

所谓信息系统审计，就是由审计者站在独立、客观的立场，对于信息系统进行综合的检查和评价，对于组织的信息系统部门给予建议和帮助的一系列活动。在美国安然事件出现后，对于信息系统审计被提高到空前的重要地位。根据美国“萨班斯法案”[①]404 条款，到 2006 年 7 月 15 日，在美国上市的外国公司都必须提交财务报表内控报告，出具审计报告的会计师事务所必须为企业管理层的内控能力做出证明，并披露所有的材料缺陷，违者将面临相应的惩罚。在这种情况下，IS 审计就不是一项“锦上添花”的工作，而是企业信息部门的当务之急了。IS 审计通常的业务内容如表 16.3 所示。

表 16.3 IS 审计的主要业务内容

审计对象	说明
信息系统的管理、规划与组织	评价信息系统的管理、计划与组织方面的策略、政策、标准、程序和相关实务
信息技术基础设施与操作实务	评价组织在技术与操作基础设施的管理和实施方面的有效性及效率，以确保其充分支持组织的商业目标
资产的保护	对逻辑、环境与信息技术基础设施的安全性进行评价，确保其能支持组织保护信息资产的需要，防止信息资产在未经授权的情况下被使用、披露、修改、损坏或丢失
灾难恢复与业务持续计划	这些计划是在发生灾难时，能够使组织持续进行业务，对这种计划的建立和维护流程需要进行评价
应用系统开发、获得、实施与维护	对应用系统的开发、获得、实施与维护方面所采用的方法和流程进行评价，以确保其满足组织的业务目标
业务流程评价与风险管理	评估业务系统与处理流程，确保根据组织的业务目标对相应风险实施管理

① 萨班斯法案是由美国国会议员奥克斯利和参议院银行委员会主席萨班斯在 2002 年联合提出的一份会计改革法案——《2002 上市公司会计改革与投资者保护法案》的简称。

16.5 IT 治理

作为一个实践性很强的探索领域，对于信息技术管理的理论研究近年来发展很快。世界各国都成立了有关 IT 管理研究和推广的组织，例如国际信息系统审计与控制协会（Information System Audit and Control Association, ISACA），美国 IT 治理研究院（IT Governance Institute），英国标准协会（British Standard Institute, BSI）等。这些国际组织分别提出了自己的一些方法和标准。对于 IT 的管理的一系列理念和方法统称为 IT 治理（IT Governance）。

ISACA 提出的定义是：IT 治理是一个由关系和过程所构成的体制，用于指导和控制企业，通过平衡信息技术与过程的风险、增加价值来确保实现企业的目标。

美国南加州大学教授 Robert S. Roussey 认为：IT 治理用于描述被委托治理实体的人员在监督、检查、控制和指导实体的过程中如何看待信息技术。IT 的应用对于组织能否达到它的远景、使命、战略目标至关重要。

IT 治理的方法和标准虽然有多种提案，但是它们都强调 IT 治理必须与企业战略目标一致。同时，它们分别从不同的角度提供了 IT 治理的系统的思考框架，其作用在于让企业决策者能够更好地管理组织中的 IT 资源，做出合理的决策，同时，通过系统的管理来保护利益相关者的权益，使风险透明化，指导和控制 IT 投资、机遇、利益和风险等。在 IT 治理国际组织提出的 IT 治理标准中，影响最大的是 ISACA 的 COBIT 标准和英国政府部门提出的 ITIL 标准。下面对这两个标准的主要内容做一简单介绍：

16.5.1 COBIT

COBIT（Control Objectives for Information and related Technology）是由美国 IT 治理研究院（IT Governance Institute）开发与推广的一个 IT 管理开放标准。COBIT 的特点是从 IT 业务流程的角度出发来推进 IT 治理，它将组织中的 IT 管理活动分为四个基本的业务流程域：计划与组织（planning & organization）、获取和实施（acquisition & implementation）、交付和支持（delivery & support）以及监控（monitoring）。而这四个域又进一步被细分为 34 个 IT 处理流程（图 16.2）。

1. 规范与组织(PO，Planning and Organization)	3. 交付与支持(DS，Delivery and Support)
PO1 制定 IT 战略规划 PO2 确定信息体系结构 PO3 确定技术方向 PO4 定义 IT 组织与关系 PO5 管理 IT 投资 PO6 传达管理目标和方向 PO7 人力资源管理 PO8 确保与外部需求一致 PO9 风险评估 PO10 项目管理 PO11 质量管理	DS1 定义并管理服务水平 DS2 管理第三方的服务 DS3 管理绩效与容量 DS4 确保服务的连续性 DS5 确保系统安全 DS6 确定并分配成本 DS7 教育并培训客户 DS8 为客户提供帮助和建议 DS9 配置管理 DS10 处理问题和突发事件 DS11 数据管理 DS12 设施管理 DS13 运营管理
2. 获得与实施(AI，Acquisition and Implementation)	4. 监控(M，Monitoring)
AI1 确定自动化的解决方案 AI2 获取并维护应用程序软件 AI3 获取并维护技术基础设施 AI4 程序开发与维护 AI5 系统安装与鉴定 AI6 变更管理	M1 过程监控 M2 评价内部控制的适当性 M3 获取独立保证 M4 提供独立的审计

图 16.2 COBIT 的 IT 处理域和流程

COBIT 提出的这些流程为企业提供了一个关于 IT 控制的清晰策略和良好典范。对其中每一个 IT 业务流程，COBIT 中都给出了一系列控制目标以及相应的控制程序，并说明了应当如何实现这些控制目标。COBIT 还包括一系列审计程序，可以用来评价组织中是否存在这些控制程序。COBIT 为企业的 IT 管理、安全与控制提供了一个普遍适用的公认标准，并得到了普遍的应用。目前 COBIT 已在全世界一百多个国家中得到广泛运用，指导许多组织有效利用信息资源，使组织中的与信息资源相关的风险得到切实的管理。

16.5.2 ITIL

IT基础架构库(Information Technology Infrastructure Library，ITIL)是由英国政府部门提出的IT管理标准。ITIL主要适用于IT服务管理(ITSM)。ITIL是基于流程的方法论，它描述的是IT部门应该包含的各个工作流程以及各个工作流程之间的相互关系。IT部门可用其检查是否用一种可控的方法为最终用户交付所需的IT服务。ITIL包含了全套的最佳实践惯例，可适用于各种IT组织。ITIL被用来建立和交付服务管理流程；这些管理任务可被某些服务及系统管理工具所简化。ITIL所包含的内容非常全面。从2000年开始，OGC对ITIL的文本进行全面修订，同时对ITIL进行了较大的扩充和完善，最终形成了由6个模块组成的ITIL框架(图16.3)。对于ITIL 6个模块的含义分别说明如下：

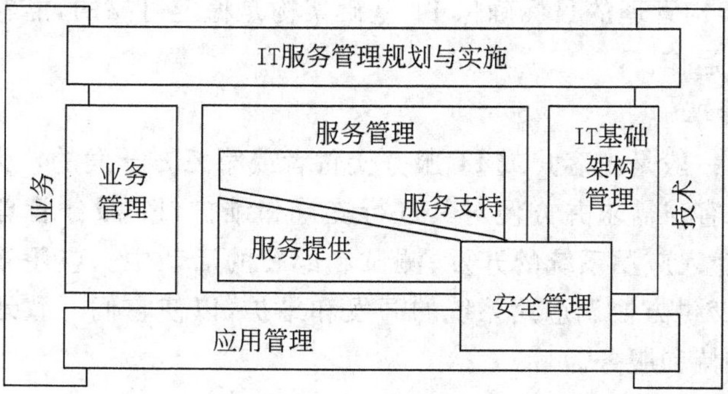

图16.3 ITIL的框架

1. 业务管理(business perspective)

ITIL所强调的核心思想是应该从客户(业务)而不是从IT服务交付方(技术)的角度理解IT服务需求。也就是说，在考虑提供什么样的IT服务的时候，首先应该从业务需求出发，根据业务需求来确定IT需求。业务管理这个模块用于指导业务管理者以自己习惯的思维模式来分析IT问题，深入了解IT基础架构支持业务流程的能力，以及IT服务管理在提供端到端IT服务过程中的作用，以协助他们更好地处理与服务交付方之间的关系，实现商业利益。

2. 服务管理

服务管理模块是ITIL的核心模块。与一般的按照功能组织IT管理活动的 IT 管理方法不同,ITIL 是按照流程来组织的。它把 IT 管理活动归纳为 10 个核心流程和一些辅助流程,然后利用这些流程进行有关 IT 管理工作。

服务管理的 10 个核心流程分为服务交付和服务支持两组。其中服务交付由服务级别管理、IT 服务财务管理、IT 服务持续性管理、可用性管理和能力管理 5 个服务管理流程组成;服务支持由事故管理、问题管理、配置管理、变更管理和发布管理 5 个流程及服务台职能组成。

3. IT 基础架构管理(ICT Infrastructure Management)

IT 服务管理作为一种 IT 管理方法,其管理的对象是各种 IT 基础设施。这些 IT 基础设施的有机整合,就形成了 IT 基础架构。IT 基础架构管理侧重于从技术角度对基础设施进行管理。它覆盖了 IT 基础设施管理的所有方面,包括识别业务需求、实施和部署、对基础设施进行支持和维护等活动。

IT 基础架构管理的目标确保 IT 基础架构是稳定可靠的,能够满足业务需求和支撑业务运作。

4. 应用管理

应用系统一般是由客户或 IT 服务交付者或第三方开发的。为了确保应用系统能够满足客户需求并方便对其进行支持和维护,IT 服务管理的职能应该合理地延伸,介入应用系统的开发、测试和部署的活动中。应用管理模块用以指导 IT 服务交付方协调应用系统的开发和维护,以使它们一致地为客户的业务运作提供支持和服务。

5. 安全管理

安全管理模块用以指导 IT 基础架构的保护,使其避免未经授权的使用。安全管理模块还为如何确定安全需求、制定安全政策和策略及处理安全事故提供指导。ITIL 的安全管理模块侧重的是从政策、策略和方法的角度指导如何进行安全管理,它并没有具体说明安全管理的步骤和任务。

6. IT 服务管理的规划与实施

IT 服务管理规划与实施模块的作用是指导如何实施上述模块中的各个流程,包括对这些流程的整合。它指导客户确立 IT 管理的愿景目标,分析和评价现状,确定合理的目标并进行差距分析,确定任务的优先级,以及对流程的实施情况进行评审。

ITIL在全国海关IT管理中的应用

H2000通关业务管理系统是一个全国海关的通关业务处理系统，担负着全国许多关口的通关业务处理。在海关信息系统建立起来以后，由于业务量的不断增加和业务复杂性的提高，海关信息中心也在不断地开发H2000的新的子系统，对原有系统也在不断调整当中。因为，对系统的每一次变更都可能会对系统整体产生影响，而且这种变更的影响可能波及到全国各地。因此，对于信息中心来说，对于系统变更如何进行流程化管理是一个很大的问题。

2004年，信息中心的人员通过学习ITIL的理念，开始考虑如何将ITIL与自身工作结合起来。通过分析过去的系统变更方式，他们发现最大的问题在于没有将变更活动流程化，以至于很多人在变更发布前不了解变更的原因，对于变更都经过了哪些人的审批、中心在一段时期内都做了哪些变更等往往也不清楚，经常在变更执行前的最后时刻领导层才知道要有变更；也出现过变更已经执行，热线人员接到咨询电话后才知道发生变更的情况。

为保证变更的质量，让变更的过程规范化、透明化，信息中心领导决定从变更管理入手，参考ITIL标准，制定自己的变更管理流程。为此，信息中心成立了变更管理项目小组，邀请了咨询顾问做指导。

顾问采用了一套标准的方法：做访谈、调查，按照ITIL的要求设计了变更流程，并在信息中心内部多次讨论、修订后，形成了信息中心变更管理总体框架。同时，信息中心变更管理项目小组在各个部门的配合下，开始了变更管理的相关培训，并制定了各类变更目录的管理细则。2004年10月，变更管理流程在实施准备3个月之后正式上线。在此后的系统变更中，有效地改变了过去那种混乱的状况，组织内有关领导和业务人员都可以了解信息中心变更工作的整体状况，对因此产生的关联问题进行预防或改进。

16.6 信息伦理和社会影响问题

16.6.1 信息系统中的伦理道德问题

在引进信息系统和应用各种技术的同时，企业也可能会遇到一些与信息有关的个人和社会的伦理问题。例如，推销人员如果采用电子邮件来推销，可以高效地将信息发给大量客户，可是是否真能收到预想的效果，还是会使得客户对公司产生反感呢？有些公司是在顾客购物时得到了关于他们的数据，又利用这些数据来进行商业活动，他们是否有必要向顾客报告对客户数据的使用用途呢？信息系统可以用来精确统计每个员工的工作情况，但是，应该给员工以什么样的自由？经理是否可以在网上对员工的工作情况、通信内容进行监视？在企业内部网上发布信息是否应当严格控制？如何防止将违反伦理道德、对他人造成不良影响的内容放在网上？许多诸如此类的问题都没有现成的答案，也没有现成的法律可以用来判断是非，只能依靠伦理道德的力量来解决。

什么是伦理？伦理是人们的行为准则，人们用伦理来判断自己行为是否正确，或在有多种行动可选择时，根据伦理观判断如何进行选择。信息伦理就是人们在处理信息时所应当遵循的行为准则。实际上，现在已经有一些伦理原则在人们处理日常问题时发挥着作用。这些伦理原则在处理信息问题时同样实用。美国纽约大学的劳登提出了三个原则：

(1) 己所不欲勿施于人。例如，你自己花费很多时间和精力建设了一个网站。后来你发现网站上的一些内容被别人拷贝去了而没有向你付款，你感到这是不公平的。可是，你是否注意到：在你的网站上也拷贝了别人的作品，你同样没有向作者付款？

(2) 如果一种做法不是人人都能采用的，那么它就是不应当被普遍采用的。例如购买盗版软件，有人认为正版软件太贵，我买不起正版的，所以只能买盗版的。但是，如果所有人都这样想，都购买盗版软件，那么正版软件的制造开发商就无法生存。

(3) 除非有特定的声明，否则应假定所有有形和无形的资产都是有所归属的(即在“伦理上没有白吃的午餐”原则)。例如，知识产权是一种属于个人或团体的无形资产，受到版权和专利法的保护。但是，实际上软件产品的知识产权很难受到真正的保护，因为软件产品可以非常容易地拷贝和散布，而密码等手段也会被破译。

信息系统管理中还可能遇到一些两难的伦理道德问题。例如在一个有多名用户的信息系统上，有些用户采用不正当的手段将自己的系统使用时间偷偷移到别人的账户上，让别人替他付费；或者生成一些无头账户，让收费者根本无法收费。为了杜绝这类问题，有些公司的 IT 部门购买或开发了用以监视网上活动的软件产品，可以对网络上每台计算机上的每一次击键都进行监视。但是这又引起了另外一些企业员工的反感，认为是侵犯了个人的隐私。虽然出于安全方面的考虑，一个公司或政府部门、社会管理部门会认为有必要对网络上的信息加以管理和控制。但是有些控制行为可能就构成了对他人权利的侵犯。为防止这类事件发生，系统管理者应当对用户的隐私问题作认真的考虑。

一个典型电子邮件案例

美国一家大公司的网络管理员发现：该公司的老板通过网络阅读和复制了一些员工的电子邮件，她认为这是个侵犯个人隐私的问题，便联合了公司许多员工向法院控告老板。但是，一些公司的负责人却认为，管理电子邮件也是公司管理的一部分，再说网络和计算机都是属于公司的设备。一个大公司中可能有几百人、几千人在使用电子邮件，公司有必要采取种种措施来防止来自组织外部的工业间谍活动。他们不能够购买一项类似于黑箱似的技术，因为这意味着他们对内容一无所知，他们希望控制自己的业务。对此，法院最终的判决是：因为没有法律条文的保护，她的控告败诉。

一位信息技术专家认为：政府要对电子通信进行控制，就应该提供一个让所有的团体都能接受的方案。如果不能提出这样一个方案，至少也应该提出一个让所有团体都感到同等受限的方案。对于企业的电子邮件管理似乎也应当是这样。

16.6.2　信息系统对于社会的影响

信息系统创造了许多企业和社会进步的机会，这又影响到现有的权力、财富、资源和责任义务的分布。信息系统的应用肯定对许多人有益，但同时必然也会对另一些人带来负面的影响。信息系统可以推动社会进步，但它同时又会被用来犯罪和改变现有的价值观。

近年来，越来越多的公司、企业的业务都在信息系统上展开，无数国际和国内的贸易活动需要利用互联网来进行,数字化的货币也在互联网上流动。这样一来,网上的诈骗事件逐年增多,贸易纠纷也接连不断。网络风险也在增加:少数黑客可能迅速转移走巨额资金,操纵大千世界的芸芸众生。这些都对政府机构、金融机构、商业贸易管理部门提出了新的课题。在社会学、文化研究中同样也提出了许多新的课题:人们把工作都移到计算机和网络上进行,足不出户就可以上班、办公、开会。这样做究竟是好事还是坏事?随着人们面对面接触机会的不断减少,人们可能在千里之外有无话不谈的亲密伙伴,但对于一墙之隔、经常见面的邻居却从未交谈过。这样的人际关系是否是社会的进步?互联网上传播的并不总是真实的信息,谣言和误解,甚至恶意的造谣生事都可能掀起一场轩然大波。如何建立国际性的监控和制定网上操作的法规也成为新的挑战,由于对互联网用户的使用无法控制,信息系统容易被各种不法分子所利用,所有信息都可以通过网络传播到全球。

早在20年前就有人谈论计算机能否会使人失业的问题。这一问题在近年来更加引起人们的重视。信息系统还可能引起新的竞争不公平性:具有计算机操作条件的人可以容易地获得大量信息,而没有受过计算机教育的人在竞争中明显处于不利的地位。这一问题被称为"数字鸿沟"。

信息系统给人类带来了巨大的变化,同时,任何一种具有巨大能量的发明都伴有巨大的破坏力。我们在发展信息系统的同时也应当时时牢记这一点。

第 16 章重要概念

信息安全性、计算机破坏、计算机敲诈，内部控制、控制点、权限、角色、物理保护控制、生物保护控制、防火墙、数据加密、系统容错、磁盘双工、磁盘镜像、IT 治理、COBIT，ITIL，信息伦理原则

第 16 章复习题

1. 信息安全性的定义是什么？
2. 为保证信息安全，企业应当从哪些主要的活动入手？
3. 请提出你单位的信息系统工作人员职务设计清单。
4. 说明信息系统有哪些基本的控制方式。
5. 什么是物理保护控制？
6. 说明用户口令密码的设置原则是什么。
7. 什么是萨班斯法案？该法案对于企业的作用是什么？
8. 信息系统审计主要从哪些方面来评价一个信息系统。
9. 说明 COBIT 和 ITIL 标准对于企业的用途是什么。
10. 举例说明一个信息伦理问题，并考虑解决该问题的一个判断原则。
11. 举例说明信息系统给组织和社会带来的影响。

小组活动课题

使用盗版软件是一个在我国普遍存在的现象，请你们小组研究一下为什么盗版软件在我国有市场？其存在的基础是什么？

附录　结构化查询语言

在实际的数据库应用中，数据库管理系统需要给用户提供某种语言，让他们进行对数据库的操作。结构化查询语言(Structured Query Language，SQL)就是这样一种标准化的数据库操作语言。这种语言最早是用在美国的一些数据库中，后来成为数据库操作的国际标准语言。SQL 可以为终端用户或单机上的用户所用，但现在主要用于客户/服务器结构的信息系统中，因此人们又将它称为客户/服务器语言。

对于存储数据的软件系统来说，设计一种数据操作语言并不是一件容易的事情。因为从数据库管理系统的角度来看，必须允许用户按某种模式对数据库进行增、删、修改、更新或追加记录等操作。但是一旦用户可对记录进行改动，就可能会产生数据的不一致等问题。例如两个有逻辑关系的数据项只删掉了一个。这时如果查询另外一个数据项就可能出错。另外，如果给用户提供了过多、过于复杂的数据操作命令，用户就难以记忆和使用。所以给用户提供的数据操作命令必须限制在某些基本操作范围之内。

SQL 很好地解决了以上这些问题。作为一种数据库标准操作语言，它由一系列数据库操作命令所构成。SQL 的所有命令都包括三部分基本内容：

(1) 指定某些表作为该命令的运算对象。

(2) 指定使用该命令所得到的数据形式。

(3) 指定对关系表所进行的特定操作。

下面通过一些具体的例子，说明 SQL 的主要命令的使用方法。

1　建立表、索引和视图

用 SQL 可以定义特定的数据库。从关系数据库的角度来看，就是使用 SQL 建立表结构。建立一个关系表的 SQL 命令语法如下：

```
CREATE TABLE   <表名>
(<字段名 1> <数据类型> [NOT NULL],
 <字段名 2> <数据类型> [NOT NULL],
 ……
 <字段名 n> <数据类型> [NOT NULL];)
```

在 SQL 命令语法中，尖括号表示用户填入的参数，而方括号表示其中内容是可选择项，即在括号中的参数可以省略。后面将出现的花括号表示重复，竖杠表示可选择项。这里 NOT NULL 意为如果我们希望某字段的内容不得为空值，则在该位置写上 NOT NULL。

【例 1】 创建一个名为 DEPT(参见第 327 页图 a.1)的表。用下列 SQL 命令就可以创建表：

```
CREATE TABLE DEPT1
  (DEPTNO NUMBER(2) NOT NULL,
   DNAME CHAR(14),
   EMPNO CHAR(14),
   LOCATION CHAR(20));
```

表建好后，用 SQL 还可以直接向表中添加数据。添加数据的命令语法为：

```
INSERT INTO <表名>
   [(<字段名 1>,<字段名 2>,...)]
   VALUES (<值 1>,<值 2>,...,<值 n>);
```

【例 2】 向关系表 DEPT 中插入一行数据(10,研究部,1334,北京)：

```
INSERT INTO DEPT
   VALUES (10,研究部,1334,北京);
```

如果插入的数据只关系到表中的部分字段，那么可以在 VALUES 子句前写入相应的字段名。这里因为插入的数据关系到表中所有的字段，所以各字段名可以省略。

对于建好的表，使用 SQL 不但可以添加数据，还可以修改其结构。

【例 3】 使用下列命令对已建立的表 DEPT 加入一个名为 TELEPHONE 的字段：

```
ALTER TABLE DEPT
    ADD (TELEPHONE CHAR(13));
```

对已建好的表,还可以根据需要建立索引。其语法规则为:

```
CREATE [UNIQUE] (INDEX) <索引名>
    ON <表名> (<字段名 1>,<字段名 2>,…) [ASC/DSC];
```

【例 4】 下面的语句对 DEPT 表建立了一个名为 EAX1 的索引,该索引是根据数据项 DEPTNO 来建立的,索引表对 DEPTNO 取唯一值。

```
CREATE UNIQUE INDEX EAX1
    ON DEPT(DEPTNO);
```

对于所建立的表或索引,可以用 DROP 命令将其删除。

【例 5】 为删除表 DEPT,可以用下面的 SQL 命令:

```
DROP TABLE DEPT;
```

对已建立的数据库进行数据修改,可以用 UPDATE 命令来完成,其语法如下:

```
UPDATE <表名>
SET <字段名 1> = <值 1> | <表达式 1>,
    ……
  <字段名 n> = <值 n> | <表达式 n>
WHERE <条件表达式>;
```

【例 6】 我们要对 EMP 表(参见图 a. 1)中数据做修改,将销售部门(DEPTNO 为 20)职工的工资提高 10%,可用下列命令:

```
UPDATE EMP
    SET SALARY = SALARY * 1.1,
    WHERE DEPTNO=20;
```

与建表类似,用户还可以建立视图。视图可以看做是一个虚拟表,它提供了一个让用户浏览(或修改)多张表的方法。建立视图的命令语法为:

CREATE VIEW ＜视图名＞
[(＜视图列名 1＞,＜视图列名 2＞,…)]
AS SQL 查询语句 [WITH CHECK OPTION];

2 查　　询

SQL 中最常用是查询命令,查询用 SELECT 语句来实现。尽管 SELECT 在英文是选择的意思,但 SELECT 语句的功能远不止选择。SELECT 不仅能选择表中的记录,还可以对表的字段进行运算,甚至可以对多张表进行连接运算。因此,SELECT 是 SQL 的核心部分。SELECT 的基本语法为:

SELECT [DISTINCT] ＜选择列表＞ ＜关系表表达式＞;

这只是一个基本的命令形式。SELECT 是 SQL 的保留字,不可省略。[DISTINCT]指示如果查询的结果为重复记录时去掉重复项。而后面的＜选择列表＞和＜关系表表达式＞都是需要进一步展开的,我们将这种可以展开的部分称为 SELECT 子句。下面我们先简要地说明这些子句的展开形式,然后再举例说明。

＜选择列表＞用来指定希望选出的字段。其语法为

＜选择列表＞ ::= * | {＜值表达式 1＞,＜值表达式 2＞…} | {＜字段名 1＞,＜字段名 2＞… }

这里,当用户希望选出的是某个表的所有的字段,只要写入"*"即可。如果选择的是记录的某些字段,就需要在此指定各字段名。

在某些情况下,不仅要选取某些字段,还要对它们进行计算。这时,就可以用"值表达式"来指定如何计算。"值表达式"由函数名、字段名(通常是数值型字段或日期型字段)和运算符等构成。例如,用 AVG(SALARY)就可以对 SALARY 字段进行求均值计算,类似的函数还有 MAX,MIN,COUNT 等。

最后我们来看＜关系表表达式＞。＜关系表表达式＞有丰富的变化形式。它可以是 5 种子句的组合:

＜关系表表达式＞ ::= ＜FROM 子句＞ [＜WHERE 子句＞] [＜GROUP BY 子句＞] [＜HAVING 子句＞] [＜ORDER BY 子句＞]

注意这里只有＜FROM 子句＞是必需的。事实上,FROM 子句是＜关系表表达式＞最基本也是最常用的形式。FROM 子句用来指定该查询所操作的对象表。这里也可以写入多个表名(参看后面的连接运算说明)。其语法如下:

＜FROM 子句＞ ::= FROM {＜表 1＞,＜表 2＞…}

＜WHERE 子句＞用来指定进行查询的条件,可用关系表达式、逻辑表达式来指定之。其语法是:

＜WHERE 子句＞ ::= WHERE ＜检索条件＞

例如"DEPTNO='20'"表示只取出部门号为 20 的记录。对于查询表达式的写法后面将结合例子来进一步说明。

＜GROUP BY 子句＞意味着根据关系表中的某些字段的值对数据查询的结果进行划分,将字段中具有相同值的记录作为一个组来处理。如我们指定 GROUP BY DEPTNO,同时在＜FROM 子句＞的"值表达式"中设定 AVG (SALARY),就表示按部门号计算各个部门职员的平均工资。＜GROUP BY 子句＞的语法是:

＜GROUP BY 子句＞ ::= GROUP BY {＜字段 1＞,＜字段 2＞,… }

＜HAVING 子句＞是与＜GROUP BY 子句＞连用的。其作用是进一步指定 GROUP BY 子句中成组处理的条件。其语法是:

＜HAVING 子句＞ ::= HAVING ＜检索条件表达式＞

＜ORDER BY 子句＞指示查询的结果按指定的字段进行排序,以构成一个新的动态表形式。排序可以是升序(ASC)或降序(DESC)的,也可以按照多个字段来排序。其语法是:

＜ORDER BY 子句＞ ::= ORDER BY {＜字段名＞… } [ASC|DESC]

3 查询的例子

下面通过一些例子来进一步说明 SELECT 的典型用法。假设某应用的数据库中已有两个关系表:EMP(职工)和 DEPT(部门),其内容如下所示。

EMP

EMPNO	NAME	JOB	STTM	SALARY	BONUS	DEPTNO
1334	王宏	部门经理	91/01/09	5800	300	10
1225	李明	部门经理	88/09/08	5250	100	20
1250	杨芳	工程师	85/10/20	7200	500	10
1315	李忠	总工程师	88/09/08	4250	300	10
1317	林之勇	销售员	85/10/20	5500	400	20
1319	李晓佳	销售员	88/09/08	5670	200	20
1320	章铃玲	工程师	85/10/20	4050	800	10
1321	袁也	部门经理	91/01/09	8000	750	30

DEPT

DEPTNO	DEPNAME	EMPNO	LOCATION
10	研究部	1334	北京
10	研究部	1250	上海
10	研究部	1315	广州
10	研究部	1320	广州
20	销售部	1317	北京
20	销售部	1319	上海
20	销售部	1225	上海
30	生产科	1321	北京

图 a.1 数据库中的两个表

【例 1】 欲选出 EMP 表中所有的职工信息。这个查询十分简单,用下面的 SELECT 语句即可实现:

```
SELECT * FROM EMP;
```

【例 2】 查询部门代号为 20 的所有职工的职工号、姓名、开始工作的日期和工资。所用 SELECT 语句中需要构成一个 WHERE 表达式。结果如下:

```
SELECT EMPNO,NAME, STTM, SALARY FROM EMP
WHERE DEPTNO=20;
```

1225	李明	88/09/08	5250
1317	林之勇	85/10/20	5500
1319	李晓佳	88/09/08	5670

从这个例子中我们可以看到，对关系表特定字段的选择和排列，可以用SELECT语句字段列表中的字段名来规定；对关系表中特定行的选择，则用WHERE子句来规定。

WHERE子句中的检索条件表达式的构成中，需要使用到5种常用的运算符。用这些运算符号，将字段名、常数、值表达式等连接起来，就构成检索条件表达式。下面分别讨论：

(1) 比较运算符：包括"<"(小于)，"<="(小于或等于)，">"(大于)，">="(大于或等于)，"="(等于)，"<>"(不等于)六种关系符号。

(2) 逻辑运算符：包括AND,OR,NOT。用逻辑运算符可以将多个查询条件式连接起来，构成比较复杂的查询条件。常用于多条件查询。

(3) LIKE：LIKE是一个SQL保留字，用于模糊查询。在使用部分信息进行查询时，可以用LIKE再配合字符"*"(或"%")来匹配多个字符，用"?"(或"_")来匹配单个字符。

(4) BETWEEN…AND…运算符：BETWEEN…AND…用于对某范围进行查询，例如，对某段日期中的记录进行查询时可使用BETWEEN <开始日期> AND <结束日期>来指定。

(5) IN运算符：IN用于集合运算，相当从一个集合中选择出它的元素(见后面的子查询例)。

【例3】 查询"所有工资高于5000的姓李的职工"，可用下列语句来进行。

```
SELECT * FROM EMP
WHERE NAME LIKE '李*' AND SALARY > 5000;
```

在这个例子里用到了模糊查询和多条件查询。其结果为：

1225	李明	88/09/08	5250	20
1319	李晓佳	88/09/08	5670	20

下面是一个有关分组计算的例子。

【例 4】 列出 EMP 表中各部门在 1985 年 1 月 1 日以后进入公司的职工的平均收入。

```
SELECT AVG(SALARY),DEPTNO FROM EMP
    WHERE STTM >“#1985/01/01#”
    GROUP BY DEPTNO;
```

请注意本例中日期的写法，在日期的前后要加上#号。本例中用 GROUP BY 子句指定查询结果按 DEPTNO 分组。SQL 先根据 WHERE 子句将所有大于 1985 年 1 月 1 日后进入本单位的职工记录检索出来，然后按 DEPTNO 的值分成三个组，最后对各组的 SALARY 一栏求均值。其结果如下：

5025	10
5473	20
6417	30

灵活地运用 SQL 提供的函数和运算符是十分重要的，有经验的 SQL 程序员可用它们方便地构成各种表达式，用短短的几句命令就可构成复杂的数据库操作，并且同时还可以进行数据计算。

【例 5】 查询 EMP 表中其奖金高于工资 10% 的职工，列出其姓名、工资、奖金和奖金与工资之比，并按奖金与工资之比降序排列检索结果。

```
SELECT NAME, SALARY, BONUS, BONUS/SALARY FROM EMP
WHERE BONUS > SALARY * 0.1
ORDER BY BONUS/SALARY DESC;
```

以上是一些简单的 SQL 查询例子，下面我们再来看几个较复杂的查询。在 SQL 语言中，可以使用子查询的方法，即将两个查询分别作为主查询和子查询。在主查询中可以指定某些条件，从子查询的结果集合中再进行查询。其典型的命令写法如下：

```
SELECT <字段名> FROM <表名>
    WHERE <字段名> <运算符>
     (SELECT <字段名> FROM <表名>
     [WHERE <条件表达式>]);
```

这里第 1 个 SELECT 是主查询，第 2 个 SELECT 是子查询。注意子查询前后要用括号括起来。

【例 6】 查询在关系表 EMP 中工资额低于全部职工工资平均值的职工。

```
SELECT * FROM EMP
WHERE SALARY < (SELECT AVG(SALARY) FROM EMP);
```

需要强调的是，子查询中返回的结果一定要和主查询的 WHERE 子句中的字段类型保持一致，否则就将出现语法错误。子查询也可以访问主查询中没有访问的关系表，但不能用 ORDER BY 子句。

【例 7】 查询公司中所有职务为"部门经理"的职工所管理的部门及其所在地。

```
SELECT DEPTNAME,LOCATION FROM DEPT
    WHERE DEPTNO IN
    (SELECT DEPTNO FROM EMP
    WHERE JOB = '部门经理');
```

在查询中，还有一个常用的操作就是进行不同表的连接。其基本语法如下：

```
SELECT <字段 1>,<字段 2>… FROM <表 1>,<表 2>
    WHERE <表 1.字段 1> <连接条件> <表 2.字段 2>
      [AND | OR <连接条件式>];
```

【例 8】 列出本公司中工资低于部门代码为 20 的部门中最低职工工资的职工以及他们所属的部门。

这是一个比较复杂的查询。在这个查询中，需要同时用到职工表和部门表。先从职工表中选择部门号为 20 的所有职工，计算出他们之中的最低工资，然后再从该表中查询低于该工资的其他职工的数据，然后根据该查询结果，找到 DEPT 表中相应的部门。

```
SELECT NAME,DEPTNAME FROM EMP E,DEPT D
WHERE E.DEPTNO = D.DEPTNO AND E.SALARY <
(SELECT MIN(SALARY) FROM EMP WHERE DEPTNO = 20);
```

这个查询中用到了连接两个表的方法，连接的条件表达式判断两个表中的部门号是否相同；同时该查询还用到了别名的方法，令 EMP 别名为 E，DEPT 别名为 D，然后，在检索条件的第二个分条件中，采用了嵌套操作，即先从 DEPTNO 为 20 的记录中求得最小值，然后将雇员的工资分别与该值相比，取出所有低于它的记录。这个查询充分说明了 SQL 语言的灵活性。